이중격차
정보통신기술 중심의 디지털 경제
사생활 침해
스마트폰 중독
카카오톡 지형
사생활 침해
디지털 집단 따돌림
앱 경제
글로벌 앱 경제
윤리 어젠더
앱 경제
모바일 게임 문화
글로벌 게임 시장
미국의 기술 헤게모니

스마트랜드 코리아
SMARTLAND KOREA
MOBILE COMMUNICATION CULTURE AND SOCIETY

이동통신, 문화 그리고 사회

진달용 지음 | 유지윤 옮김

한울
아카데미

SMARTLAND KOREA

Mobile Communication, Culture, and Society
By Dal Yong Jin

차례

Part 3 스마트폰과 청년문화

서문

21세기 초반 스마트폰의 경이로운 성장은 사람들의 일상을 근본적으로 변화시켰다. 스마트폰과 애플리케이션(앱)은 사람들이 서로 소통하고 연결되고 즐기는 방식을 새롭게 만들어내면서 이전과는 다른 문화를 창출하고 있다. 스마트폰은 이제 단순한 전화기가 아니라 카카오톡Kakao Talk(국내 최대의 무료 인스턴트 메신저 앱), 라인Line, 위챗WeChat(중국에서 개발) 그리고 왓츠앱WhatsApp(미국에서 개발) 같은 인스턴트 모바일 메신저 앱을 통해 친구나 가족과 연락하는 수단은 물론, 모든 종류의 문화 활동을 즐기기 위해 없어서는 안 되는 필수품이 되었다. 또한 피처폰feature phone보다 훨씬 더 발전된 형태의 스마트폰 모바일 게임은 콘솔console, 휴대용 및 온라인 게임 이용자들을 모바일 게임으로 이동시키면서 디지털 게임 산업과 글로벌 게임 시장의 지형을 바꿔놓았다. 게다가 스마트폰은 미디어 및 통신 기업은 물론, 페이스북Facebook, 트위터Twitter와 같이 디지털 플랫폼 회사들의 새로운 자본으로도 기능하고 있다.

스마트폰 및 그와 관련된 기술의 중요성이 증가함에 따라 서구뿐 아니라 비서구권의 여러 국가들은 2000년대 초반부터 스마트폰과 앱을 자체적으로 개발해 왔다. 그중에서도 한국은 스마트폰 기술과 문화 그리고 디지털 경제의 주요 중심지 중 하나가 되었다. 한때 한국은 스마트폰과 앱 보급률에 있어 다른 나라들보다 뒤처졌지만, 모두의 예상을 뒤엎고 이제는 글로벌한 정보통신기술Information and Communication Technologies: ICT 산업의 강국이 되었다. 모바일 기술이 가장 중요한 ICT 중 하나가 되면서 스마트폰은 디지털로 매개된 통신 수단이란 이전 수식어에 걸맞게 네트워크화된 한국 사회에서 가장 혁신적이고 최신의 기술로 각광받고 있다. 특히 아이폰의 혁신은 단순한 전화기가 아닌 생태계의 변화를 가져왔으며, 스마트폰의 확산은 한국의 통신 산업만이 아니라 일반 대중을 가로지르는 파급효과를 만들어내고 있다. 결과적으로 한국은 전 세계의 정책자들, 기술 전문가들, 미디어 및 통신 학자들의 이목을 집중시키는 스마트폰 기술의 미래를 위한 테스트 베드test bed로 존재한다.

인스턴트 모바일 메신저 앱을 포함한 한국의 스마트폰 기술과 문화의 등장은 호의적인 정부 정책과 통신 회사들(기기 및 서비스 기업 포함) 사이의 경쟁, 그리고 열성적인 IT 소비자들로 설명될 수 있다. 특히 소비자들은 스마트폰, 앱경제 그리고 문화의 성장에서 결정적인 역할을 수행했다. 스마트폰과 앱을 이용하는 한국 청년들의 모습은 스마트폰이 그들의 도시 생활에 있어 상징적이고 물질적인 자원이 되었음을 보여준다.

스마트폰과 앱이 자체적으로 생산될 뿐만 아니라 사람들의 일상에서 필수품이 된 이곳 "스마트랜드smartland"에서는 다양한 사회문화적 문제도 나타난다. 스마트폰 중독, 디지털 폭력digital bullying 그리고 사생활 침해와 같은 이슈는 스마트폰 시대의 중대한 사회적 문제들로 지목되고 있다. 또한 스마트폰은 스마트폰 격차라는 새로운 형태의 정보 격차를 만들어내며, 사회적 불평등을 심화시킨다. 대다수의 사람들에게 스마트폰은 더 이상 사치품이 아니지만, 여전히 몇몇 한국인들은 정보 및 자금 부족 때문에 이미 존재했거나 새롭게 등장한 사회경제적 문제들로 인해 고통받고 있다. 스마트폰의 발전이 기존의 사회 문제들을 해결해줄 것이라 기대할지도 모르지만, 새로운 기술은 언제나 사회 계급 및 지배의 본질적인 부분이었다. 미국에서 생산된 운영체제operating system: OS의 패권은 점차 강화되고 있으며, 페이스북, 구글Google 및 애플Apple 같은 미국의 플랫폼은 앱 경제의 혜택을 누리고 있다.

한국은 뉴미디어 영역, 특히 스마트폰 부문에서 테스트 베드로서의 역할을 수행하고 있기 때문에 한국 스마트폰의 맥락에서 모바일 커뮤니케이션, 문화 그리고 사회를 분석하는 일은 상당히 중요하다. 특별히 한국은 세계가 거의 알지 못했던 부분, 즉 현지의 스마트 미디어 지형mediascape이 어떻게 절합articulate되는지, 혹은 현지 및 글로벌 소비자들이 어떻게 이러한 기술을 활용함으로써 스마트폰 문화를 만들어내는지 보여주는 사례다. 물론 우리의 초점은 한국 스마트폰 문화나 산업의 성과를 찬양하거나 이 시대의 그늘을 비관적으로 한탄하는 것이 아니라, 스마트폰의 발전과 성장에서 한국이란 사회적 환경이 갖는 중요성에 맞춰져야 한다. 다시 말해 한국 ICT 산업에 기반한 모바일 기술과 무선통신 산업이 성장하게 된 맥락에 스마트폰의 등장을 위치시켜야 한다.

따라서 이 책은 스마트폰의 역할을 한국의 국가 경제 및 문화의 주요 구성요소 중 하나로 분석한다. 삼성과 LG 같은 ICT 대기업부터 모바일 게임 회사 및 앱 개발자를 포함한 작은 스타트업에 이르기까지 국내 기업들은 그것의 높은 수익성 때문에 스마트폰과 앱 개발에 투자해 왔다. 이 책의 목적은 스마트폰과 앱의 역할을 탐구함으로써 그로 인한 네트워크 활동 및 정보 산업들이 앱경제나 청년문화에 있어 얼마나 중요한 부분을 차지하는지 알아보는 것이다. 이용자야말로 주된 행위자이기 때문에 스마트폰 이용이 한국의 모바일 문화라는 특정한 맥락 안에서 어떻게 구성되는가는 핵심적인 문제다. 따라서 필자는 모바일 게임의 성장 및 청년문화에 영향을 끼친 몇몇 사회문화적 요소들을 탐구한다. 한국 스마트폰 기술 및 문화의 성장을 분석하기 위해서는 ICT 이상의 국가적 경험에 대한 포괄적인 설명이 반드시 필요하다고 나는 확신한다.

이와 같이 스마트폰 시스템으로 인한 사회문화적 그리고 정치적 변화를 경험한 한국의 사례를 면밀하게 살펴보는 작업은 변화하는 글로벌 이동통신 시스템에 대한 전반적인 흐름을 설명해줄 것이다. 다시 말해 이 책은 독자들로 하여금 어떻게 글로벌 이동통신의 핵심적인 특징이 전 세계적인 정치 경제적 변화와 그에 수반된 기술적 혁신 속에서 재조직되고 재구조화되는지 생각하게 만들 것이다.

마지막으로 이 책의 제8장은 윤경원과 함께 쓴 논문*으로 ≪컨버전스Conver-gence≫ 학회지에 출판된 적이 있음을 밝힌다. 또한 제6장은 정부 재원으로 한국연구재단의 지원을 받아 수행된 연구임을 밝혀두고 싶다(NRF-2013S1A3 A2054849).

---

*   D. Y. Jin and K. Yoon, "Reimagining smartphones in a local mediascape: A cultural analysis of young Kakao Talk users in Korea," *Convergence: The International Journal of Research into New Media Technologies*, 22(3), 2016, pp.111~130.

Part 1

혁신과 모바일 커뮤니케이션

chapter 1
···
스마트랜드 코리아의 등장

대한민국은 작은 나라임에도 불구하고 수많은 뉴스들로 넘쳐난다. 때때로 그 뉴
스는 암울하기도 하고 가끔씩 놀라움 그 자체이기도 하다. 기이한 것에서부터 환
상적인 것, 그리고 저 멀리 떨어져 있는 삼성 은하수galaxy로부터 쏟아져 나오는
공상과학적인 것들까지, 한국은 다른 어느 곳보다 더 눈부시게 이 모든 것들을 이
루어내고 있다. 미래가 궁금한가? 82.7%라는 전 세계적으로 높은 인터넷 보급률
을 자랑하는 한국으로 가라. 18~24세까지의 스마트폰 보급률은 97.7%에 이른다.
그들은 이모티콘으로 가득한 카카오톡 같은 메신저를 통해 수다를 떨기도 하지
만, 스마트폰으로 쇼핑을 즐기거나 지하철에서 TV(유튜브가 아닌 실시간 채널들)
를 보기도 한다(CNN, 2013).

스마트폰의 극적인 등장은 사람들의 일상생활을 근본적으로 변화시켰다.
불과 "몇 년 전까지만 해도 휴대전화cell/mobile phone에 다운로드하거나 웹에서
이용하는 작은 소프트웨어 프로그램들"은 "바보 같은 게임이거나 시시한 장난
감" 정도로 여겨졌지만(MacMillan and Burrows, 2009), 스마트폰과 앱은 ICT 회사

들의 새로운 자본을 창출했을 뿐만 아니라 사람들의 소통 방식을 변화시켰다. 휴대전화가 의사소통을 위한 도구로만 사용된 적도 있었다. 그러나 21세기 초 네트워크화된 현대사회에서 스마트폰은 친구나 가족과 연락하고, 오락이나 문화 활동을 즐기는 데 없어서는 안 될 필수품이 되었다(Rainie and Wellman, 2012). 스마트폰을 통한 모바일 커뮤니케이션은 이제 사회의 한 부분이 되고 있다(Ling, 2012: 7).

특별히 스마트폰 기술의 대중화는 디지털 경제 — 정보화, 세계화, 네트워크화된 활동 및 컴퓨터, 인터넷, 전자통신과 같은 정보 산업을 기반으로 하는 경제(Castells, 1997; Schiller, 1999; 2012) — 와 사람들의 일상 문화를 확장시켰다. 스마트폰은 다양한 앱을 운영하는 데 특성화된 휴대용 플랫폼으로 기능한다. 스마트폰은 모든 종류의 앱을 내려받기 쉽도록 만들었고, 앱의 광범위한 사용은 사람들로 하여금 음식점이나 지도를 검색하는 동시에 모바일 게임을 즐길 수 있도록 만들었다(Goggin, 2009). 스마트폰 시대에 증대된 앱의 역할은 앱 경제라고 불리는 디지털 경제의 새로운 형식을 만들어냈는데, 이 용어는 모바일 앱을 둘러싼 경제 활동 범위를 가리키며 앱의 판매, 앱을 통한 광고 수익 그리고 앱이 운영되도록 설계된 디지털 상품들을 포함한다(MacMillan and Burrows, 2009; Jin, 2014). 이와 동시에 스마트폰과 앱은 사람들의 문화 활동을 근본적으로 변화시켰다.

미국의 애플이나 핀란드의 노키아Nokia, 중국의 샤오미Xiaomi 그리고 대만의 HTC를 포함해 서구 및 비서구권의 많은 나라들은 자체적으로 스마트폰을 개발해 왔다. 이러한 통신 및 뉴미디어 기업들은 글로벌 시장에서 살아남기 위해 스마트폰 시스템에 공격적으로 투자한다. 그중에서도 한국은 국내의 몇몇 초국적 기업들을 기반으로 앱 경제뿐만 아니라 스마트폰 기술과 문화의 중심이 되고 있다. 삼성전자와 LG전자라는 두 스마트폰 제조사가 애플, 노키아와 경쟁하기 위해 빠르게 성장하는 동안 카카오톡과 라인은 왓츠앱이나 위챗과 같이 국내만이 아니라 전 세계적으로 앱 경제와 문화에서 핵심적인 역할을 수행하고 있다.

〈그림 1-1〉 한국 스마트폰 보급률의 성장

자료: Ministry of Science, ICT and Future Planning(2014; 2015a; 2016).

비록 한국은 ─ 아이폰이 한국에 늦게 출시되면서 ─ 스마트폰과 앱 보급률에서 뒤처진 적도 있었지만, 이제는 글로벌한 ICT의 원동력 중 하나가 되었다. 한국은 스마트폰 혁명에서 상대적으로 후발 주자였지만, 한국 스마트폰 제조사들이 글로벌한 스마트폰 시장에서 애플 아이폰의 시장 점유율을 넘어서는 데까지는 오랜 시간이 걸리지 않았다(P. Kim, 2011; D. Lee, 2012; Jin, 2014). 새로운 기술이 개발되면 한국인들은 어느 나라보다 더 빠르게 그것을 수용하곤 했다. 실제로 한국은 새로 출시된 디지털 장비들을 남보다 빨리 사서 시험해보기를 원하는 "얼리어답터early adopters"로 가득하다(Jin, 2010).

2010년대 한국에서 가장 빠르게 확산된 기술인 스마트폰은 피처폰을 대체했고 사회적 매개의 형식도 변화시켰다. (키패드를 장착한) 피처폰에서 터치에 민감하게 반응하는 스마트폰으로의 전환은 상당히 급격했다. 국내 휴대전화 이용자 수는 2015년 12월 31일을 기준으로 5890만 명에 이른다. 그중 스마트폰을 사용하는 사람들의 수는 4370만 명을 넘어서며 이는 전체 휴대전화 사용자의 74.1%를 차지하는데, 2009년 12월만 해도 이 수치는 1.8%에 불과했었다(Ministry of Science, ICT and Future Planning, 2016)(〈그림 1-1〉 참조). 다른 나라에서도 스마트폰 보급률은 급격하게 증가했지만(Nielsen, 2012a; ComScore, 2014), 한국은 전 세계에서 스마트폰을 수용한 – 가장 빠른 나라가 아니라면 – 가장 빠른 나라들 중 하나다. 같은 맥락으로 한국에서는 스마트폰 앱 사용도 빠르게 증가했다.

특히 20대뿐만 아니라 중·고등학생의 스마트폰 사용률이 전체 평균보다 훨씬 높은데, 이는 교육열이 높은 한국 부모들이 자녀에게 스마트폰을 사주기 때문이다. 다시 말해, 젊은 세대에게 스마트폰은 부모와 연결되는 필수적인 수단이자 그들의 개인 교사로서 기능한다. 여성가족부에서 발행한 자료에 의하면 2013년 말까지 한국 10대들의 약 81%가 스마트폰을 가지고 있었는데, 이는 전체 평균값보다 10%가 더 높은 수치다(Ministry of Gender, Equality and Family, 2013). 한국에서는 10대들이 주요 사용자이자 미래의 고객이기 때문에 스마트폰은 앞으로도 국가 경제와 청년문화를 이끌 중요한 디지털 기술로 성장할 것이다.

삼성의 갤럭시 시리즈나 LG의 옵티머스Optimus, G2를 포함한 한국 스마트폰은 미국의 아이폰과 경쟁하며 2009년부터 글로벌 시장 점유율을 키워나갔다. 삼성이 여전히 피처폰에 집중하고 있었던 2008년과 2009년만 해도 삼성의 글로벌 시장 점유율은 각각 3.6%와 3.3%에 불과했다. 그러나 2010년에 삼성은 20.1%의 시장 점유율을 가진 세계에서 두 번째로 큰 휴대전화 제조사가 되었고, 2012년에는 노키아를 앞서며 23.4%의 점유율을 가진 최대의 제조사이자 수출사가 되었다(International Data Corporation, 2012; 2013).

이와 같은 사실만큼이나 카카오톡과 라인을 포함한 국내 스마트폰 앱의 역할에도 주목해야 한다. 앱의 놀라운 발전은 점점 더 많은 사람들이 스마트폰이나 다른 무선 장비들을 통해 온라인에 접속하고 있으며(Associated Press, 2013), 이는 미디어 융합의 새로운 패턴을 만들어내고 있음을 보여준다. 스마트폰이 일상생활의 중요한 요소가 되면서, 한국은 앱의 급격한 성장을 목도했고 이제는 아시아 국가들뿐만 아니라 전 세계 다른 지역에도 앱을 수출하고 있다. 카카오톡과 라인은 사용자들에게 메시지나 비디오, 사진을 무료로 전송하고 수신하는 서비스를 제공한다.[1] 이러한 메신저 서비스의 편리함과 단순함 그리고 다른 기능 덕분에 카카오톡(2010)과 라인(2011) 출시 이후부터 사용자 수가 급격하게 증가하게 되었다(Millward, 2013).[2]

이 두 스마트폰 플랫폼은 전례 없는 기능들을 제공했다. 무료 전화나 인스턴트 메시지는 물론, 카카오톡 사용자들은 다양한 형식의 콘텐츠들을 공유할 수 있다. 카카오톡은 무료 모바일 인스턴트 메신저 서비스로 시작했지만, 이내 모바일 게임을 포함한 다양한 제3의 앱이나 콘텐츠를 분산시키는 플랫폼으로 전환되어 사용자들이 친구들과 함께 이 메신저 플랫폼을 통해 게임을 할 수 있도록 만들었다. 카카오톡이 자부하는 대로 불과 몇 년 전까지만 해도 모바일 게임 앱의 다운로드 수는 100만을 넘기기 힘들었다. 그러나 카카오톡의 게임 플랫폼은 이 한계를 보란 듯이 뛰어넘었고, 2011년 7월까지 1000만 이상의 다운로드를 기록한 8개의 게임을 탄생시켰다(Russell, 2013).

그 결과 21세기 초반 일본이 케이타이Keitai라고 알려진 휴대전화의 미래로 여겨졌듯이, 이제는 한국이 스마트폰 기술의 미래를 점치는 흥미로운 테스트 베드로 존재한다(Ito and Daisuke, 2005; Daliot-Bul, 2007).[3] 선선림과 제럴드 고긴 Gerald Goggin은 이와 같은 사실을 정확하게 관찰했다.

일본은 무선 이동 장치와 관련된 기술들의 많은 부분을 개척했다. 그들은 1세대 모바일 네트워크와 휴대전화 발전에 크게 기여했다. 예를 들어, 1990년대 일본은 휴대전화기에 인터넷을 처음 접목시킨 나라 중 하나가 되었다. 또한 러브게티 Lovegety와 같은 혁신적인 기계들을 포함해 일본에서는 오늘날의 모바일, 소셜 그리고 위치 기반 미디어의 선구자 격인 모바일 소셜 소프트웨어가 개발되었다. 2000년대 초반에는 카메라 폰이 발명되어, 일본에서 처음으로 휴대전화와 함께 수출되었다(Lim and Goggin, 2014: 663).

한편, 한국은 모바일 TV나 모바일 게임(온라인 도박 문화의 일환), 싸이월드 (2015년 10월 싸이홈으로 개명한 한국 소셜 네트워크 사이트로, 실질적으로 2016년 8월 폐소됨) 같은 초창기 소셜 네트워크 시스템, 카메라 폰 문화, 그리고 위치 기반 미디어를 포함하는 다양한 기술적 그리고 사회적 혁신의 테스트 베드 역할을 수행했다(Hjorth, 2006; 2009; Hjorth and Chan, 2009; Lim and Goggin, 2014).

무료 인스턴트 메신저 앱뿐만 아니라 최근 한국의 스마트폰 산업과 문화의 등장은 정보기술IT에 대한 정부의 호의적인 정책과 IT 기업들 사이의 치열한 경쟁, 그리고 열성적인 IT 소비자들의 결합으로 설명될 수 있다. 특히 한국 소비자들은 스마트폰과 앱 경제 그리고 문화의 초기 발전에 핵심적인 역할을 수행했다. 한국의 젊은 세대들이 스마트폰과 앱에 열중한다는 것은 그만큼 스마트폰이 그들의 도회적 라이프스타일을 위한 상징적·물질적 자원이 되었다는 사실을 보여준다. 예컨대 지난 몇 년 동안 스마트폰과 모바일 게임의 융합을 통해 스마트폰을 모바일 게임을 위한 플랫폼으로 전용함으로써 한국은 "모바일 게임 왕국"이라는 자신들의 목표에 한걸음 더 다가섰고, 거대 기술 회사라고 자부하던 기업들은 비로소 스마트폰 후진국이란 오명에서 벗어날 수 있었다(K. S. Lee, 2011). 결과적으로 모바일 기술은 21세기 초 가장 중요한 진보들 중 하나가 되었고, 스마트폰은 의사소통을 디지털로 매개하는 중요한 자원일 뿐만 아니라 네트워크화된 한국 사회에서 가장 혁신적이고 최첨단의 기술이 되었다.

그러나 혁신적인 스마트폰과 앱이 개발되고 그것이 사람들의 일상에서 사용되는 "스마트랜드"는 걱정과 근심이 없는 땅이 아니다. 스마트폰의 빠른 성장과 함께 대두된 심각한 사회문제, 예컨대 소프트웨어에 대한 외국의 우위뿐만 아니라 스마트폰 중독이나 정보 격차, 디지털 집단 따돌림, 그리고 사생활 침해 또한 발생하고 있다. 특히 스마트폰 시대의 정보 격차는 스마트폰 격차라는 새로운 형식을 취하는데, 이것은 사회 불평등을 확장시키면서 여러 가지 사회 문제를 발생시킨다. 안드로이드Android나 아이오에스iOS 같이 미국에서 만들어진 운영체제의 역할 또한 계속해서 증가했기 때문에 구글과 애플은 앱 경제로부터 상당한 이득을 챙기고 있다. 스마트폰을 포함한 새로운 기술은 특정한 사회적 이슈를 과거의 것으로 만들어줄 수도 있다. 그러나 기술은 언제나 "인간의 위계질서와 지배라는 현실"의 구성요소가 될 것이다(Demont-Heinrich, 2008: 381). 일례로 대부분의 한국 사람들에게 스마트폰은 더 이상 사치품이 아니지만, 여전히 몇몇 사람들은 스마트폰 시대에 새롭게 등장했거나 그 이전부터 존재했던 사회경제적 문제들로 인해 고통받고 있다.

이 책의 주요 목적

전 세계적으로 디지털 경제(특히 앱 경제 형태의 디지털 경제)나 청년문화에서 스마트폰이 차지하는 중요성에도 불구하고 스마트폰이 어떻게 특정한 사회경제적 그리고 문화적 지형에 통합되는지 혹은 젊은 스마트폰 이용자들이 그것을 어떻게 이용하고 있는지에 대한 학문적 논의는 그리 많지 않다. 스마트폰에 대한 학문적 연구는 최근 몇 년 사이 서구권 나라들을 중심으로 이루어지고 있다. 비록 휴대전화에서 스마트폰으로의 진화를 한국 맥락에서 조사한 몇몇 연구들(Ok, 2011; D. Lee, 2012; Lee, Park and Hwang, 2015)이 있지만, 대부분 전체 현상의 한 부분만을 조명하고 있다. 한국 스마트폰의 등장을 지역적 맥락에서 설명하면서 영어로 쓰인 책 또한 전무하다.

물론 통신 시스템의 최근의 성장에 초점을 맞춘 책 길이의 출판물(Oh and Larson, 2011; K. S. Lee, 2011; Mahlich and Pascha, 2012; Hjorth, Burgess and Richardson, 2012)은 몇몇 존재한다. 이 책들은 많은 학자와 학생들에게 한국 모바일 기술과 문화에 대해 알려줄 수 있는 중요한 자원이다. 그중에서도 이광석은 정치경제학적 관점에서 정부의 정책들과 브로드밴드 시스템을 중심으로 ICT의 급격한 성장을 분석했다(K. S. Lee, 2011). 이 책의 주요 주제는 스마트폰 시대가 도래하기 이전부터 국가적 인프라를 설립하기 위한 한국 정부와 ICT 기업들 사이의 결탁을 강조하는 것이었다. 오명과 제임스 라슨James Larson 역시 1980년대와 1990년대 ICT의 성장을 조명했고(Oh and Larson, 2011), 1990년대 브로드밴드 혁명과 21세기 초 휴대전화 개발에서 정부가 주도적인 역할을 수행했음을 주장했다. 한편, 조화선은 모바일 커뮤니케이션 분야에 대한 한국의 독특한 규제 정책에 대해 조사했으며, 시장 중심의 규제 개혁과 신자유주의는 국가와 사적 영역 그리고 국제적인 정치 경제적 흐름 사이의 상호작용으로 설명될 수 있다고 주장했다(Jho, 2013). 그러나 그는 스마트폰 기술이나 문화를 포함해 한국 모바일 커뮤니케이션의 전체적인 지형을 분석하지는 않았다.

정리하자면, 이전 연구들은 스마트폰이나 앱 자체가 가진 주요한 특성에 대해 거론하지 않았는데, 이는 최근 성장한 스마트폰 기술과 문화를 충분히 관찰할 만한 시간이 연구자들에게 주어지지 않았기 때문이다. 편집서(Hjorth, Burgess and Richardson, 2012)의 여러 챕터들 또한 문화 정책이나 창의 산업과 같은 사회정치적 맥락을 간과하며 제한된 문화적 양식들만 고려하고 있다. 이와 같은 실증적·이론적 연구의 부족은 ─ 지역적 다양성이란 측면을 간과한 채 ─ 스마트폰에 관한 문헌 사이의 공백을 만들어내고 있는 듯하다.

실제로 스마트폰의 미디어 지형은 이질적인 미디어의 융합이란 관점에서 최근 들어 연구되고 있는 반면(Goggin, 2010; Sinckars and Vonderau, 2012), 오직 소수의 맥락화된 실증적 연구들만이 스마트폰 문화의 지역성에 대해 언급하고 있다(Hjorth, Burgess and Richardson, 2012). 그나마 지역적 측면은 글로벌 기술이 분산되고 소비되는 장소 정도로 설명되지만, 현지의 스마트폰 미디어 지형이 어떻게 생산되는지는 그보다 훨씬 더 간과된다(Jin and Yoon, 2016). 그 결과 스마트 기술이 우리의 일상에 폭발적으로 유입되고 있음에도 불구하고, 사람들은 현지의 스마트 미디어 지형이 어떻게 그 지역 소비자들의 이용방식에 따라 달라지는지 알지 못한다. 이와 같은 맥락에서 우리는 스마트폰이 청년문화와 디지털 경제에서 어떤 의미를 갖는지 총체적으로 이해하기 위해 스마트폰이 어떻게 생산되고 전용되는지, 그리고 그 결과 그들의 지역적 맥락에 맞게 재정의되는지 실증적으로 조사해야 할 과제에 당면해 있다.

이 책은 한국의 스마트폰 커뮤니케이션을 다룬 첫 번째 번역서인 만큼 스마트폰을 이용한 모바일 커뮤니케이션을 총체적으로 분석하려 한다. 마크 맥렐란드Mark McLelland가 지적했듯이 현재로서는 한국 기술이 글로벌 시장에 끼친 엄청난 영향력을 포함해 모바일 기술의 지역적 성장을 이론화하려는 탄탄한 개괄적 연구가 존재하지 않는다(McLelland, 2007). 따라서 이 책은 현재까지 간과되었던 부분, 즉 스마트폰 및 앱과 함께 등장한 현지화된 커뮤니케이션 지형을 탐구한다. 한국의 스마트폰 미디어 지형을 전반적으로 분석한 이 책이 문헌 연구에 중요하게 기여하기를 특별히 소망한다. 레이먼드 윌리엄스Raymond Williams가 TV에 관해 지적했듯이 기술은 복잡한 것이고 궁극적으로 그것의 구성요소들과 운용, 이용방식 그리고 내용물을 초월하는 것이며, 공유된 지식과 사회적 실천에 의해 구성된 문화적 형식에 가깝다(Williams, 2003). 이것이 바로 필자가 한국이라는 맥락 안에서 스마트폰을 분석하는 방식이다.

필자의 초점은 국내 스마트폰의 업적을 찬양하거나 스마트폰 시대의 어두운 측면을 비관하는 것이 아니라 스마트폰이 발전할 수 있었던 사회적 환경의 중요성을 강조하는 것이다. 필자는 모바일 기술 및 전반적인 통신 산업의 성장이라는 맥락 안에 스마트폰의 등장을 위치시킨다. 다시 말해, 스마트폰 기술과 문화를 별개의 것이 아니라 통신 시스템과 함께 지속적으로 발전한 것으로 보고, 현재까지의 성장을 역사화할 것이다. 또한 국가의 경제 기조에 따라 변화한 ICT 정책이 핵심적인 역할을 수행했기 때문에 신자유주의적 세계화라는 흐름에서 한국 정부의 역할을 논할 것이다. 여러 이론가(Ohmae, 1995; Appadurai, 1996; Giddens, 1999; Tomlinson, 2000; Hardt and Negri, 2000)는 세계화가 국경과 영토의 연관성을 감소시키고, 그 결과 국내외적 문제들을 통치하는 주요 기관으로서 영토 국가의 역할을 약화시킨다고 주장한다. 이와 같은 맥락에서 이 책은 스마트폰 사업에 있어 국가가 자신의 역할을 잃어버렸는지 아니면 유지했는지 혹은 강화했는지 분석할 것이다.

둘째, 이 책은 스마트폰을 한국 앱 경제의 주요한 요소 중 하나로 논의한다. 앞에서 언급했듯이 스마트폰과 앱이 급속도로 성장함에 따라 미국과 영국을 포함한 서구권 나라뿐만 아니라 중국이나 한국 같은 비서구권 나라들도 사회 문화적·기술적 진보와 경제 성장을 기대하며 스마트폰과 앱을 발전시켰다. 한국에서는 삼성과 LG 같은 대기업부터 작은 스타트업 회사들까지도 스마트폰과 앱에 투자했는데, 이는 2009년 애플이 아이폰을 대대적으로 성공시키며 애플 스토어를 선보인 이래로 스마트폰과 앱이 수익성 좋은 사업으로 여겨졌기 때문이었다(MacMillan and Burrow, 2009). 특히 앱 경제 – 모바일 앱을 둘러싼 경제적 활동의 범위 – 는 공공 기반시설뿐만 아니라 소프트웨어에 의존하는데(Jin, 2010; 2014), 한국에서 스마트폰의 진화는 결과적으로 소프트웨어 분야에 영향을 끼쳤다. 필자는 스마트폰과 앱의 역할을 동시에 분석함으로써 이를 기반으로 한 네트워크 활동과 정보 산업들이 얼마나 국가 경제의 주요한 부분으로 기능했는지에 대해 설명할 것이다.

셋째, 이 책은 세계화 이론 가운데 중요한 차원들을 정리할 것이다. 스마트폰의 급격한 성장은 중대한 법적 분쟁을 일으켰다. 2007년 1월 애플이 아이폰을 출시한 이래로 한국의 삼성과 LG 그리고 대만의 HTC를 포함한 세계 각국의 휴대전화 제조사들은 자체적인 스마트폰을 개발해 왔다. 주요 스마트폰 제조사들이 특허권과 디자인을 포함한 자신들의 고유한 지적 재산IP을 다른 기업들이 모방했다고 주장하면서, 스마트폰 제조사들 사이의 경쟁은 IP의 핵심이라고 할 수 있는 특허권과 디자인을 중심으로 재편되었다. 따라서 한국 스마트폰의 성장은 서구권 국가들은 물론, 애플과 같이 서구를 기반으로 한 초국적 기업들과 맺는 밀접한 관계들에 대한 고려 없이 논의될 수 없다.

또한 미국 안드로이드 플랫폼은 이제 전 세계 어디에나 있는 것처럼 보이는데, 이것은 개인용 컴퓨터Personal Computer: PC에서 윈도우나 맥이 가졌던 영향력만큼이나 스마트폰 산업에서 헤게모니적 힘을 발휘하고 있다. 비록 삼성이 기계에서는 세계적인 선두 주자이지만, 소프트웨어만 놓고 봤을 때는 여전히 미국이 핵심이다. 바로 이것이 운영체제를 포함한 전반적인 스마트폰 시스템을 이해해야 하는 이유이며, 이러한 접근은 스마트폰 지형 안에서 세계적인 흐름을 이해하는 데 도움이 될 것이다.

대다수의 정책 담당자들과 대중매체는 글로벌 시장에서 빠르게 성장한 한국 스마트폰에 찬사를 보내면서, 로컬의 힘이 글로벌한 힘이 되었다고 주장한다. 그러나 운영체제만큼은 미국이 계속해서 주도권을 잡고 있으며, 심지어 그 헤게모니가 강화되고 있다. 따라서 필자는 로컬과 글로벌한 권력 사이의 중대한 갈등을 비판적으로 검토할 것이다. 특별히 현지 스마트폰의 등장이 세계화 이론의 윤곽을 바꿔놓았는지 알아보기 위해 글로벌 제품(아이폰)과 현지 제품(갤럭시) 사이의 권력 투쟁을 살펴볼 것이다.

마지막으로 이 책은 스마트폰 시대의 주요 행위자는 사용자라는 점에 착안해 스마트폰이 어떻게 한국이라는 특정한 휴대전화 문화 안에 자리 잡았는지 분석할 것이다. 다시 말해, 필자는 한국에서 스마트폰과 앱이 성장할 수 있었던 사회문화적 요소들에 대해 탐구할 것이다. 그다음, 스마트폰의 사용이 한국 청년문화를 발전시킨 방법과 각각의 국가적 맥락에서 발견되는 다른 나라 청년문화들의 특징을 비교 분석할 것이다. 이 부분은 두 개의 주요한 한국 청년 하위문화, 즉 모바일 게임하기와 카카오톡 이용을 포함한다. 고긴이 스마트폰 이전 휴대전화 기술에 대해 지적했듯이 "모바일 연구 분야는 흥미로운 간학문적interdisciplinary 영역이다. 그러나 아직까지는 기술과 그것의 의미, 실천 그리고 소비에 주목하는 문화적 질문이 부족한 상태다. 이 접점에서 휴대전화의 문화적 측면을 주목하는 것은 상당히 중요하다"(Goggin, 2007: 133~134).

한국은 온라인 게임 산업에서 가장 큰 시장 중 하나다. 한국 정부가 스마트폰 게임 콘텐츠에 대한 규제를 철폐한 이후 스마트폰과 모바일 게임의 성장을 목도한 것은 그리 놀라운 일이 아닌데, 왜냐하면 일반적으로 한국 청년들은 새롭게 출시된 디지털 기기들을 남보다 빨리 구매하고 시험해보길 원하는 얼리

어댑터로 여겨지기 때문이다(Yoon, 2006; Jin, 2010). 모바일 게임은 최근 몇 년 사이 가장 역동적인 청년문화이자 수익성 좋은 게임 산업 중 하나가 되었다. 한국에서 최근 등장한 스마트폰 산업과 문화를 이해하기 위해서는 ICT 사용자들에게 편리한 플랫폼을 제공한 국내 스마트폰 앱에 대해 반드시 논의해야 한다. 한국에는 여러 개의 중요한 앱이 있지만, 그중에서도 카카오톡은 스마트폰의 진화가 어떻게 현지 맥락 안에서 재해석되는지를 명확하게 보여준다. 한국의 젊은 세대들이 카카오톡이나 그와 관련된 모바일 앱에 열중한다는 사실은 그만큼 스마트폰이 그들의 도시적 라이프스타일을 위한 상징적 그리고 물질적 자원이 되었음을 의미한다.

정리하자면 정치경제학과 문화연구적 접근법에 따라 한국 스마트폰 커뮤니케이션을 그것의 사회문화적 요소들로 분석함으로써 이 책은 스마트폰의 개념, 발전, 성취 그리고 수용에 내재되어 있으면서도 어느 정도 과소평가된 복합성에 대해 탐구한다. 한국의 스마트폰 기술과 문화의 성장을 분석하려면 디지털 기술 확장에 대한 국가적 경험을 전반적으로 탐구해야 한다. 지난 몇십 년 동안 일어난 스마트폰 기술과 문화의 눈부신 발전을 상세하게 기술하는 작업은 매우 유용하다. 특별히 스마트폰 시스템으로 인해 한국이 경험한 사회문화적·정치적 그리고 경제적 변화는 급변하는 글로벌 모바일 시스템의 전반적인 흐름을 잘 보여줄 수 있다. 결국, 이 책은 독자로 하여금 어떻게 글로벌 모바일 시스템의 핵심적인 특징들이 1990년대 초반 이래로 재조직되고 초국적인 성격을 띠게 되었는지, 즉 어떻게 글로벌 모바일 시스템의 변형이 전 세계적인 정치경제적 변화와 그에 동반되는 기술적 발전이라는 더 큰 맥락 안에서 이해될 수 있는지 생각하게 만들 것이다.

이론적 그리고 방법론적 틀

이 책은 몇 가지의 이론적 틀을 활용한다. 특별히 필자는 사회역사적 그리고 제도적 분석이란 측면에서 정치경제학적 관점을 이용하고 그것을 문화 분석과 결합시킴으로써 저항을 구조적 차원에서의 미디어 융합과 기업의 시너지로 인해 강화된 권력 불균형으로 해석한다. 댄 실러Dan Schiller가 적절히 지적했듯이 "정보와 커뮤니케이션의 역할은" 생산 과정에서 일어나는 자본의 재배치를 포함한 "정치경제의 주요한 발전 과정 속에서 이해되어야 한다"(Schiller, 2014: 6). 이 책의 주요한 목적이 국내 스마트폰 산업이 성장할 수 있었던 핵심 원인들을 드러내고 사람들의 일상생활에 근본적인 영향을 끼치는 스마트폰 분야의 지속성과 변화를 기록하는 것인 만큼, 점점 증대되는 스마트폰과 앱의 역할을 더 큰 사회경제적 그리고 문화적 맥락에서 이해하는 작업은 매우 중요하다. 실제로 스마트폰 같은 ICT는 경제 발전과 혁신에서 핵심적인 역할을 수행한다.

우리가 또한 명심해야 할 것은 ICT의 혁신으로 인한 사회문화적 발전이 글로벌한 정치경제 안에서 국내뿐만 아니라 국경을 넘는 불균형과 불평등을 야기한다는 사실이다. 비디오 게임이나 인터넷, 휴대전화 같은 과거의 여러 ICT가 증명하듯이 새로운 기술의 전 세계적 생산, 분배 및 소비는 소수의 선진 국가들과 그 국가들 안에 있는 초국적 기업들 그리고 나머지 국가들 사이에서 벌어지는 권력 투쟁의 결과물이다. 이러한 맥락에서 크리스티안 푸크스Christian Fuchs는 정치경제학의 중요한 역할을 강조한다. 그의 주장에 따르면, "비판이론은 투쟁의 원인과 조건, 가능성과 한계점을 설명해줄 수 있다. 비판이론은 학계와 과학이 가치중립적이어야 하며 그럴 수 있다는 주장을 기각한다. 오히려 이것은 정치적 관점이 모든 생각과 이론을 구성한다고 주장한다"(Fuchs, 2014: 17). 빈센트 모스코Vincent Mosco 또한 클라우드 컴퓨팅 사례를 예로 들어 명백히 주장한다. "소수의 몇몇 회사들에 의해 통제되는 ICT가 전 세계적으로 확장되는 일은 글로벌한 정보경제를 지속적으로 구축시킨다. 한때 공예 전통을 가진 정보-기술 부서에 거처를 마련했던 ICT 기업들은 이제 대부분의 작업을 스마트폰과 앱으로 할 수 있다. 여기서는 IT 기능과 노동력이 생산과 분배라는 산업적 모드에 집중된다"(Mosco, 2014: 1~2). 게다가 스마트폰과 앱은 글로벌한 모바일 게임 문화를 정착시키기 위한 기나긴 여정의 다음 단계를 밟고 있다. 따라서 스마트폰과 앱이라는 글로벌한 흐름 속에서 정치적인 것과 경제적인 것 사이의 권력 관계를 이해하는 작업은 매우 중요하다.

이와 동시에 기술이 더 이상 고립된 연구 영역이 아니라는 점을 고려한다면, 다양한 관점들을 이용함으로써 스마트폰 영역에 대한 새로운 논의를 시작해야 한다. 아놀드 페이시Arnold Pacey가 주장했듯이 기술의 사회적 관계나 그것에 대한 사회적 통제에 대해 글을 쓰는 사람들은 조직적이고 기술적인 측면뿐 아니라 문화적 측면도 반드시 알아야 한다(Pacey, 1993: 4~6). 토비 밀러Toby Miller 또한 "모든 문화적이고 커뮤니케이션적인 기술은 생산, 텍스트, 분배 그리고 수용에 있어 특징을 갖는다"라고 지적한다(Miller, 2006: 6). 이러한 통찰은 스마트폰 영역에 대한 탐구가 다른 것들로부터 떨어진 진공상태에서 가능하지 않다는 것을 일깨워준다. 레프 마노비치Lev Manovich가 언급했듯이 "구글, 페이스북, iOS 그리고 안드로이드와 같은 플랫폼은 글로벌한 경제, 문화, 사회적 삶 그리고 점점 더 정치의 한가운데에 놓인다"(Manovich, 2013: 7). 따라서 스마트폰과 앱의 성장, 그리고 그것들의 영향력을 섬세하고 거시적인 접근법으로 분석하는 것이 중요하다.

여러 이론가들(Richardson, 2012; Chan, 2008; Hjorth, 2012)의 주장대로 신기술에 대한 경험적 접근법heuristic approach은 상당히 유용하다. 그중에서도 잉그리드 리처드슨Ingrid Richardson은 "문화, 조직 그리고 기술의 융합을 경험적으로 이해한다는 것은 신기술의 등장을 세밀하게 묘사하는 데 핵심적"이라고 주장한다(Richardson, 2012: 135). 그녀의 설명에 따르면, "휴대용 전화기와 게임기는 문화적·맥락적 그리고 물리적인 요소들의 복합적인 상호작용을 보여준다. 이들은 동시적이고 종종 균등하게 청각적이고 시각적이며 촉각적인 매체들이다"(Richardson, 2011: 419). 라리사 요르트Larissa Hjorth 또한 사회구성론적 입장에서 모바일 게임을 포함한 스마트폰 문화에 대한 통찰력 있는 해석을 내놓는다(Hjorth, 2012: 194~195).

필자는 스마트폰 기술과 문화의 성장을 경험적으로 이해하는 것이 정치경제학과 문화연구의 통합을 통해 성취될 것이라 확신한다. 미디어에 대한 정치경제학적 입장이 미디어는 반드시 더 넓은 경제적·문화적 맥락에서 그것들과의 관계를 통해 이해되어야 한다는 것을 자명한 사실로 받아들이는 데 비해, 문화연구는 스마트폰의 성장과 특별히 왜 그렇게 짧은 시간 안에 사람들이 스마트폰을 받아들였는지에 대한 이유를 사회문화적 과정들을 통해 강조한다. 이렇게 이론적 틀의 다양성을 활용함으로써 필자는 스마트폰 시대는 반드시 스마트폰 사용의 사회문화적 특수성을 기반으로 정의되어야 한다고 강조한다.

피처폰에서 스마트폰에 이르는 변혁적인 모바일 기술 및 문화에 대한 사회기술적 검토를 통해 모바일 플랫폼 연구에 내재된 복합성이 어느 정도 드러나길 바란다. 필자는 한국 스마트폰 지형에 존재하는 변화와 연속성에 주목함으로써 글로벌 모바일 시스템의 극적인 변화를 이끌었던 정치적·경제적·기술적 그리고 문화적 차원들을 연대순으로 기록할 것이다.[4] 사회구성론과 결합된 이러한 이론적 틀은 빠르게 변화하는 한국 모바일 시스템을 이해하는 데 도움을 주는 것은 물론, 독자들은 글로벌 모바일 기술과 문화의 변화를 좀 더 명확하게 이해하게 될 것이다.

방법론적인 측면에서 봤을 때 모바일 기술과 문화에 대한 과거의 학술 연구 및 담론은 젊은 층의 정체성과 라이프스타일의 변화를 탐구하기 위해 주로 수용자 연구를 통해 현지 대중문화에 주목해 왔다. 그 밖의 연구들은 모바일 산업의 역할을 국가 경제를 위한 핵심 요소로 강조하기도 했다. 그러나 모바일 문화는 더 이상 별개의 영역이 아니다. 모바일 문화의 모든 순환, 기술, 텍스트, 그리고 홍보는 성장과 이윤창출을 위해 디지털 네트워크라는 더 넓은 궤도와 점점 더 얽히고 있다(Kline, Dyer-Witheford and de Peuter, 2003: 176; Jin, 2010;

2015). 문화적 생산물은 반드시 기술적·사회적·문화적 그리고 경제적 특징들의 특정한 결합을 바탕으로 정의되어야 하며, 이들 중 어느 한 부분도 배제되어서는 안 된다. 따라서 필자는 스마트폰 성장의 역사를 기록하기 위해 정치경제학적 접근법을 사용하는데, 주된 분석틀을 강화하기 위해 현장 연구를 통해 얻어진 심층인터뷰도 함께 사용한다. 실증적 데이터의 대부분을 차지하는 이 인터뷰와 관찰 자료는 스마트랜드에 살고 있는 사람들이 평소에는 잘 고민하지 않았던 주제에 대해 그들의 생각을 표현할 수 있는 기회를 제공한다. 실제로 그들로부터 얻은 통찰들이 이 책을 통해 발견될 것이다.

조금 더 구체적으로 설명하자면, 필자는 한국과 북미에 살고 있으면서 피처폰이 아닌 스마트폰을 사용하는 50명의 젊은(19~29세) 휴대전화 사용자들과의 인터뷰를 2012년 여름부터 2014년 겨울까지 진행했다. 인터뷰 내용은 그들의 스마트폰 사용과 모바일 게임의 이용 그리고 그것보다 더 넓은 삶의 환경들에 관한 것이었다. 인터뷰를 통해 필자는 이러한 기술들이 그들의 삶에 끼치는 영향을 관찰할 수 있었다. 인터뷰 참여자들은 각자의 지역에 있는 대학교 네트워크를 통해 대부분 구할 수 있었다. 한국의 경우, 인터뷰 대상자 중 16명은 삼성과 LG 같은 정보통신 회사에서 일하는 직장인들이었다. 북미의 경우, 인터뷰 대상자들은 대부분 스마트폰과 무료 커뮤니케이션 앱을 포함해 한국 디지털 경제와 문화에 친숙한 사람들이었다. 인터뷰는 두 시간 동안 진행되었으며 인터뷰 참여자들이 그들의 경험과 의견을 자유롭게 표현할 수 있도록 반구조화된 형식을 사용했다. 인터뷰 대상자들은 모두 스마트폰을 사용하거나 모바일 게임 및 다른 앱을 사용한 경험이 있었다.

이 책은 또한 정부 자료와 연차 보고서 및 재무 보고서 같은 기업 자료들을 참고했을 뿐만 아니라 국제전기통신연맹International Telecommunication Union: ITU 같은 국제기구들이 발행한 자료들을 보조자료로 활용했다. 이러한 정부 혹은 기업들의 자료는 상당히 중요한 정보를 제공했는데, 필자는 핵심 정책뿐만 아니라 산업이나 기업의 활동에 관한 세부적인 데이터를 얻을 수 있었다.

이 책의 구성

이 책은 다음과 같이 구성된다. 제2장에서 필자는 스마트폰의 진화를 역사화한다. 이러한 내러티브narrative는 스마트폰의 등장과 그것의 독특한 특징 — 통신 정책뿐만 아니라 융합과 참여 문화를 포함 — 이 생겨나게 된 다양한 원인을 드러내는데, 이것은 이후에 진행될 논의들의 핵심적인 사회역사적 배경이 될 것이다. 세부적으로 이 장은 최초의 스마트폰이 흥망성쇠한 주요 원인들을 그것이 처음 등장한 사회문화적 환경에 비춰 논의한다. 그런 후 이 장은 지난 20년 동안 스마트폰 기술 발전에 있어 초국적 자본의 역할이 무엇이었는지에 대해 검토한다.

제3장은 스마트폰과 앱의 최근 성장을 한국 뉴미디어 분야의 이행으로 설명한다. 이 장은 브로드밴드나 모바일 기술 같이 다양한 ICT의 급격한 발전에 대해 논의하는데, 새로운 기술을 빨리 수용하는 한국인들의 성향을 포함해 한국만의 독특한 사회문화적 그리고 기술적 환경을 그 근거로 제시한다. 다시 말해, 이 장은 휴대전화의 진화와 그 기술 및 산업의 주요한 특징들을 더 넓은 사회 문화적 맥락에서 검토한다. 한국의 스마트폰 기술과 정책 이슈는 국내 전기통신 시스템의 지속적인 발전 중 한 부분으로 분석될 것이다. 또한 이 장은 한국 모바일 통신 산업이 국내의 정치경제적 요소들과 글로벌한 통신 산업의 최근 변화에 따라 수정된 방식들에 대해 논의한다.

제4장은 2009년 출시된 아이폰에 대한 한국의 반응과 글로벌 시장에서 삼성 갤럭시 폰이 보인 최근 성장세를 분석함으로써 스마트폰 시대의 세계화에 대한 이론적 질문을 다룬다. 여기서는 스마트폰과 관련된 세계화 현상에 대한 새로운 관점들을 발전시킨다. 특히 이 장은 세계화의 새로운 물질적 조건들에 집중하는데, 이는 전 세계적인 전자 자본 네트워크에 의해 구성된다. 이동성과 연결성을 바탕으로 하는 세계화는 곧 자본에 대한 권력 이동을 의미하며, 세계화는 지역 국가들로 하여금 새로운 글로벌 시스템의 한 부분이 되도록 만들고

있다. 즉, 지역의 생존은 이제 자본의 글로벌한 전자 도관들에 얼마나 밀접하게 연결되어 있는가에 달려 있다(K. S. Lee, 2008). 이 장은 한국의 스마트폰 성장을 새로운 글로벌 네트워크의 한 부분으로 로컬을 편입시키려는 이러한 전자 제국의 보편적 구조 안에 위치시킨다.

제5장은 한국이 스마트폰과 앱에 있어 세계 최고의 실험실일 뿐 아니라 앱 경제가 어떻게 진화하는지에 대한 해답을 얻기 좋은 장소라는 점에 착안해, 한국 스마트폰과 앱 서비스의 핵심적인 측면 및 그것이 앱 경제에서 갖는 함의를 탐구한다. 다시 말해, 이 장은 한국이라는 특정한 사회경제적 환경 안에서 스마트폰과 앱의 급격한 성장을 분석한다. 여기서 기술은 특정한 형식의 지식 및 사회적 실천들로 인해 역사적으로 구성된 사회경제적 생산물로 간주된다. 이와 같은 맥락에서 이 장은 앱 서비스의 확산에서 사람들이 수행하는 역할과 네트워크 사회에서 그것이 갖는 함의를 검토한다.

제6장에서 필자는 정보 격차와 스마트폰 기술이 갖는 연관성에 대해 논의하면서 정보 격차에 대한 새로운 관점을 비판적으로 발전시킨다. 통계적 측정보다는 격차에 대한 일차원적이지 않은 설명을 통해 정보 격차와 그것의 함의를 맥락화한다. 다시 말해, 이 장은 정보 격차를 스마트폰 시대에 걸맞게 이해하는 방식과 스마트폰 중심의 네트워크 사회에서 그것이 갖는 함의에 대해 분석한다. 또한 여기서는 사회 통합과 같은 주요 정책 방향들에 대해서도 논의한다. ICT의 최근 성장 및 그로 인한 사회문화적 이슈들을 역사적으로 맥락화하는 것은 물론, 2014년 12월 실행된 설문조사도 활용한다. 이렇게 혼종적인 방법론은 급격한 성장 뒤에 숨겨진 사회문화적 이슈들을 드러냄으로써 ICT 연구를 한 단계 발전시킬 것이다.

제7장은 모바일 게임이 어떻게 PC 플랫폼에 적합화된 한국 온라인 게임 문화를 재구성했는지에 대해 분석한다. 이 부분에서 필자는 스마트폰 플랫폼을 기반으로 한 모바일 게임이 성장할 수 있었던 사회문화적 요소들에 대해 탐구한다. 그다음 필자는 다른 문화권 및 국가적 맥락에서 발견될 수 있는 특징들

과의 비교를 통해 스마트폰의 등장이 한국 모바일 게임을 발전시킨 방법에 대해 논의한다. 마지막으로 모바일 게임의 급격한 확산 및 성장으로 인해 변화된 조건들에 대해 사용자들이 어떻게 인식하고 있는지 밝힌다. 특별히 이 부분에서 필자는 고도로 네트워크화된 도시에서 젊은 한국인들이 온라인 게임에서 모바일 게임으로 이동한 과정에 주목한다.

제8장에서 이 책은 카카오톡을 이용하는 젊은 한국인들을 예로 들어 스마트폰 및 앱과 함께 등장한 현지화된 미디어 환경에 대해 논의한다. 특별히 여기서는 필자가 "카카오톡 지형Kakao talkscape"이라고 부르는 것을 한국이라는 특정한 사회문화적 환경에 의해 구성된 미디어 지형의 한 형식으로 분석한다. 즉, 스마트폰과 카카오톡이 만들어낸 급격한 사회경제적 변화 과정에 사용자들이 연루된 방식들에 대해 재고한다. 이 부분에서 필자는 사회역사적 분석과 함께 젊은 스마트폰 사용자들과의 심층인터뷰를 질적 방법론으로 사용했다. 인터뷰 참여자들은 카카오톡을 포함한 스마트폰 사용 경험뿐만 아니라, 이러한 기술들이 그들의 삶에 끼치는 영향력 및 더 넓은 삶의 환경들에 대해 언급했다.

마지막으로 제9장은 한국의 스마트폰 기술과 환경이 갖는 주요한 특징들에 대해 정리했으며, 글로벌 시장에서 현지 스마트폰 기술 및 문화의 급격한 성장을 설명하기 위해 비서구적 미디어 이론의 개발이 필요한지 아니면 기존 이론들이 여전히 유용한지에 대해 논의한다. 또한 이 마지막 장은 한국이 최근 떠오르는 로컬 시장 연구의 좋은 사례라는 점을 상기시키며, 세계화 흐름 속에서 모바일 기술과 문화적 담론을 연구할 때 앞으로 무엇을 주의해야 하는지에 대해 제시한다.

Chapter 2

스마트폰 기술의 진화
휴대전화에 스마트함을 더하다

스마트폰은 현대사회에 엄청난 영향을 끼쳤으며, 특별히 터치스크린 아이폰은 커뮤니케이션 세계에 혁명을 가져왔다. 아이폰의 이미지 ― 매끈하고 도시적인 스타일 ― 와 다양한 기능들은 유례없이 세련되고 기술적인 문화만이 아니라, 디지털 플랫폼 중심의 정보화 사회에서 없어서는 안 될 최첨단 기계임을 스스로 드러낸다. 터치스크린 스마트폰은 여러 방면에서 삶을 변화시키는 기술이다. 스마트폰은 기존의 컴퓨터와 휴대전화 기능을 결합시킨 일체형의 휴대 가능한 기기다. 게다가 아이폰은 소통방식이나 청년문화를 변화시킴으로써 전반적인 커뮤니케이션 시스템을 재구조화했다. 우리가 타자기나 전보, 인터넷과 같은 과거 기술들이 가져온 중요한 변화들을 인정한다 하더라도, 스마트폰만큼 "기술 혁신이 이렇게 빠르고 근본적으로 일상생활을 바꾼 적은 없었다". 결과적으로 지난 몇 년 동안 스마트폰 서비스는 "틈새시장부터 전 세계인의 일상에 유용한 요소들까지" 곳곳에 스며들었다(Fehske et al., 2011: 55).

아이폰이 사용자 중심의 인터페이스를 처음 도입한 스마트폰인 것은 맞지만, 그것이 첫 스마트폰은 아니었다. 아이폰은 스마트폰 기술을 새로운 단계로 도약시켰지만, 최초의 스마트폰 플랫폼을 대표하지는 않는다. 현재 스마트폰을 사용하고 있는 수억 명의 사람들은 종종 이러한 기기를 당연한 것으로 받아들인다. 그들은 아마도 스마트폰 시스템이 변화시킨 환경에 대해 망각하고 있는 듯하다.

비록 여러 연구들이 아이폰 및 스마트폰이 우리의 디지털 경제와 문화에 끼친 전반적인 영향력에 대해 분석했지만, 스마트폰의 발전을 학문적으로 세세하게 논의한 연구는 아직까지 존재하지 않는다. 물론 휴대전화의 기원을 분석한 주목할 만한 몇몇 연구들(Agar, 2003; Dunnewijk and Hulten, 2005; Engel, 2008; Klemens, 2010)이 있긴 하지만, 1940년대까지의 기록만 있을 뿐 비교적 현대의 스마트폰 역사는 아직까지 연구되지 않았다.

이 장은 스마트폰의 진화를 역사화한다. 스마트폰의 조상으로 불리는 여러 기기들 중 특히 IBM의 사이먼Simon은 스마트폰의 원형으로 알려져 있다. 역사적 접근법은 미디어와 기술의 변화 과정 뒤에 숨겨진 원인들을 파악하는 데 매우 유용하다. 스마트폰 시대는 세 개의 주요 시기로 나뉠 수 있는데, 스마트폰의 도입기(1990년대 초까지), 첫 스마트폰(IBM의 사이먼)의 등장(1992~1997), 그리고 스마트폰의 다각화 시기(애플이 아이폰을 출시한 2007년까지)로 구분될 수 있다. 필자는 사회경제적인 변화와 모바일 산업 사이의 관계를 드러내기 위해 이러한 시기 구분을 활용한다.[1]

기술에 대한 사회구성론적 접근법을 이론적 틀로 사용하면서 이 장은 스마트폰의 등장을 가능하게 했던 복합적인 원인들을 드러내는 동시에 미디어 융합, 참여 문화, 그리고 한국의 통신 정책과 같이 스마트폰을 둘러싼 독특한 특징들을 서술한다. 이는 앞으로 펼쳐질 학술적 논의를 위해 매우 유용한 사회역사적 배경이 될 것이다. 브라이언 윈스턴Brian Winston이 지적하듯이 "정보혁명이라는 개념은 반드시 역사적"이며, 우리가 "어떤 것의 이전 상태나 위치에 대해 알지 못한다면 변화하거나 반복되는 상황을 파악할 수 없다. 디지털 시대라는 용어 자체도 명확히 그 이전의 비디지털 시대를 상정한다"(Winston, 1998: 2). 이 장은 첫 상업용 스마트폰의 등장과 몰락의 원인을 스마트폰의 기원을 둘러싼 사회문화적 환경을 바탕으로 논의한 다음, 스마트폰 기술 발전에서 초국적 자본이 갖는 역할에 대해 검토한다.

기술의 발명과 확산을 이해하는 방법

기술의 사회구성론The social construction of technology: SCOT은 기술이 자신만의 길을 따라 발전한다는 기술 결정론의 대안으로 등장했다. "사회에 한 번 도입된 발명품"은 반드시 그리고 돌이킬 수 없이 적극적인 술어의 자리를 취하며 그 길을 따라 진보한다(Marx and Smith, 1994; Campbell and Russo, 2003). 기술 결정론은 새로운 기술이 거시적으로는 사회적 그리고 역사적 변화를 일으키는 주된 원인이자, 미시적으로는 사람들이 기계를 바라보고 사용하는 방식에 영향을 미친다고 설명한다(Chandler, 1996). 기술 결정론은 그것이 암시하는 것, 즉 "기술의 진화는 인간이 만든 것이 아니라 단순히 따르는 것으로 여겨졌기 때문에 기술에 대한 인간의 책임은 없다"라는 가정 때문에 주로 비판받았다(Campbell and Russo, 2003: 317). 이와 대조적으로 사회구성론은 기술이 사회를 구성한다기보다는 사회가 기술을 구성한다고 주장한다(Winner, 1997; Mackenzie and Wajcman, 1999).

사회구성론은 새로운 도구나 과정이 기존 방식들보다 명확하게 우월하기 때문에 기술의 변화가 일어난다고 가정하지 않는다. 그 대신 이 접근법은 "왜 특정 기술이 다른 것보다 더 우월하게 여겨지는가"에 대해 설명하려 한다(Mackenzie and Wajcman, 1999; Volti, 2008: 39 또한 참고).[2] 다시 말해, 어떤 일이 왜 그렇게 되었는지 설명하기 위해 "사회구성론자들은 사회 구조와 과정이 어떻게 기술의 선택에 영향을 미쳤는지에 관해 설명한다"(Volti, 2008: 39). 사회구성론자들(Bijker, Hughes and Pinch, 2012; Flanagin et al., 2010)의 관점에 따르면 기술적 설계는 상호연결된 사회적·문화적·경제적 그리고 기술적 요소들의 특정한 작용이다. 같은 맥락에서 기술품은 다양한 개인, 집단 그리고 조직 사이의 복합적인 상호작용의 결과물이다. 실제로 위비 바이커Wiebe Bijker와 그의 동료들은 "기술품은 문화적으로 구성되고 해석된다"라고 주장한다(Bijker, Hughes and Pinch, 2012: 40). 즉, 기술은 사회적 필요와 현재의 기술적 가능성들을 반영한 것이며(Mackenzie and Wajcman, 1999), 사회적 행동의 결과물이자 그것의 원동력이다. 이해집단들의 존재와 권력의 불균등한 분배가 모든 사회의 기본적인 측면을 형성하기 때문에 "사회구성론자들은 특별히 특정 기술의 발전과 선택에 연루되는 주요 행위자들을 기술하며, 그들이 사회에서 갖는 위치가 어떻게 그들의 행위에 반영되는지에 대해 서술한다"(Volti, 2008: 39).

가장 중요한 점은, 클로드 피셔Claude Fischer가 지적했듯이, "이익 집단 사이의 투쟁과 협상이 혁신을 구성한다"라는 것이다(Fischer, 1992: 16). "사회구성론자들의 관점은 다양한 이익 집단과 기술적 가능성 사이의 복잡한 상호작용에 놓이기 때문에 이러한 접근법은 다양한 기술품들의 기원과 진화를 이해하는 데 유용하다"(Flanagin, Flanagin and Flanagin, 2010: 180). 토머스 휴스Thomas Hughes 또한 사회구성론적 접근법은 기술 발전의 초기 단계를 연구하는 데 적합하다고 주장한다(Thomas Hughes, 1994; Volti, 2008에서 재인용). 사회적·정치적 그리고 경제적 힘은 여러 가지 대안적 기술들이 한꺼번에 등장했을 때 엄청난 영향력을 행사할 수 있다.

따라서 사회구성론적 접근법은 1990년대부터 발전, 수용 그리고 이용이란 측면에서 기하급수적으로 성장하다가 21세기에 들어와 폭발적으로 도약한 스마트폰 기술을 연구하는 데 매우 유용하다. 1990년대 초반을 기점으로 많은 혁신가들과 기업들은 스마트폰을 만들었다. 그러나 "기술적인 문제를 발견하고, 해결책을 모색하며, 보편적인 이용 방식 중 권위 있는 것으로 채택된 해결책을 수용하는" 사회적 행위자들은 상대적으로 그들과 같은 권력이나 기회를 가질 수 없다. 따라서 "논쟁과 선택이라는 문제로는 결코 해결될 수 없는 잠재적으로 중요한 결정들"을 과연 누가 내리는지 이해하는 작업은 상당히 중요하다(Winner, 1993: 369).

하지만 필자는 행위자들과 관련된 사회구성론자들의 이 같은 시각을 단순히 차용만 하는 것이 아니라, 랭던 위너Langdon Winner가 제안하듯이 발전과 수용이라는 결과물에 영향을 주는 행위자들의 다양한 능력을 비판적으로 검토할 것이다(Winner, 1993). 주요 행위자들이 수행하는 역할의 중요성을 인정해야 하는 것은 맞지만, 그 주된 행위자들 사이에 존재하는 불균등한 권력 관계로 혹은 잠재적 행위자들을 배제한 결과로 어떤 결정이 의제로 결코 설정될 수 없는지 주목하는 일은 매우 중요하다. 어떤 이슈가 좀처럼 공론화되거나 합법화되지 못하는지, 또는 어떤 그룹이 지속적으로 권력으로부터 배제되는지 관찰함으로써 "연구자는 더 명백한 종류의 정치적 행동을 만들어내는 지속적인 사회구조를 이해하기 시작한다"(Winner, 1993: 369). 우리가 보고 경험하는 것은 아이디어와 기술이 성공적으로 현실화된 결과물이다. 따라서 기술의 사회구성론을 통해 혁신적인 기술의 탄생과 성장을 분석하는 작업은 반드시 필요하다.

1980년대, 스마트폰의 기원: 스마트폰이란 말은 언제부터 생겨났을까?

아이폰 및 여타의 스마트폰은 불과 몇 년 전부터 사용되었지만, 피처폰이라고 알려진 모바일 기술의 이전 형식을 급격하게 대체했다. '휴대전화'라는 용어는 음성 중심의 셀룰러Cellular 무선 장치를 뜻하며, 이제는 어디에서나 필수적인 개인용 커뮤니케이션 도구가 되었다. 이와 대조적으로 21세기의 스마트폰은 보통 개인정보 관리자personal information manager: PIM 앱을 탑재하고 있으며, 전통적인 음성 커뮤니케이션 및 메시지 기능을 포함한 무선 커뮤니케이션 기능을 제공한다(Zheng and Ni, 2006: 4). 스마트폰은 여러 서비스들 중에서도 특히 컴퓨팅과 커뮤니케이션 기능을 통합한 하드웨어 구조이자 소프트웨어 프레임워크의 일종이다. 이러한 의미에서 본다면 스마트폰은 정보 수집하기와 사회화에 대한 것이다.

더 세부적으로 설명하자면, 현대사회에서 스마트폰은 전형적인 키보드(1994년 벨사우스BellSouth-IBM의 사이먼) 대신 크고 섬세한 스크린을 탑재한 기기이자 — 물론 블랙베리Blackberry가 전용 키보드를 선보이며 초기 아이폰 시대에 한동안 성공했지만 — 인터넷 커뮤니케이션 기능과 완벽한 개인 휴대 정보 단말기Personal digital assistant: PDA 기능, 그리고 물론 전통적인 휴대전화 기능의 모든 것을 갖추고 있다. "스마트폰은 전화기의 형태를 갖춘 작고 네트워크화된 컴퓨터와 같다." 즉, 스마트폰은 이메일이나 브라우저와 같이 다양한 소프트웨어 기능을 갖춘 휴대전화다. 첫 세대의 휴대전화는 크기가 큼에도 불구하고 전화를 거는 것 외의 기능을 갖추고 있지 않았다. 반도체 기술의 비약적인 성장 이후 휴대전화는 비로소 더 강력한 프로세서와 더 많은 저장 공간, 그리고 몇 가지의 컴퓨터 기능을 가능하게 하는 액정 화면LCD을 갖추게 되었다(Zheng and Ni, 2006: 5).

첫 스마트폰에 이러한 기능들이 전부 탑재되어 있던 것이 아니라 이후에 다른 기능들이 하나씩 추가되었다. 따라서 앞에서 언급한 한 가지 혹은 그 이상의 기능을 갖춘 기기를 뜻하는 스마트폰이란 용어가 언제부터 사용되기 시작했는지 추적하는 일은 쉽지 않다. 정 페이Zheng Pei와 라이오넬 니Lionel Ni의 주장에 따르면 "스마트폰이란 용어는 데이터 접근 및 처리를 컴퓨터같이 용이하게 할 수 있는 휴대전화의 새로운 단계를 알리기 위해 이름을 알 수 없는 마케팅 전략가들에 의해 처음 만들어졌다"(Zheng and Ni, 2006: 4).

그러나 단언컨대 스마트폰의 개념화는 테오도르 조지 파라스케바코스Theodore George Paraskevakos가 전화기 속 시각적 재현에 대한 특허를 받았던 1973년부터 일찍이 실현되었다. 파라스케바코스는 1972년 "디지털 정보를 생성하고 전송하기 위한 기기"라는 제목의 서류를 미국 특허청에 제출했으며, 그의 회사는 1974년 5월에 마침내 특허권을 받았다(Behrooz, 2012). 이와 같은 디지털 기술의 발전과 함께 스마트폰이란 개념은 1970년대 중반부터 1980년대 초반까지 휴대전화가 아니라 가정용 전화기로부터 시작되었다. 이때부터 여러 주요 통신 회사들은 스마트폰을 생산하기 시작했다. 그중에서도 아메리칸 벨 American Bell은 1983년에 두 개의 스마트폰을 선보였다. 하나는 제네시스 텔레시스템Genesis telesystem으로 카트리지와 모듈의 탑재를 특징으로 내세웠고, 사용자들은 제네시스 단말기를 각각의 앱에 적합한 형태로 변형시킬 수 있었다. 기본적으로는 통화 기능을 강화하기 위한 3개의 카트리지 ─ 통화 중 대기하기, 통화 전달하기, 그리고 통화 중인 번호 계속해서 재다이얼 돌리기(Computerworld, 1983) ─ 가 제공되었다. 제네시스 텔레시스템은 벨 폰 센터Bell Phone Center와 그 외의 영업점을 통해 판매되었다. 아메리칸 벨이 선보인 또 다른 단말기는 터치어마틱 1600Touch-A-Matic 1600으로 제네시스보다 더 작은 화면과 더 제한된 키보드를 갖추고 있었다(Computerworld, 1983).[3]

같은 시기 장거리 통화 서비스 회사인 MCI 커뮤니케이션즈MCI Communications Corp도 스마트폰을 생산할 계획을 갖고 있었다. "새로운 발명품과 이전 기기들의 차이점은 광범위한 변화(예를 들어, 사회적 필요성)에 대한 반응이기 때문에 이러한 발명들은 동시에 여러 곳에서 발생할 확률이 크며, 역사도 그렇게 공통적으로 증언한다"(Winston, 1998: 9). MCI 이용자들은 장거리 전화를 걸 때마다 지역 번호를 누른 후 5자리 숫자 코드를 추가로 입력해야만 했다. 바로 이 점이 숫자를 추가로 누를 필요가 없었던 벨(Bell Telephones)과의 경쟁에서 MCI를 불리하게 만들었다. 따라서 MCI가 만들고 싶어 했던 전화기는 전화번호가 저장되고, 메모리에 한 번 저장된 번호는 거의 즉각적으로 다이얼을 돌릴 수 있는 스마트폰이었다(Schrage, 1983). 물론 이러한 기기들은 시작에 불과했다. 여러 제조사들은 음성, 데이터, 그리고 컴퓨터 기능을 한꺼번에 통합시킴으로써 더 스마트한 전화기를 만들 계획을 세우고 있었다.

스마트폰 개념의 대중화는 두 가지 영역에서 더 자세하게 살펴볼 수 있다. 첫째, 스마트폰이라는 용어의 사용을 둘러싼 문화적 환경은 특정 기술이 지향하고 있었던 방향성을 알려준다. 최초의 명명이 '스마트smart'와 '폰phone' 혹은

'스마트'와 '전화기telephone'를 병렬할 뿐, 그 둘을 합쳐 '스마트폰smartphone'이라고 부르지 않았다는 사실은 상당히 흥미롭다. 다시 말해, 강조점이 전화기가 아니라 스마트에 찍혔으며, 이는 소프트웨어나 디지털 기능이 중시되었다는 사실을 반영한다. 전화기는 대중에게 이미 친숙했으며 전혀 새로운 것이 아니었기 때문에 이와 같은 사실은 쉽게 이해 가능하다. 그러나 이전까지는 어떤 새로운 것에도 '스마트'하다는 말을 붙이지 않았다. 스마트함을 강조하는 이러한 태도는 1990년대 중반까지 계속되었다. 다음 섹션에서도 논의하겠지만 IBM의 사이먼은 보통 최초의 스마트폰으로 알려져 있다. 그러나 사람들은 이것을 스마트폰이라고 칭하지 않고 "스마트한 휴대전화"라고 불렀다. 1994년 2월 ≪광고시대Advertising Age≫에 실린 기사의 제목("벨사우스가 사이먼 휴대전화에 스마트함을 입혔다")이 보여주듯이, 사람들은 '스마트'라는 개념을 다시 한번 강조했다(Johnson and Fitzgerald, 1994: 8). 심지어 1993년 11월자 ≪USA 투데이USA Today≫는 IBM의 사이먼을 "슈퍼-폰(혹은 슈퍼 파워를 가진 휴대전화)"이라 불렀다(Maney, 1993). (한 단어로 된) 스마트폰이란 용어는 1990년대 초반에야 등장했다.

둘째, 바이커와 그의 동료들이 적절하게 지적하듯이 스마트폰의 발전은 변화하는 사회적 환경과도 밀접한 관계를 갖는다(Bijker, Hughes and Pinch, 2012). 1980년대 초반 들어 자동화 사무실은 한층 더 현실화되었고, 이전보다 많아진 하드웨어 때문에 책상 공간은 비좁아졌다. 회사원들에게 공간을 마련해 주기 위해 통신 및 컴퓨터 회사들은 단일한 데스크톱 장치에 음성 전화와 데이터 링크를 결합했으며, 일부 기기는 데이터 처리 기능도 갖고 있었다(Hozy, 1985). 통신 회사들이 돈을 벌기 위해 스마트폰을 생산한 것은 맞지만, 사용자들의 삶을 조금 더 편리하게 만든 것도 사실이다. 기술적으로 스마트폰은 아무도 예상하지 못한 길을 열었으며, 1980년대 중반 미국과 영국, 캐나다를 포함한 여러 나라의 가정과 사무실에서 스마트폰을 사용하기 시작했다.

1990년대 초, 스마트폰이란 개념은 공항과 같은 다양한 분야에서 사용되기 시작했고, 여러 기술자와 비즈니스 보고서들은 전화기와 전화 서비스가 지난 20년 동안 이루었던 것보다 앞으로 다가올 몇 년 사이에 더 많이 변화할 것이라고 예측했다. 1991년 10월에 ≪애틀랜타 저널 컨스티튜션Atlanta Journal and Constitution≫의 기자인 빌 허스티드Bill Husted는 다음과 같이 말했다. "전화기와 컴퓨터의 파트너십은 상용 가능한 최초의 스마트폰을 창조했다. 앞으로 몇 년 안에 당신은 당신의 전화기로 전자 메일을 보내고, 일기예보를 확인하거나 요금을 지불할 수 있을 것이다"(Husted, 1991: 2). 이와 같은 전화기와 컴퓨터의 결합은 뉴욕에 있는 두 공항에서 나타났다. 존 에프 케네디 공항John F. Kennedy International과 뉴와 공항Newark International은 그것을 "퍼블릭 폰 2000Public Phone 2000"이라 불렀다. 새로운 전화기는 컬러스크린과 컴퓨터 키보드를 장착하고 있었다(Husted, 1991). 이 키패드를 통해 비즈니스 여행자들은 어디에서나 활자로 된 메모나 메시지를 보낼 수 있었다.

서곡: 모바일 분야에서 AT&T 스마트폰의 실패

이동통신의 개념은 1940년대 후반 벨 랩스Bell Labs에서 시작되었다(Frenkiel, 2010). 그러나 미국에서 처음으로 휴대전화 서비스가 상용화된 때는 품질 좋은 주파수 변조 사운드와 합리적인 가격의 마이크로프로세서, 디지털 교환기, 그리고 셀룰러 시스템 스펙트럼에 대한 최종 결정이 내려진 1980년대 이후였다(Agar, 2003: 33~38; Federal Communications Commission, 2005; Klemens, 2010). 모토로라Motorola는 1973년에 이미 셀룰러에 대한 특허를 신청했으며,[4] 연방통신위원회Federal Communications Commission: FCC는 1984년 벨Bell 시스템이 와해되기 이전에 도시별로 셀룰러 라이선스에 대한 경매를 시작했다(Agar, 2003; Dunnewijk and Hulten, 2005). 또한 1984년 초반, 모토로라는 "즉각적인 상업적 성공을 거두지는 못했지만 휴대용 무선 전화기인 모토로라 9000을 처음으로 선보였다"(Agar,

2003: 42~43).

휴대전화 분야에서 최초의 스마트폰 형식이 발전할 수 있었던 데에는 여러
가지 중요한 원인들 - 혁신적인 발명가들, 디지털 기술의 발전 그리고 사회구성론자
들의 주장대로 ICT 회사들의 성장(Volti, 2008; Bijker, Hughes and Pinch, 2012) - 이 있
었지만, 정부 정책 또한 많은 영향을 끼쳤다. 이는 AT&T의 성장과 밀접한 관
계를 맺고 있으며, 1980년대 초반 이 관계는 와해되었다.

1980년대 초반까지 최대 규모의 단일 전화 회사였던 AT&T는 스마트한 휴
대전화기를 만들고자 했다. 1970년대 후반부터 AT&T는 전국적인 무선 네트
워크를 만드는 데 방대한 자원을 쏟아부었다. FCC의 승인을 (그리고 아마도 그
승인을 적극 권장할 것을) 기대하면서 AT&T는 무선 서비스가 약 5년 이내에 완
비될 것을 전제로 전면적인 개발 프로젝트를 시작했다. 이 프로젝트는 원만하
게 진행되었지만 AT&T라는 독점 업체가 수행하게 될 역할에 대한 치열한 논
쟁이 1983년까지 이어지면서 상업적 서비스를 지연시켰고, 그 결과 그들의 예
상이 과도하게 낙관적이었던 것으로 판명되었다(Sinclair and Brown, 1983: A1).

사실 아날로그 시스템이었던 앰프스Advanced Mobile Phone Service: AMPS가 시행
된 후 미국에서 처음으로 휴대전화 시스템이 도입된 것은 1979년이었고, 이것
이 상용화된 것은 1983년이었다(Young, 1979; AT&T Archives, 2011). "미국에서 완
전하게 작동하는 휴대전화 시스템에 대한 첫 실험은 1970년대 후반 시카고에
서 실행되었다. 이 실험은 1978년 7월부터 12월까지 6개월 동안 일리노이Illinois
에 있는 90명의 벨 회사 직원들을 대상으로 시작되었으며, 1978년 12월 20일
에는 일반 고객들도 포함되었다. … AT&T는 휴대전화의 발전을 선도했지만,
정부의 규제는 계속해서 AT&T를 신흥 산업에서 배제시켰다"(Klemens, 2010:
50). 당시 미국에는 소규모의 독립 전화 회사들이 여럿 있었지만 "AT&T라는
독점 기업(종종 벨 시스템으로 불림)은 미국의 지역 통화와 장거리 통화 서비스의
80% 이상을 제공하고 있었다. 게다가 전국적인 전화 네트워크 장비의 대부분
이 벨 랩스가 설계하거나 웨스턴 일렉트릭Western Electric(AT&T의 제조사)이 설비

한 것이었다(Frenkiel, 2010: 14).

AT&T의 꿈은 독점 기업이었던 AT&T가 여러 개의 작은 회사로 분리되면서 끝내 이루어질 수 없게 되었다. 특히 1980년대 초반, 두 가지의 중요한 규제 변화가 일어나면서 스마트폰 성장의 판도가 뒤바뀌게 되었다. 이러한 변화는 1981년 FCC에 의해 AT&T가 재조직되면서 시작되었다. 첫째, 분사되기 10년 전까지 AT&T는 경쟁사를 가지고 있지 않았고, 정부가 승인한 독점권을 전화 장비와 전화 서비스 분야에서 행사했다. 이 기간 동안 거의 모든 전화기는 지역 전화 회사에서 임대되었다. AT&T는 장거리 전화선을 가지고 있었고, 벨에서 운영하는 지역 회사들은 지역 서비스와 전화 장비를 제공했다. 그러나 1980년대 초반에 시행된 규제 때문에 지역 회사들은 서비스를 제공하는 데 어려움을 겪었다. 즉, 1982년 12월 31일을 기준으로 지역 회사들은 재고품 이외의 새로운 장비를 더 이상 제공할 수 없게 되었다(Sinclair and Brown, 1983: A1). 이제 장비는 AT&T의 규제를 받지 않는 신규 자회사인 아메리칸 벨과 그의 경쟁사들에 의해 제공되었다. 아메리칸 벨은 전화 장비를 임대해 주기보다는 거주자나 단일 회선을 사용하는 사업자에게 판매하려 했고, 신규 고객을 유치하기 위해 새로운 전화기를 필요로 했다(Sinclair and Brown, 1983).

결과적으로 이러한 규제는 스마트폰 발전에 기여했는데, 변화하는 환경에 따라 지역의 전화 회사들은 전화기를 고객의 집이나 사업체에 놔주고 매달 사용료를 받는 전통적인 비즈니스 방식을 버릴 수밖에 없었기 때문이다. 새롭게 등장한 경쟁사는 표준화된 전화기의 가격을 낮췄고, 컴퓨터 기술을 이용한 "스마트한" 전화기 ― 그중에서도 무선 전화기와 자동 발신 기능 ― 라는 새로운 세대의 도래를 가속화시켰다(Sinclair and Brown, 1983: A1). 오늘날 대부분의 스마트폰 이용자들은 무선 전화기가 스마트하다고 느껴지지 않을 것이다. 그러나 이 같은 변화는 전통적인 유선 전화기와는 완전히 구분되는 "스마트한" 전화기로 인식될 만큼 충분히 중요한 것이었다(Schrage, 1983).

둘째, 스마트폰의 판도는 1984년 1월 1일을 기점으로 AT&T 때문에 더 복잡해졌는데, 당시 AT&T는 독점 금지법에 대한 기나긴 소송을 끝내면서 체결한 법무부와의 협정 때문에 지역의 벨 회사들을 매각해야만 했다. 그 결과 총 22 개의 벨 지사들이 분리되고 독립적인 지역 전화 회사가 되었다. AT&T는 롱 라 인스Long Lines, 웨스턴 일렉트릭, 그리고 벨 랩스로 구성된 수직적 통합 회사로 남았지만 더 이상 기본적인 지역 전화 교환 서비스만 제공하는 비즈니스에 머무르지 않았다(Horwitz, 1986; Klemens, 2010). 이와 같은 쇄신에도 불구하고 거의 한 세기 동안 AT&T의 독점력을 규제하려 했던 법무부의 반독점 부서는 AT&T 자체의 해체를 고려했다. 따라서 "AT&T는 자신들의 독점력에 대한 두려움을 줄이고 셀룰러 시스템에 대한 폭넓은 지지를 얻기 위해 앞으로는 휴대전화를 만들지 않을 것이라 공표했고, 다른 제조사들에게는 벨 랩스가 전화기 제조에 필요한 새로운 무선 설계를 도와줄 것이라 말했다. 이러한 협상안은 일부 제조 업체들의 지지를 얻었지만 정작 중요한 문제는 따로 남아 있었다". 즉, 이로 인 해 새롭고 거대한 휴대전화 시장이 발달할 수도 있지만, 그와 동시에 "표준화 된 휴대전화는 국제적인 경쟁을 촉발할 것이 분명했다"(Frenkiel, 2010: 16). 결과 적으로 정부의 해산 명령은 스마트폰을 개발하고자 했던 AT&T의 계획을 무산 시켰다. 만약 이러한 규제가 없었다면 스마트폰 시장의 리더는 애플이 아닌 AT&T였을 가능성이 높다.

　　AT&T의 부재로 다른 휴대전화 제조사들이 활성화되기 시작했고, FCC는 1982년 주기적으로 상업용 휴대전화를 승인했다. 벨 시스템의 해체와 더불어 FCC의 다양한 정책들이 전화기의 소유를 가능하게 하면서, 상업용 전화기 시 장은 1982년 4억 달러에서 1995년까지 10억 달러 규모로 성장할 것이라 예측 되었다(Scharge, 1983). 1984년까지 새로운 휴대전화 사용자 수는 총 2만 5000명 이었다(AT&T Archives, 2011). 모토로라가 다이나택DynaTAC 800X라는 세계 최초 의 상업용 휴대 무선 전화기를 선보였을 때 휴대전화 가입자 수는 1990년 528 만 명을 넘겼고, 세계 최초의 상업용 문자 메시지는 1992년에 발송되었다(U.S. Census Bureau, 2012; *Boston Globe*, 2014). 월평균 이용료 또한 지속적으로 감소해서

〈그림 2-1〉 미국 이동통신 지표(1990~2010)

자료: U.S. Census Bureau(2012).

86달러(약 9만 7000원)에서 1998년 40달러(약 4만 5000원) 이하로 떨어졌다(〈그림 2-1〉 참조).

1980년대 초반 AT&T가 스마트폰 개발에 실패한 이후 1990년대 초반까지는 눈에 띌 만한 성장을 이루지 못했는데, 당시 기업과 사용자들은 점점 터치스크린 방식에 매료되었고 이를 일상적으로 사용하고 싶어 했기 때문에 다양한 형태의 휴대전화가 등장하기 시작했다. 스마트폰이 2015년 최고의 기술로 여겨지지만, 이런 종류의 기기가 최초로 등장한 때는 1994년까지로 거슬러 올라간다. 1980년대에 성장한 가정용 전화기 분야에서 "스마트한" 전화기라는 개념이 휴대전화 산업에 도입된 시기가 바로 이 때다. 물론 그 이후에 나온 운영체제가 2000년대의 스마트폰 혁명을 위한 초석을 마련했다는 사실도 인정해야 한다.

실패한 AT&T 스마트폰을 포함해 초창기의 여러 스마트폰이 보여주듯이 새로운 아이디어와 기술은 그것이 보급되는 기간 동안 종종 난관에 봉착하는데, 그 이유는 꼭 필요한 개념이나 자금 그리고 이용의 부족과 같은 다양한 장벽에 봉착하기 때문이다. 결과적으로 소수의 아이디어와 기술은 잠재적인 이용자들에게 채택되기도 하지만, 대부분의 혁신적인 제품들은 유용한 서비스나 상품으로 탈바꿈되기 전에 사라진다. 그러나 IBM의 사이먼 같은 새로운 형태의 스마트폰은 그 계획을 현실화하는 단계부터 이전 것과 달랐다. 비록 사이먼이 상업적인 성공을 거두지는 못했지만, 몇 년에 걸쳐 상대적으로 널리 보급되었다. 비록 짧은 기간이었지만 소비자에게 수용되었다는 점과 이것이 갖는 진일보한 기능성 때문에 IBM 사이먼은 첫 스마트폰으로 기록된다.

첫 스마트폰의 등장: IBM 사이먼

오늘날의 스마트폰과 비슷한 형태와 크기 – 물론, 훨씬 크다 – 를 갖추었으며, 벨사우스에서 유통되었던 IBM의 사이먼은 사상 첫 스마트폰으로 기록된다. IBM 사이먼은 가히 스마트폰이라 불릴 만했고, 사이먼의 탄생은 스마트폰 시대의 문을 열었다(Sager, 2012). 다양한 요소들이 스마트폰의 성장을 이끌었지만 그중에서도 첫 스마트폰의 탄생과 성장에 가장 많은 기여를 했던 요소들을 이해하는 작업은 반드시 필요하다(Hughes, 1994; Volti, 2008). 다시 말해, IBM 사이먼이 등장하는 데 영향력을 행사했던 사회적·정치적, 그리고 경제적 힘들을 역사화해야 한다.[5]

　대다수의 많은 기술과 기술문화가 그렇듯이 최초의 스마트폰은 미국의 발명가 및 기업에 의해 창조되었다. "IBM 사이먼은 전화기의 키보드를 감각적인 스크린으로 대체시켰고, PIM 소프트웨어 및 데이터 통신 기능을 내장했다"(BellSouth-IBM simon, 1994). 즉, 사이먼은 개인용 통신기Simon Personal Communicator라고 불린 벨사우스 셀룰러Bell-South Cellular의 매우 흥미로운 신작이었다. IBM에서 대부분 개발된 사이먼은 기본적으로 전자회로 내부와 PDA의 LCD 외장을 가진 무선 전화기였다. 이 자체로 사이먼은 휴대전화로서의 역할을 다했을 뿐 아니라 셀룰러 전화망을 데이터로 채움으로써 이메일, 팩스, 그리고 문서들을 보내거나 받을 수 있었다. 비록 각각의 기능에서 한계점을 가지고 있었지

만, 사이먼은 당대 최고의 소통능력을 지닌 PDA가 되기에 충분했다(O'Malley, 1994).[6]

그렇다고 사이먼이 다양한 기능들의 통합만을 추구한 것은 아니었다. 오히려 사이먼은 커뮤니케이션 기기가 어떠해야 하는지에 관한 우리의 생각을 완전히 바꿔놓았다. 즉, PDA 안에 모뎀을 통합시키는 것이 아니라 PDA와 모뎀을 휴대전화기 안에 결합시킨 것이다(BellSouth-IBM Simon, 1994). 사이먼이 처음 시장에 출시되었을 때 사람들은 이 기기를 PDA라 불렀지 휴대전화라 부르지 않았다. 예를 들어, ≪텔레커뮤니케이션스Telecommunications≫의 "이달의 제품" 코너에 실린 한 기사의 제목은 "벨사우스 셀룰러/IBM 사이먼 PDA를 출시하다"였다("Product of the Month", 1994). 기사는 "이 PDA는 페이지에서 버튼 하나를 눌러 회신할 수 있다. … 사이먼 PDA는 8 × 2.5 × 1.5인치의 크기다"라고 전했다. 이처럼 PDA 기능을 탑재한 최초의 휴대전화는 1992년 IBM에서 개발한 모델이었고, 당시에는 아무도 휴대전화를 "스마트폰"이라 부르지 않았다. 벨사우스 셀룰러의 생산 매니저였던 리치 기도티Rich Guidotti는 "사이먼이 첫째는 휴대전화 – 통신 기기 – 로, 둘째는 컴퓨터로 고안되었기 때문에 사상 첫 개인용 통신기를 대표한다"라고 주장한다(Business Services Industry, 1993). 사용자 설명서User's manual도 사이먼의 커뮤니케이션 기능을 강조했다(User's manual, 1994: 1). 사이먼의 설명서 도입 부분은 다음과 같다.

환영합니다! 당신은 이제 휴대전화를 포함한 모든 개인용 통신기기들을 작고 휴대 및 이동이 가능한 하나의 기기로 가지게 되었습니다. 사이먼은 당신이 필요로 하는 모든 것입니다. 사이먼은 휴대전화이자 팩스, 이메일, 호출기, 전자 노트, 주소록, 달력 그리고 계산기입니다. 심지어 무선입니다! 그래서 당신이 어디서 일하든지 어디를 가든지 사이먼을 사용할 수 있습니다.

기도티는 최근 ≪올랜도 센티널Orlando Sentinel≫과의 인터뷰에서 다음과 같이 말했다. "1993년 올랜도 쇼에 참석했던 사람들의 반응은 압도적이었다. 그 반응은 애플이 아이폰을 출시했을 때와 매우 흡사했다. 사이먼은 혁명적인 기기였기 때문에 사람들은 두려움에 휩싸였다. 우리는 계속 이동하면서 일하는 기업가들이나 부동산 중개업자들에게서 엄청난 가능성을 봤다"(*Orlando Sentinel*, 2013). IBM의 엔지니어였던 폴 머기Paul Mugge도 다음과 같이 말했다.

팜Palm, 블랙베리, 삼성 갤럭시 S3, 혹은 아이폰 4S가 있기 전에 사이먼 개인용 통신기가 있었다. 1992년 11월 2일, IBM은 처음으로 "스마트폰"의 원형을 "낚시꾼 Angler"이라는 코드명을 붙여 선보였다. 이 시제품은 휴대전화와 PDA를 결합시킨 것이었다. 이 제품은 전화나 이메일을 주고받거나 팩스나 문서를 받을 수 있는 기능을 제공했다(Center for Innovation Management Studies, 2013).

IBM 엔지니어들은 개발 중이었던 시제품을 1992년 라스베이거스Las Vegas에서 열린 컴덱스Comdex 컴퓨터 쇼에서 처음으로 선보였다. 프랭크 제임스 카노바 주니어Frank J. Canova Jr.는 사이먼의 최초 콘셉트를 제안한 엔지니어다. 1990년대 초반, 그는 한 손에 들어올 정도로 작은 칩과 무선 기술에 대해 고민하고 있었다. 개발 팀에 있었던 제임스 루이스James Lewis에 따르면 카노바는 터치스크린도 고안하고 있었다(Bradner, 2011). 그는 그의 아이디어를 동료들에게 설명했고, 당시 그의 상사였던 제리 메켈Jerry Merckel은 휴대용 컴퓨터에 추가 메모리를 연결할 수 있는 새로운 장치(PCMCIA 카드)를 고안하기 위한 프로젝트 팀에 있었다. 메켈은 이 카드를 카노바가 구상한 전화기에 사용하면 다른 앱이나 서비스들이 가능할 것이라는 사실을 깨달았다. 플로리다 리서치 랩Florida Research Lab의 수장이었던 머기Mugge는 마침내 더 작고 더 강력한 전자 기기를 새로운 제품으로 선보이기 위해 카노바와 메켈을 포함한 몇 명의 엔지니어들을 한 팀으로 모았다(Center for Innovation Management Studies, 2013).

프로그 디자인Frog Design 회사의 도움을 받아 "IBM은 컴덱스가 열리기 14주전에 이 기기를 박람회에서 선보일 것을 결정했다"(Sager, 2012). IBM 회사의 문서기록자인 폴 라즈윅Paul Lasewics은 1992년에 다음과 같이 적었다. "컴퓨터와 휴대전화를 결합하기 위해 IBM 엔지니어들은 보카러톤Boca Raton에 있었던 IBM PC 회사의 상위 기술 그룹에서 새로운 팀으로 뭉쳤다. 이 기기는 개인용 통신기로 불렸으며, 바로 이것이 오늘날 우리가 스마트폰으로 알고 있는 것이다"(Lasewics, 2012). 카노바와 다른 엔지니어들은 주말을 포함해 일주일에 80시간씩 일했고 마지막 날까지도 그랬다. 그러나 IBM은 이 제품을 전화기 비즈니스에 둘 것인지 확실하게 결정하지 못했다. 몇몇 내부 비평가들 또한 이 기기를 "제2차 세계대전 워키토키walkie talkie"로 부를 정도였다. 그럼에도 불구하고 엔지니어들의 노력은 계속되었고 시제품은 컴덱스에서 전시되었다. 카노바는 당시를 이렇게 회상했다. "당시 나는 내 손에 있는 전화기 하나로 달력, 이메일, 그리고 훨씬 더 많은 것에 접속하는 방식에 대해 누군가에게 말하고 있었다. 처음으로 컴퓨터가 더 이상 필요하지 않았다. 바로 그 순간 나는 세상이 변하고 있다는 것을 깨달았다"(Sager, 2012).

하지만 기술적인 측면과는 다르게 IBM은 사이먼의 시장성을 확신하지 못했다. 시제품을 본 후 이 기기의 가능성을 알아보고, 사이먼이라는 이름을 생각해낸 회사는 오히려 벨사우스 셀룰러였다. "벨사우스 셀룰러는 이 기기를 상품화하기 위해 IBM과 손을 잡았다. … 이 두 회사는 사이먼과 관련된 특허를 11개나 소유하고 있다"(Sager, 2012). 당시 한 마케팅 매니저는 자신의 자녀가 유명한 전자 메모리 게임인 사이먼을 가지고 노는 것을 봤고, 게임에서 이기려면 점차 더 어려워지는 벨소리를 암기해야만 한다는 사실에 주목했다. 사이먼이라는 이름은 또한 사이먼 가라사대Simon Says 게임을 연상시킨다. 이렇게 사이먼 개인용 통신기는 1993년에 완성되었지만, 기기에 들어가는 배터리 수명 문제 때문에 IBM은 1994년 5월로 예정된 출시 일을 맞추지 못했다(Sager, 2012).

안타깝게도 사이먼은 시장에서 오래가지 못했다. 이 기기는 시대를 앞서가긴 했지만 오늘날의 기준에서 봤을 때 너무 크고, 무겁고, 판매가나 사용료 모두 비쌌다(BellSouth-IBM Simon, 1994). 사이먼의 무게는 18온스(약 28그램)였고, 899달러에 판매되었는데, 이것을 2016년 기준으로 환산하면 1451달러에 이른다. 또한 데이터를 많이 사용하는 이용자들은 약 60분 정도 사용하면 재충전을 해야만 했다. 무선 신호가 약한 곳에서는 기껏해야 30분이 최대였다. 사이먼은 대략 5만 개가 팔렸지만 1995년 초 시장에서 사라졌다. "IBM은 이 비즈니스를 더 이상 하지 않기로 결정했다. 벨사우스 또한 자신들의 통신 네트워크를 발전시키는 데 돈을 투자했다"(Sager, 2012).

개념은 진보적이었지만 이 기기가 혁신적인 만큼 그에 따른 장벽도 많았다. 이만큼 진보한 기기를 받쳐줄 충분한 인터넷 연결도 주파수 대역폭도 없었다. 또한 사이먼은 심각한 배터리 수명 문제를 가지고 있었다. 소프트웨어를 재정비한 이후에도 가장 유용한 해결책은 사이먼 개인용 통신기에 추가로 배터리를 설치하는 것이었다. 눈에 띄는 성과가 없었음에도 불구하고 IBM은 사이먼 개인용 통신기의 차기작인 네온Neon을 생산할 계획을 가지고 있었다. 그러나 네온은 끝내 시장에 나오지 못했다. 분명, 사이먼 개인용 통신기는 시대를 앞서갔다. 사이먼은 자신을 지원해줄 기술적 생태계가 충분하지 않았던 시대에 태어났던 것이다. 개척자들이나 발명가들은 장애물에 부딪히지만, 그들은 그 뒤에 올 위대한 정신들을 위해 길을 만든다(Center for Innovation Management Studies, 2013).

개발에 들어가는 막대한 자금, 마케팅 경험의 부족, 그리고 매니저들의 부족한 확신 때문에 IBM은 그 모든 잠재적 위험을 감수하기 어려웠다.

"혁신은 비즈니스의 생명이라는 잘 알려진 마케팅 문구가 있다. 즉, 연구개발R&D에 투자하지 않거나, 새로운 시장을 개척하지 않고 새로운 상품 개발 전략을 발전시키지 않는다면 비즈니스는 살아남을 수 없다. 새로운 제품을 가지고 경쟁에서 앞서나가야만 기업은 선두 주자로서의 혜택을 얻는다. 다시 말해, 선두 기업은 시장 점유율을 확보하고, 프리미엄을 받으며, 개척자로 여겨지고,

브랜드 충성도를 쌓을 수 있다"(Bainbridge, 2013). 그러나 만약 가장 큰 기업을 생각해본다면, 예컨대 구글, 아마존Amazon 혹은 페이스북 같은 글로벌 브랜드의 성공사례를 보면, 개척자에 대한 이러한 전통적인 격언이 항상 들어맞는 것은 아니다. 후발 주자들은 개척자들의 실수를 보고 배울 수 있으며, 이것이 뒤늦게 시작한 회사들이 시장의 가치를 보거나 고객의 취향을 판단할 때 유리하게 작용한다(*Marketing*, 2013). 이런 점에서 IBM은 비록 선발 주자였지만 후발 주자들의 길을 닦아놓았다.

벨사우스는 전국적인 광고 캠페인을 기획하지 않았고, 대신 사이먼을 알리기 위해 "지역의 무선 전화 회사나 유통업자들에게 의존했다". "스마트한 휴대전화였던 만큼 사이먼은 초창기의 다른 개인용 통신기들보다 더 성공했어야만 했다"(Johnson and Fitzgerald, 1994). 그러나 벨사우스는 시장성이나 기술적인 측면에서 이 제품에 대해 확신할 수 없었기 때문에 과감하게 투자하길 주저했다. 이스마일 사힌Ismail Sahin이 지적하듯이 "불확실성은 혁신을 수용하는 데 중요한 장애물이다"(Sahin, 2006: 14). 기술 미래학자이자 캘리포니아 멘로파크Menlo Park에 위치한 미래연구소 수장인 폴 사포Paul Saffo는 당시, "이것은 PC보다 훨씬 더 큰 혁명이다. 단지 시간이 좀 걸릴 뿐이다"라고 말했다(Johnson and Fitzgerald, 1994). IBM과 벨사우스에게는 불행하게도 사이먼은 시장에서 잘 팔리지 않았다. "IBM은 1991~1993년 사이에 160억 달러와 10만 명 이상의 인적 자원을 잃고 있었다. 결국, 기술적 한계, 제품의 지연, 세계적인 기업 위기 및 사이먼을 곤경에 빠뜨리는 좋지 않은 비즈니스적 결정들"이 합쳐져 생산 중단이라는 결과를 낳게 되었다(Sager, 2012).

노트북이 사용자나 사업가 모두에게 상당히 생소하게 느껴지던 시절에 스마트폰은 너무 멀리 나간 것 같았다. 당시에는 사이먼이나 애플의 뉴턴Newton 같은 기기를 위한 시장도, 생태계도 조성되어 있지 않았다. 또한 사이먼은 상당히 고가였기 때문에 IBM은 이것을 기업에게만 팔 수 있었다. 즉, 사이먼은 소비자 제품이 아니었다(Connelly, 2012). 사실 오늘날의 스마트폰과 초창기의 스마트폰이 갖는 가장 큰 차이점은 후자가 대부분 기업인들을 위해 만들어졌으며 사업용 기기로 사용되었다는 점이다. 초창기 스마트폰은 일반 소비자에게 상당히 비싼 기기였다. 이 시기에 출시된 스마트폰들은 기업을 타깃으로 설정되었고, 특징이나 기능 또한 모두 기업에서 필요로 하는 것이었다(Sarwar and Soomro, 2013). "비록 알렉산더 그레이엄 벨Alexander Graham Bell이 만든 최초의 전화기를 포함해 대부분의 신기술은 대기업으로 시작해 점점 일반 사용자들을 확보해갔지만, 사이먼은 그와 비슷한 경로를 따라가지 못했다"(US Department of Commerce, 1975: 783~784).[7]

IBM의 사이먼은 시장에서 실패했지만 사이먼의 스토리는 "기술 혁신에 대한 절대적인 교훈을 말해준다. 즉, 혁신적인 제품은 그 엄청난 아이디어가 실제로 상용화되기 이전에 풍부한 생태계를 반드시 필요로 한다. 이번 경우에는 빠른 네트워크, 웹 브라우저, 그리고 인터넷에서 빠져나오기를 기다리는 수많은 앱이 필요했다. 1990년대 초반에는 이것들 중 어떤 것도 존재하지 않았다. 전화 네트워크는 대부분 음성 중심이지 데이터 전송을 위해 고안되지 않았다. 또한 사이먼이 출시되었을 때 웹 브라우저는 아직 공개되기 전이었다"(Sager, 2012). 스마트폰의 첫 버전은 충분히 스마트하지는 않았지만, 이후에 나온 모바일 기술에 끼친 영향력은 상당했다. 인터넷의 폭발적인 증가 혹은 엄청난 대역폭을 가진 광섬유가 개발되기 전이라는 시기와 부족한 기능성이 결국 사이먼의 생명을 단축시켰다(IBM Corporate Archives n.d.). 휴대전화에 커뮤니케이션과 컴퓨터 기능을 결합시키는 작업은 "각각의 산업에서 상호운용성을 확보하고 서비스와 기능을 향상시키는 혁신을 필요로 했다". 이 같은 맥락에서 스마트폰은 범용 이동 단말기로서의 역할을 수행하며 최첨단에 서 있는 기기였다"(Zheng and Ni, 2006; Nath and Mukherjee, 2015: 294).

스마트폰에서 스마트와 폰의 결합

'스마트'와 '폰'이라는 두 단어의 결합은 1997년 출시된 에릭슨Ericsson의 GS88

페넬로페Penelope부터 시작되었다(Stockholm Smartphone, 2014). 비록 콘셉트 폰으로 200개밖에 생산되지 않았지만, 스마트폰이라는 생산 카테고리는 스톡홀름 스마트폰Stockholm Smartphone 팀에 의해 만들어졌다.[8] 여기서 얻어진 교훈은 R380을 개발하는 데 활용되었다. 에릭슨의 R380은 처음으로 심비안Symbian이란 운영체제를 탑재했는데, 이로 인해(대체로 그것의 오픈 소스 특징 덕분에) 전 세계적으로 유명해졌다(McCarty, 2011). 스톡홀름 스마트폰 팀은 여러 개의 혁신적인 스마트폰을 시장에 내놓았다. 이 팀은 IBM 사이먼의 뒤를 이어 터치스크린 기능을 향상시킨 스마트폰을 개발했고, 2010년까지 이 사업을 이어갔다(Stockholm Smartphone, 2014). 에릭슨은 스마트폰 R380e를 선보였고, 이 기기는 R380의 업그레이드 버전으로 좋은 평가를 받았다. R380e는 새로운 기능과 더 좋아진 성능, 그리고 연장된 통화 및 대기 시간뿐만 아니라 데님 블루Denim Blue라는 새로운 색상도 추가했다. 에릭슨은 2000년에 상을 수상한 R380s를 출시했을 때 처음으로 스마트폰이란 명칭을 사용했다(Conabree, 2001). 결국, 휴대전화와 전자수첩을 융합시킨 R380e는 21세기 초 스마트폰의 대량 생산을 이끈 이상적인 비즈니스 도구였다.

스마트폰 생산의 탈경계화

애플은 거대한 초국적 통신 기업이기 때문에 스마트폰 영역에서 확장된 미국의 기술 문화는 다른 문화 상품들보다 그 힘이 훨씬 더 강력하다. 앞에서 논의했듯이 최초의 스마트폰은 미국 ICT 기업에 의해 개발되었다. 그러나 제조 과정에 일본 ICT 회사들이 관여했고, 그 결과 21세기 초반 일본의 모바일 산업은 크게 성장하게 되었다. 사실, 사이먼은 IBM이 설계하고 벨사우스가 판매했지만, 이 기기가 만들어진 곳은 일본 회사인 미쓰비시 전자 회사Mitsubishi Consumer Electronics of America였다(Johnson and Fitzgerald, 1994). "시제품에 들어갈 셀룰러 장비 공급업체였던 모토로라는 IBM이 경쟁사로 성장하는 것을 견제한 나머지 자사의 제품을 만들 시기를 놓쳤다. 그 결과 미쓰비시는 모토로라를 대체했고 상업용 상품을 제조하기 시작했다"(Sager, 2012). 당시 미쓰비시는 무선 PDA와 개인용 통신기를 자사의 쌍방향식 케이블TV 비디오 네트워크에 맞춰 개발하고 있었는데, 이는 가정과 사무실의 경계를 넘어서 원격 서비스를 확장시키는 작업이었다. 따라서 미쓰비시가 사이먼과 자사의 셀룰러 무선 시스템을 결합시킨 것은 자연스러운 선택이었다(Robertson, 1994). 비록 상업적으로 성공하지는 못했지만, 미국의 초국적 기업인 IBM은 사이먼을 생산하기 위해 국제적인 노동 분업에 의존해야 했다.

미쓰비시가 최초의 스마트폰을 제조한 유일한 일본 전자 회사는 아니었다. 이와 거의 비슷한 시기에 AT&T와 Eo Inc.는 IBM 사이먼과 비슷하지만 더 투박하고, 2500달러나 하는 고가의 휴대전화를 개발했는데, 이것은 마쓰시타 전기산업Matsushita Electric Industrial에서 제조되었다(Johnson and Fitzgerald, 1994). "이 휴대전화는 가방이나 지갑 안에 넣기에 너무 큰 사이즈였고, 충동적으로 사기에는 너무 비쌌으며, 생김새가 마치 증기 롤러로 누른 로봇의 머리 같았다. 그러나 AT&T Eo 440 개인용 통신기는 여전히 매력적인 기기였고, 바쁜 기업인들에게 중요한 무선통신과 컴퓨팅 기능을 제공했다"(Lewis, 1993).[9]

미국-일본의 스마트폰 결합은 1947년 AT&T의 웨스턴 일렉트릭 부서에서 일하던 직원들이 처음으로 트랜지스터 회로를 활용한 전기 부품을 만들면서 시작되었다. 특허권은 이것에 대한 권리를 주장했던 일본의 중소기업들에게 돌아갔다. 여기에 부과된 비용은 앞으로 발생할 로열티에 2만 5000달러를 더한 값이었다(Barnet and Cavanagh, 1994; du Gay, 1997에서 재인용). 미국 ICT 회사들은 스마트폰의 시제품을 개발한 반면, 일본 ICT 회사들은 스마트폰에 필적할 만한 상업적 성공을 거둔 몇몇 휴대전화를 선보였다. 물론 글로벌한 초국적 기업들과 일본이 맺은 파트너십이 미국에만 국한된 것은 아니었다. 앞에서 언급했던 소니Sony 에릭슨은 GS88을 만들었고, 이것은 스마트폰이란 타이틀을 얻은 첫 휴대전화였다. 소니 에릭슨은 소니와 스웨덴의 통신 기기 회사인 에릭슨이 1987년 합작해 만든 다국적 휴대전화 제조사였다. 소니는 에릭슨의 지분을 2012년 획득하면서 소니 모바일 커뮤니케이션스 AB Sony Mobile Communications AB가 되었다(Sony, 2012).

초국적 기업들과의 이러한 협업을 통해 스마트폰 제조과정에 일찍이 관여하면서 일본은 오늘날의 스마트폰과 견줄 만한 상업용 휴대전화를 일찍이 개발해냈다. "1992년 일본에서는 이동통신 산업에 새로운 일반 사업자들이 등장하기 시작했고, 이동통신은 자동차 전화기를 중심으로 구성되었다. 비록 미래에 대한 긍정적인 전망이 있기는 했지만, 당시의 이용자 수는 100만 명에 불과했다. 따라서 아무도 지금과 같은 수치를 예상하지 못했다. NTT 도코모 DoCoMo는 독점 기업인 NTT의 기업 분할로 세워졌다." 이 자회사는 (도코모는 "모바일로 통신하기"를 뜻한다) 자동차 전화기와 초창기의 호출기 시장을 포함한 무선통신에 전념했다(Kohiyama, 2005: 62~63). 1999년 NTT 도코모는 최초의 스마트폰을 출시해 국내에서 엄청난 성공을 거두었다.[10] 2000년을 기준으로 3900만 명의 이용자와 390억 달러에 달하는 수익을 기록하며 도코모는 — 세계 다른 지역에서는 이 회사나 아이모드 i-mode의 명성에 대해서만 알고 있지만 — 일본에서 확실히 자리매김했다. 이를 기반으로 도코모 — 일본 전신 전화 공사 Nippon Telegraph & Telephone가 2/3의 지분을 가졌다 — 는 미국의 AT&T 무선 회사를 포함한 전 세계의 이동통신 회사들에 투자했다(Rose, 2001: 1).

휴대전화는 일본어로 "휴대용"을 뜻하는 '케이타이'인데, 이것이 가정용 컴퓨터보다 훨씬 크게 성공한 이유는 그리 어렵지 않게 알 수 있다. 첫 케이타이는 "캔디바 candy-bar라고 불린 모델로, 흑백의 작은 스크린을 탑재하고 있었으며 서구 휴대전화의 절반 정도 크기였다. 그러나 초경량이었던 캔디바는 컬러 및 동영상의 등장으로 조금 더 무겁지만 높은 해상도의 큰 스크린을 탑재한 폴더형 휴대전화에 밀려났다"(Rose, 2001). 폴더형 휴대전화는 미국에서 세 가지의 기기 — 무선 전화기, 휴대용 컴퓨터 그리고 무선 이메일 수신기 — 로 나누어져 있던 기능들을 하나의 날렵한 기계로 결합시켰다. "기술은 그것을 생산한 문화의 표현"이며, "일본은 편리함을 우선적인 가치로 두는 사회이기 때문에 가전제품에 있어 세계를 선도한다"(Rose, 2001: 3). 그러나 IBM 사이먼과 마찬가지로 일본 모바일 산업이 경험했던 것은 너무나 혁신적이어서 큰 시장을 얻지 못했다. 게다가 일본은 자신들이 이룬 기술적 진보에 너무 만족했기 때문에 거기서 한 걸음 더 나아가지 않았다.

미국이나 일본만이 아이폰 이전의 스마트폰을 개발한 것은 아니었다. 일본 밖에서는 노키아 9000 커뮤니케이터Nokia 9000 Communicator가 주도적으로 스마트폰 시대를 이끌었다. 이 기기는 (비록 웹 접근이 한정적이었지만) 미니컴퓨터라고 불릴 수 있을 만한 최초의 휴대전화였다. 긴 조개껍데기 모양의 전화기를 열면 ― 휴대전화 최초로 ― LCD 화면과 표준의 전체 키보드QWERTY keyboard가 나왔다.[11] 즉, 노키아 9000 커뮤니케이터는 스마트폰이라는 단어가 만들어지기 이전 시대의 스마트폰이었다. 이메일, 웹 브라우징, 팩스, 워드 프로세싱, 그리고 스프레드시트를 하나의 포켓용 기기에 삽입시킴으로써 컴퓨터의 몇몇 기능을 전화기 한 대에서 가능하게 했다. 1996년에 출시된 노키아 9000 커뮤니케이터는 디자인 측면에 있어서도 최고의 경지에 도달했음을 보여주었다(Baguley, 2013).[12]

물론 현재 우리의 관점에서 보자면 노키아 9000은 설계적인 측면에서 여러 한계점을 가지고 있었다. 첫째, 키보드가 너무 작아서 사용자들이 열 손가락을 사용하기에는 무리가 있었다. 둘째, 사용자들은 여러 버튼을 사용해 스크린을 움직여야 했는데, 이것은 포인팅 디바이스pointing device보다 불편한 방식이었다. 셋째, 스크린이 너무 작아 한 번에 볼 수 있는 정보의 양이 제한적이었다. 마지막으로, 부피가 너무 커서 휴대전화로 사용하기에는 한 손에 들어오지 않았다(Narayanaswamy, Hu and Kashi, 1998: 60).

대중적으로 성공한 두 번째 스마트폰은 블랙베리였는데, 이것의 중독적인 특성 때문에 크랙베리Crackberry라는 용어가 만들어지기도 했다. 리서치 인 모션

Research in Motion: RIM은 2003년에 GSM 블랙베리 6210을 처음 출시했고, 이후 컬러스크린을 탑재한 블랙베리 7730을 출시했다(Halevy, 2009). 이와 같은 변화는 이용자들이 휴대전화를 통해 전통적인 통화 기능뿐만 아니라 이메일이나 팩스를 사용할 수 있도록 만들었고, 특히 경영진들에게 스마트폰은 필수품이 되었다.

우리가 앞에서 살펴봤듯이 미국 외의 다른 나라들도 개별적으로 혹은 초국적으로 아이폰 이전의 스마트폰을 개발하고 있었다. 이렇듯 여러 나라들이 자체적인 휴대전화나 스마트폰을 지속적으로 개발해 왔기 때문에 스마트폰 시대를 열었던 미국은 최근 몇 년 전까지만 하더라도 유럽과 아시아에 비해 모바일 기술에서 뒤처져 있었다. 예컨대 2000년만 하더라도 뉴욕은 무선 설비가 미비한 데 비해, 핀란드(그리고 다른 나라들)는 선진화된 모바일 및 스마트 기술을 보유하고 있었다(Murphy, 2000). 그럼에도 불구하고 우리는 스마트폰의 첫 형태들이 현대사회가 상당히 의존하는 최신 기기들의 발판을 마련했다는 점에서 그들의 엄청난 영향력을 인정해야만 한다.

결론

이 장은 21세기에 가장 중요한 디지털 플랫폼 중 하나인 스마트폰의 초기 역사를 사회구성주의 이론을 바탕으로 기술했다. 비록 오늘날의 스마트폰은 부피도 작고, 구하기 어렵거나 비싸지 않아서 스마트폰의 초기 형태를 상상하기 힘들지도 모르지만, 현재 우리의 일상에 깊게 관여하는 스마트폰의 기원을 이해하는 작업은 매우 중요하다. 왜냐하면 정보화 사회에서 우리는 모든 종류의 기능을 이동성 하나로 수렴하는 스마트폰을 사용하고 있기 때문이다. 첫 스마트폰 — IBM의 사이먼 — 이 1994년 출시된 이래로 대략 20년 이상의 시간이 흘렀다. 아이폰의 이전 모델들 없이는 아이폰이나 갤럭시도 존재할 수 없으며, 21

세기에 우리는 여전히 피처폰을 사용하고 있을지도 모른다.

스마트폰의 역사는 여러 가지 중요한 교훈들을 드러낸다. 스마트폰의 역사를 전반적인 사회적 맥락에서 분석하는 작업은 매우 중요한데, 사회구성주의자들(Winner, 1997; Mackenzie and Wajcman, 1999; Volti, 2008)의 관점에 의하면 사회 구조 및 과정들이 기술의 발명뿐만 아니라 기술의 선택에 영향을 끼치기 때문이다. 특히 이러한 관점은 아이폰 이전 시대를 설명하는 데 유용하다. 첫째, 스마트폰의 성장은 보편적인 커뮤니케이션 정책이나 시장의 조건과 같은 사회문화적 요소들의 영향을 받았다. 예컨대 AT&T의 해체를 초래한 1980년대의 정부 정책들은 스마트폰의 등장을 지연시킨 반면, 1990년대 초반에 있었던 기업의 결정은 현대 역사에서 스마트폰의 도래를 앞당겼다.

둘째, 높은 가격과 이용료 때문에 스마트폰 초기 역사에 사용자들이 끼친 영향력은 그리 크지 않았다. 알렉산더 맥켈비Alexander McKelvie와 리처드 피카드Richard Picard가 지적한대로 오늘날의 미디어 공간은 갈수록 소비자들에 의해 통제되지만, 1990년대 초반만 하더라도 ICT 기업들이 통제했다(McKelvie and Picard, 2008). 첫 스마트폰을 개발했던 기업들은 경험과 자신감의 부족으로 시장에서 철수했고, 그 결과 미디어 공간은 공급 시장으로 남아 있었다. 다시 말해, ICT 회사들이 새로운 기술의 주요 고객이었고, 이는 기술의 발명이나 확산이란 측면에서 그들을 상당히 중요한 존재로 만들었다.

셋째, 부족한 기능성은 스마트폰 문화를 지연시키는 데 중요한 역할을 수행했다. 초창기의 기기는 너무 커서 사람들의 주머니에 들어가지 않았고, 배터리 또한 용량이 충분하지 않았다. 더구나 디지털 카메라와 같이 오늘날의 스마트폰이 가지고 있는 여러 기능이 없었기 때문에 사람들은 이렇게 불편한 휴대전화를 사지 않았다. 당시의 소비자들 또한 새로운 모델을 기다렸다가 사는 현대의 스마트폰 사용자들과는 상당히 달랐다.

마지막으로, 스마트폰 산업은 초국경화되었다. 서구 국가들만이 아니라 미국과 일본 같이 서구와 비서구 국가들 사이에서 일어난 국제적 노동 분업은 초창기 스마트폰 생산에 핵심적인 역할을 했고, 그 결과 일본의 스마트폰 산업이 성장하게 되었다. 한편 IBM, 모토로라, 그리고 AT&T와 같은 전통적인 통신 회사들은 선발자로서의 이익을 얻지 못했고, 21세기 스마트폰 산업에서 글로벌 리더가 될 수 있었던 엄청난 기회를 놓쳤다. 바이커와 그의 동료들이 말한 대로 기술품은 기술적 가능성 및 대다수의 개인 혹은 회사의 이익과 가치가 상호작용하며 만들어지는 결과물이다(Bijker, Hughes and Pinch, 2012). 그러나 스마트폰의 경우 몇몇 국가, 특히 미국과 일본 같은 주요국들의 상호작용도 고려되어야 한다. 상대적으로 짧은 스마트폰의 역사는 몇몇 기업들이 짧은 성공을 맛본 뒤 내리막길을 걷고 곧바로 비즈니스 모델을 바꿔야만 했다는 사실을 보여준다(Goff, 2013). 지난 30년간 출시된 스마트폰은 인상적이었고, 소셜 미디어의 경우처럼 새로운 변화는 계속해서 일어날 것이다. IBM의 사이먼을 포함한 초창기 스마트폰은 이제는 필수품처럼 되어버린 현대의 스마트폰을 위한 길을 환하게 밝혔다.

Part 2

스마트폰 시스템의 정치경제학

Chapter 3

이동통신 시스템의 신자유주의적 전환

한국은 ICT의 핵심 분야로 이동통신을 급격하게 발전시켰다. 1990년대 초부터 한국은 자국의 ICT를 개발해 왔으며, 특별히 경제 성장의 새로운 원동력으로 여겨진 이동통신에 투자했다. 그 결과 2000년대 이후 스마트폰 기술은 한국 ICT 영역에서 가장 중요한 기술이 되었고, 놀랍게도 한국은 글로벌 리더가 되었다. 한국에서 아이폰은 2009년 11월이 되어서야 뒤늦게 출시되었지만, 전국적으로 빠른 보급률은 파급 효과(혹은 아이폰 효과)를 일으키며 "이동통신사 중심의 시장 연쇄 효과"를 만들었고(Y. Lee, 2010; D. Lee, 2012), 결국 국가의 관심사는 휴대전화에서 터치식 스마트폰으로 이동하게 되었다.

스마트폰이 이끈 혁신은 당연하게도 매우 복잡한데, 그 이유는 다양한 사회경제적 그리고 문화적 요소들이 이 과정에 포함되기 때문이다. 특히 한국 정부는 이 혁신 기간 동안 두 개의 다른 접근법을 통해 "스마트랜드 코리아"를 탄생시켰다. 한편으로 정부는 시장 자유화와 탈규제화 같은 신자유주의적 통신 정책을 확장시켰다. 1990년대 중반 이후 한국은 신자유주의적 개혁이란 미명하에 친기업적 통신 정책을 시행시킴으로써 자국의 모바일 기술 및 산업을 발전시켰다. 다른 한편으로 한국 정부는 1970년대 초부터 상명하달식 수출 주도형 경제 정책들을 통한 경제 성장을 꾀함으로써 이동통신 분야의 성장을 강력히 주도해 왔다. 이와 같이 한국이 직면한 정치 경제적 상황을 폭넓게 이해하기 위해서는 반드시 유무선통신 산업에 대한 정부 개입의 특징을 이해해야 한다.

이 장은 스마트폰과 앱의 최근 성장을 한국 ICT 분야의 전환점으로 역사화하는데, 그 이유는 스마트폰의 엄청난 발전은 모바일 기술의 성장이라는 전반적인 맥락 안에서 분석되어야 하기 때문이다. 그 첫 번째 단계로 필자는 한국이 다양한 ICT를 발전시킨 방식들에 대해 논의한다. 이 부분에서 한국의 스마트폰 기술 및 정책 이슈는 통신 시스템의 지속적인 발전 중 한 부분으로 분석될 것이다. 즉, 어떻게 한국 정부가 신자유주의적 개혁과 한국의 발전주의를 융합하면서 무선통신 정책들을 만들었는지 파악함으로써 이동통신 시스템 개조에 기여한 정부의 역할을 분석한다. 그런 후 이 장은 어떻게 한국의 이동통신 산업이 국내의 정치적·경제적 요소들뿐만 아니라 글로벌한 통신 산업에서 일어난 최근 변화들에 의해 변화했는지에 대해 설명한다. 또한 이 장은 어떻게 한국 정부와 통신 산업들이 애플의 아이폰이 출시되기 바로 직전까지 국내 모바일 산업을 보호했는지, 그리고 그 결과 국내의 스마트폰 영역이 성장하게 되었는지에 대해서 논의한다.

한국 경제 모델의 변화: 국가 주도의 발전주의에서 신자유주의로

한국의 정치경제학적 지형은 박정희가 군사 쿠데타를 일으켜 정치권력을 탈취했던 1960년대 초반부터 몇 가지 주요한 차원들을 따라 급격하게 변화했다. 한국은 한국전쟁(1950~1953) 이후 경제적으로 상당히 어려웠다. 그러나 박정희 정권하에서 중대한 정치 및 경제적 변화들이 일어났다. 무엇보다 박정희 정권은 한국적 경제 모델을 만들었는데, 이것은 1960년대 초부터 정권의 합법성을 지탱하는 핵심이 되었다. 당시 한국은 성장을 위해 세 가지 경제 정책을 수립했다. 국가 주도의 산업화, 수출 주도의 경제, 그리고 결과적으로 재벌(한국식 대기업) 육성하기(Amsden, 1989; Hart-Landsberg, 1993; J. H. Park, 2002; Jin, 2011; Wade, 2004; Larson and Park, 2014)가 바로 그것이었다. "시장의 힘보다는 국가가 한국 경제의 재건 및 경제 성장에 주도적인 역할을 했다"라는 점에는 이견이 없다. "하향식 경제 정책 및 규제들이 경제 개발이란 슬로건 아래 모든 것을 지배했다"(Heo and Kim, 2000: 494). 조셉 스티글리츠Joseph Stiglitz가 주장하듯이 "동아시아의 정부들, 특히 한국 정부는 국가 주도의 수출 지향적 경제 모델을 통해 경제 성장을 도모하는 핵심적인 역할을 수행했다"(Stiglitz, 2003: 94). 한국의 "정치 제도는 민주적이기보다 독재적이고, 사회조합주의나 다원주의보다는 국가조합주의에 가깝다"(Wade, 2004: 306). 이와 같은 평가는 한국 정부가 1970년대와 1980년대라는 발전의 시대에 중요한 역할을 수행했음을 드러낸다. 관료주의라는 뿌리 깊은 전통과 중앙 집권화 그리고 무엇보다 국가 주도의 발전주의는 한국 공공정책의 명확한 특징이다(Oh and Larson, 2011).

국가 주도적 발전주의의 결과를 드러내는 다양한 지표들이 존재하지만, 산업적 영역에서 일어난 구조적 변화가 대표적인 예다. 1970년대에는 농업에서 신발이나 옷을 제조하는 경공업으로, 1980년대에는 조선이나 전자 기술을 포함한 중공업에 이르기까지 정부는 한국의 산업적 변혁을 주도했다. 1980년대 중반 한국은 산업적 구조를 ICT 개발을 중심으로 한 지식 기반 경제로 다시 한번 방향을 바꿨다. "산업적 변화 뒤에 숨은 정부의 원동력은 1970년대에 뚜렷했고, 1980년대 중반에도 그랬다. 예컨대 정부는 국내의 전자 기술 산업을 국가의 주요 분야 중 하나로 거의 20년 가까이 성장시켰다. … 반도체 분야에서도 정부는 1980년대부터 주도권을 잡고 있었다(Amsden, 1989: 81~83).

이와 같은 맥락에서 한국 정부는 지속 가능한 경제 성장을 위해 ICT 부문을 대규모로 지원해 왔다. 한국은 1980년대 초반부터 ICT 시스템을 개발했고, 정부가 ICT를 본격적으로 발전시키기 시작한 1990년대 중반부터 빠른 성장세를 보였다. 이러한 ICT 정책의 일례로 정부는 1994년에 우정사업부를 정보통신부MIC로 개편시켰다.

ICT 부문에서 일어난 가장 중요한 정책 변화 중 하나는 문민정부 시절 일어났다. 1995년 김영삼 정부(1993~1998)는 중화학 공업에 의존했던 한국의 산업 시스템을 ICT 산업이 주도하는 체계로 바꾸기 위해 초고속 정보통신망 프로젝트를 가동시켰다. 김영삼 정부는 "무선 PC 통신, 주문형 비디오VOD 그리고 홈쇼핑과 같은 다양한 선진화된 통신 및 멀티미디어 서비스를 2015년까지 제공할 목적으로 450억 달러 규모의 프로젝트"를 승인했다(H. M. Chae, 1997: 8).

김영삼 정부는 한국의 정보 인프라Korean Information Infrastructure: KII를 위한 전체적인 계획을 1995년 3월에 수립했는데, 이것의 목표는 통신 네트워크, 인터넷 서비스, 응용 소프트웨어, 컴퓨터, 그리고 정보 상품 및 서비스로 구성된 선진화된 국가 정보 인프라를 구축하는 것이었다. 이 KII 프로젝트는 시장 경쟁과 민간 투자 및 정부의 정책을 통해 초고속, 고용량 네트워크를 구축하는 것이었다(Lee, O'Keefe and Yun, 2003: 84; K. S. Lee, 2011; Jin, 2011). 한편, 이 프로젝트는 직간접적인 글로벌한 압력의 결과물이기도 했다. 다시 말해, 이 프로젝트는 디지털화된 글로벌 자본주의 시대에서 국가가 살아남기 위한 하나의 전략이었다. 1990년대 초반, "한국 정부는 디지털화된 자본주의 체제 아래서 잠재적 신흥국들 중 하나로 남을 것인지, 아니면 도약할 방법을 찾을 것인지 선택해야만 했다"(K. S. Lee, 2011: 54). 결국 정부는 "노동 집약적 경제에서" "지식 기반 경제"로 국가를 변혁시킬 것을 최우선 국정 과제로 선택했고, 김영삼 대통령은 1995년 신년 발표에서 이와 같은 내용을 공표했다(D. Lee, 2012). 국가 차원의 인프라 구축 사업에서 정부가 맡은 역할은 학교나 공공조직 같은 공공 부문의 네트워크화뿐만 아니라 고속 데이터 통신망의 수요를 보장하기 위한 정보화 촉진까지 포괄했다(Oh and Larson, 2011; Larson and Park, 2014).

ICT가 주도하는 경제 정책은 한국의 국가 경제 지형을 바꿔놓았다. 예를 들어 〈그림 3-1〉에서 보듯이 KII가 도입된 바로 직후인 1997년의 연간 수출

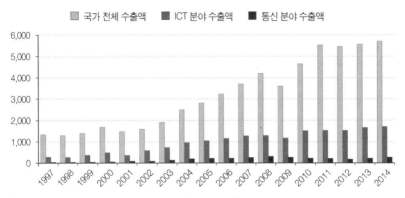

<그림 3-1> 연간 ICT 수출 데이터 (단위: 100만)

자료: Ministry of Science, ICT and Future Planning(2014b; 2015b).

액은 미국 달러 기준으로 1361억 달러였고, 그중 ICT 분야가 차지하는 비중은 22.9%(312억 달러)였다. 2014년 연간 수출액은 5731억 달러로 증가했고, ICT 분야는 30.3%(1739억 달러)를 차지했다(Ministry of Science, ICT and Future Planning, 2014b; 2015b). 이와 같은 수치는 ICT 분야의 역할이 지난 17년 동안 상당히 성장했음을 보여준다. 한 가지 흥미로운 사실은 한국 경제가 신자유주의 정책을 채택하면서 변화하기 시작했다는 것이다. 역설적이게도 한국의 경제 모델은 세계화에 빠르게 적응하도록 만들었는데, 그 이유는 수출 지향적인 개발 정책을 채택했던 한국이 디지털 네트워크 및 인터넷 시대의 도래에 따라 활성화된 세계화 과정에 이미 많이 노출되어 있었기 때문이었다(Larson and Park, 2014).

한국의 신자유주의적 전환은 1980년대 초부터 시작되었다. 당시 전두환 정권은 경제 시스템(예컨대 은행 시스템) 및 통신 산업을 포함한 다양한 영역에서 신자유주의적 전환을 활발하게 추진했다. 새로운 군사 정권은 그동안 한국 정부가 추진했던 "발전 국가의 낡은 사상을 버렸고", "시장화와 민영화라는 새로운 이데올로기에 영향을 받은 신자유주의 경제주의자들과 협력하기로 결정했다"(Y. T. Kim, 1999: 445). 한국 정부는 다른 국가들이 그런 것처럼 통신 분야에서 신자유주의적 개혁을 추진했다. 1980년대 초반을 시작으로 초국적 기업들과 손을 잡은 미국은 통신 시장과 시스템의 자유화 및 민영화를 포함한 신자유주의적 개혁을 강요했고, 이것은 서구 기업들, 그중에서도 당연히 미국 기업들에게 시장을 개방하도록 함으로써 서구 국가의 지배력을 강화하려는 것이었다. 멕시코나 칠레를 포함한 많은 개발도상국들은 세계화된 네트워크 사회에서 살아남기 위해 미국이 주도하는 신자유주의적 세계화를 받아들여야만 했다(McChesney and Schiller, 2003). 김영삼 정부 또한 신자유주의적 경제 정책을 강력하게 추진했고, 이것은 사적 영역에서의 이익을 최대로 보장하기 위한 작은 정부의 실현을 의미했다(Friedman, 2002). 한국 역사상 최악이었던 1997년 경제 위기 바로 직후 출범한 김대중 정부는 시장을 자유화할 수밖에 없었으며, 1997년 경제 위기는 한국에 대한 외국인 직접 투자Foreign Direct Investment: FDI의 전환점이 되었다.[1]

이러한 상황에서 서비스 제공사 및 휴대전화 제조사를 포함한 한국의 이동통신 산업은 탈규제화, 자유화, 그리고 민영화와 같은 신자유주의적 전환을 겪었다. 한국 정부는 이동통신 산업을 재편하기 시작했는데, 이는 삼성, 현대, SK와 같은 국내의 몇몇 재벌 기업뿐만 아니라 국제 조직, 초국적 기업 및 미국 정부를 포함한 국제 세력이 한국 이동통신 시장에 참여하려는 수요가 증가했기 때문이었다(Jin, 2011). 여타의 많은 국가들처럼 한국 또한 처음부터 공공 부문에서 통신 시스템을 개발한 반면, 미국의 통신 산업은 민간 기업 주도로 이루어져 있었다. 그럼에도 불구하고 미국 이외의 국가는 언제나 "통신 시스템의 연속적인 형성에서 결정적이고 필수적인 참가자"였다(McChesney, 2008: 307).

공공 부문에서 운영되었던 유선통신 산업과 달리 이동통신 산업은 시작부터 민간 주도형 체제가 되었다. 한국에서 휴대전화 서비스는 1984년에 도입되었고,[2] 신세기통신이 1996년에 서비스를 시작하기 전에는 SK텔레콤SKT이 시장을 독점하고 있었다(K. S. Lee, 2011; Bae, 2014). 한국 정부는 1990년대 초부터 유선통신 분야에서 신자유주의적 정책을 추구했고, 무선통신 분야에서는 이미

1980년대부터 신자유주의적 통신 정책을 추진했다.

이와 반대로 정부는 방송 및 통신 시장의 자유화는 지연시켰는데, 이는 자유화가 한국 문화와 국가 경제에 끼치는 막중한 영향력 때문이었다. 끝내 한국 정부는 시장을 자유화할 수밖에 없었지만, 국가 경제와 문화를 위해서 전체가 불가능하다면 부분적으로라도 중요한 영역들에 한해서는 국가 주도적 발전주의를 유지했다.

이동통신 시스템에 대한 국가 주도적 발전주의

한국 정부는 신자유주의적 세계화의 흐름 속에서도 통신 영역에서만큼은 주도적인 역할을 유지하거나 심지어 강화했는데, 그 이유는 정부가 ICT 기반 경제에서 핵심 분야로 통신의 중요성을 인식했기 때문이었다. 정부는 법적 그리고 재정적인 무기를 가지고 통신 영역을 지원하는 동시에 자유화와 탈규제화 같은 신자유주의적 전환을 추진했다(C. Yoon, 1999). 이렇듯 복잡하지만 여전히 호의적인 환경하에서 이동통신 시장은 ICT 시장에서 가장 큰 분야 중 하나로 급성장하게 되었다. 초창기 모바일 기술 및 산업 성장에 힘입어 정보통신부는 코드 분할 다중접속Code Division Multiple Access: CDMA 디지털 기술을 기반으로 한 모바일 시스템을 내세웠고, 이는 이동통신 산업에서 표준 형식이 되었다. 또한 정보통신부는 1980년대 후반부터 자체적인 CDMA 개발 프로젝트를 추진했다(Ministry of Information and Communication, 1994; Jho, 2007에서 재인용).[3]

1996년 디지털 CDMA 휴대전화 서비스의 성공적인 출시로 휴대전화 성장에 박차를 가하게 되었다(National Computerization Agency, 1998). 1990년대 초반, 글로벌 무선통신 시장은 디지털 모바일 기술의 가용성 덕분에 아날로그에서 디지털 시스템으로 진화했다. 한국 통신 회사들은 2세대 기술을 위해 시분할 다중접속Time Division Multiple Access: TDMA 회사들의 제품을 수입하거나 3세대 기술을 위해 자체의 CDMA를 상업화함으로써 디지털 기술에 적응할 수 있었다. "상업용 TDMA 서비스는 이미 유럽 모바일 시장에서 상용되고 있었지만, 유럽 기업들은 한국의 제조업체들과 그것을 공유할 의사가 없었기 때문에 한국은 CDMA 기술을 상용화하기로 결정했다"(Jho, 2007: 129).

이로써 퀄컴Qualcomm이라는 미국 회사에서 기본적인 기술을 빌려왔지만, 한국은 CDMA 기술을 상용화한 첫 번째 나라가 되었다. 당시 "모바일 인터넷 서비스 시장이 성장함에 따라 더 많은 용량의 데이터 전송에 대한 수요가 증가하게 되었다. 3세대 이동통신 기술은 이러한 요구를 충족시킬 준비가 이미 되어 있었고, 두 가지 대안적 기술, 즉 광대역 코드 분할 다중접속WCDMA과 CDMA 2000은 시장 점유율을 놓고 경쟁했다"(Lee and Han, 2002: 161~162).

한국 정부들 ― 김대중 정부(1998~2003)와 노무현 정부(2003~2008) ― 은 연달아 1997년 경제 위기에서 벗어날 수 있는 가장 중요한 동력이자 국가 경제 성장을 촉진하는 방법으로 ICT를 지목하는 동시에 해외 투자 유치를 위한 ICT의 중요성을 강조하면서 ICT 기반의 경제 정책을 지속시켰다. 2004년 노무현 정부는 세계에서 이미 가장 발전한 분야 중 하나였던 휴대전화 산업을 육성할 계획을 수립했다. 즉, 한국은 탄탄한 국내 인프라를 적극 활용하면서 글로벌 이동통신 분야에서의 성장뿐만 아니라 리더십 확보를 꾀했다. 모바일 정책은 "u-Korea" 혹은 유비쿼터스ubiquitous 코리아를 중심으로 전개되었는데, 이는 언제 어디서나 "끊김 없이 인터넷에 접속할 수 있을 만큼 충분히 보급될 미래지향적인 통신 네트워크"와 유선 및 모바일 네트워크를 가리킨다. 이만큼 장기적인 비전을 가지고 정부는 미래지향적인 산업 10개 중 하나로 이동통신 분야를 지정했다(S. J. Yang, 2003).

그 계획의 일환으로 노무현 정부는 "IT839" 전략을 수립했는데, 이것은 1인당 국내총생산GDP 2만 달러 달성을 목표로 하는 ICT 산업의 전략적 비전이었다. 이는 ICT 산업의 미래를 구조화하고 유비쿼터스 ICT를 이끌 새로운 성장 기반을 마련하는 것을 목표로 했다(Chin and Rim, 2006). 이 계획 이전에 ICT 산업이 이룬 엄청난 성장은 정보화에 대한 정부의 강력한 정책 덕분이었다. 특히 "디지털 기술의 급격한 발전은 음성/데이터, 통신/방송, 그리고 유선/무선의 신속한 통합과 융합을 촉진했다"(Chin and Rim, 2006: 32).

2006년 2월 정부는 기술, 시장, 환경, 그리고 정책 우선순위에서 일어난 변화들을 반영해 IT839를 재조정했다. 업데이트된 전략, u-IT839는 특별히 8개의 서비스, 3개의 인프라, 그리고 9개의 새로운 성장 동력에 중점을 두고 있었다(Sung, 2009).[4] 이 중에서도 이동통신의 성장은 가장 중요했으며, 정부는 세계 수준의 광대역 인프라를 기반으로 이동 가능한 무선 인터넷 네트워크를 구축하고 무선 멀티미디어 서비스에 대한 수요를 창출할 계획을 수립했다(Ministry of Information and Communication, 2004).

한국 정부가 통신 산업을 포함한 ICT 개발을 시작했을 당시, 한국 이동통신 시장을 적극적으로 개혁할 주요 기업들이 국내외에 여럿 존재했었다. 이들은 글로벌한 기준을 따라가기 위해 한국 정부가 극단적인 신자유주의적 개혁을 해야 한다고 주장했는데, 그 개혁의 골자는 대규모의 규제 완화 및 자유화였다. 이러한 요구는 주로 해외에서 제기되었는데, 그중에서도 외국의 부가 가치 서비스VAS 제공업자들, 세계무역기구WTO와 국제통화기금IMF을 포함한 국제 조직들, 그리고 초국적 통신 회사들의 목소리가 컸다. 1995년 5월 시작된 기본 통신 서비스에 대한 WTO 협상은 다른 분야와 마찬가지로 한국 정부에 통신 분야에 대한 자유화와 민영화를 강요했다(Jin, 2006). 한국의 통신 시장을 개방하는 데 가장 큰 힘을 행사한 것은 미국 정부였는데, 상호운용성을 위한 무선 인터넷 플랫폼Wireless Internet Platform for: WIPI의 경우도, 뒤에서 논의하겠지만, 한국은 수익성이 높은 시장이자 대규모의 무역 파트너였기 때문에 미국 정부는 통신 개혁에서 불균형적으로 많은 힘을 행사했다(Larson, 1995; Jin, 2011).

내부적으로는 재벌들이 공급자, 주요 사용자 및 서비스 제공자로서 이동통신 산업으로의 진출을 꾀하고 있었다. 주요 대기업들 중에서도 SK는 모바일 사업자였던 한국통신KT의 자회사인 한국이동통신KMT의 민영화를 통해 1994년 처음으로 이동통신 서비스 산업에 진출했고, 다른 통신 산업 영역으로도 비즈니스를 확장시켰다. 다음 섹션에서 더 자세히 설명하겠지만 재벌들은 그들이 가진 기기 생산업의 수익률을 보고 이동통신 서비스 부분에 막대한 투자를 했다. 제조 분야에서는 삼성전자와 LG전자를 포함한 소수의 한국계 초국적 기업들이 휴대전화를 생산하기 시작했고, 결국 세계 최고의 모바일 기기 제조업체가 되었다. 그 결과 한국 재벌은 글로벌한 이동통신 영역에서 주요한 행위자로 등극할 수 있었다. 실러가 미국을 예로 들어 지적했듯이 "비즈니스 사용자"로서 대기업들은 그들이 주요 사용자이자 수혜자이기 때문에 통신과 관련된 중요한 의사 결정에 참여하고 영향력을 행사하길 원한다"(Schiller, 1982: 89).

한국 정부는 여타의 많은 영역에서 그랬던 것처럼 무선통신 영역에서의 신자유주의적 전환을 수용할 수밖에 없었다. 그러나 자신들의 역할을 포기하는 대신 신자유주의 시대 초반부터 한국 정부는 그들만의 독특한 신자유주의적 통치권을 발전시켰다. 즉, 국내의 IT 산업 및 국가 경제를 성장시킨다는 미명하에 미국 정부와 국제기구 및 초국적 기업TNCs과 협력했지만, 이와 동시에 통신 영역에서 정부의 주도적인 역할 또한 강화했다.

이동통신 서비스 시장의 신자유주의적 전환

이동통신 서비스 회사들은 지난 20년 동안 가치 측면에서 상당히 성장했다. 정부는 시장에 신자유주의적 접근을 추구했고, 그 결과 소수의 주요 행위자들의 손에 시장이 집중되었다. 앞에서도 언급했지만 한국에서는 휴대전화 서비스가 1984년에 도입되었고, 1996년 신세기통신이 서비스를 시작하기 전에는 SKT가 독점하고 있었다. KT의 자회사인 KT프리텔KTF, LG텔레콤LGT 그리고 한솔닷컴 또한 1990년대 후반 시장에 진입했으며, 휴대전화 서비스 시장은 이 5개 기업 간 상대적으로 균형 잡힌 경쟁하에서 성장했다. SKT는 1999년 8월을 기준으로 시장 점유율 41.5%를 보유한 가장 큰 휴대전화 서비스 회사였고, 나머지 4개 회사들이 58.5%를 차지했다. KTF(18.8%), 신세기통신(14.3%), LGT(14%), 그리고 한솔PCS(훗날 한솔닷컴, 11.4%) 순이었다(Korea Times, 1999).

2000년대 초반에 들어서는 휴대전화 서비스 회사들의 기업 합병이 이어지며 모바일 서비스 시장이 변화하기 시작했다. 2000년에 KT는 자회사인 KTF에 재정 적자를 빚고 있었던 한솔닷컴을 인수했다(S. J. Yang, 2002). 규모가 가장 큰 휴대전화 회사였던 SKT 또한 2002년에 신세기통신을 인수했는데, 당시 신세기통신의 최대 주주였던 포스코가 핵심 사업인 철강 비즈니스에 집중하면서 SKT에 자신들의 지분을 매각했다(K. H. Yu, 1998). 이 같은 인수합병으로 휴대전화 서비스 시장에서 SKT의 시장 점유율은 1999년 41.5%에서 2003년 6월 56.8%까지 치솟았으며, SKT의 시장 지배력은 더욱 강화되었다(Cho-sunIlbo, 2003: 24).

이외에도 정부는 미디어 융합 시대의 경쟁력 강화라는 미명하에 일련의 합병을 승인했다. 첫째, SKT는 2008년 2월에 두 곳의 해외 투자자 — AIG와 뉴브릿지 캐피탈Newbridge Capital — 와 그들의 파트너들로부터 38.9%의 지분을 구매해 광대역 서비스 제공업체였던 하나로통신을 인수했는데, 이는 통신사들이 결합 서비스를 제공할 수 있도록 허락한 정부의 규제 완화 정책 덕분이었다(Forbes, 2007). 당시 SKT의 목표는 두 번째로 규모가 컸던 초고속 인터넷 가입자(3억 6900만, 25.2%)와 유선 가입자(2억, 8.6%) 기반을 흡수하고, 인터넷 프로토콜 텔레비전IPTV 서비스를 제공하는 것이었다. KT와 LG 같은 경쟁 업체들은 SKT의 모바일 시장 장악력이 초고속 인터넷과 유선통신 서비스로 확대될 것이라는 우려를 표명했다. 그러나 이러한 이견에도 불구하고 2008년 2월에 설립된 방송통신위원회KCC는 인수를 승인했으며, 도매시장이나 결합 서비스 및 무선 인터넷 시장에서의 차별 금지 조항을 추가시켰다(Ministry of Information and Communication, 2008).

곧이어 2009년 3월에는 국내 최대의 전화 회사(KT)와 두 번째로 큰 무선통신 업체(KTF) 간 합병이 방송통신위원회의 승인을 받았다(T. Kim, 2009a). 다른 업체들의 저항을 고려해 "방송통신위원회는 KT가 전화 및 광대역 네트워크를 경쟁사인 전화 사업자와 인터넷 회사들이 용이하게 접근할 수 있도록 해야 한다고 판결했다"(T. Kim, 2009b). 또한 2009년 12월에 방송통신위원회는 LG그룹의 3개 통신 사업자 – LGT(모바일 사업자), LG파워콤(인터넷 서비스 제공자: ISP) 그리고 LG다콤(유선) – 의 합병을 승인했고, 그 결과 2010년 7월에 통합 법인인 LG U+가 출시되었다.

한국의 통신사들은 유무선 전화와 인터넷 서비스를 결합시키고 융합 상품을 개발함으로써 세계에서 가장 포화되고 치열한 경쟁 시장에서 자신들의 이익을 증대시킬 다양한 방식을 모색해 왔다. 승인된 합병 계획에 따라 매출액이 가장 적었던 이동통신 사업자 LGT는 유선 사업자 LG다콤과 인터넷 서비스 제공자였던 LG파워콤을 흡수했다(J. Lee, 2009). 계속된 합병과 인수를 통해 한국 이동통신 시장은 구조적으로 과점 체제에 접어들었고, 현재는 3개의 통신사로 구성되어 있다. 2015년 12월을 기준으로 SKT의 시장 점유율은 47.1%를 기록했으며, KT(26.2%) 그리고 LG U+(19.8%)가 그 뒤를 잇고 있다. 나머지(7.7%)는 가상 이동통신망 사업자Mobile virtual network operators: MVNOs들을 통해 운영되었다 (Ministry of Science, ICT and Future Planning, 2016).

이러한 시장의 재구성이 신자유주의적 통신 개혁의 결과라는 데에는 이견이 없다. 배철기가 바로 보았듯이 한국의 무선통신 산업은 "1980년대부터 신자유주의 사상에 따라 점점 더 자유화되었다(Bae, 2014: 106). 신자유주의 사상은 한국 통신 산업에 경쟁을 도입함으로써 '공공 독점'을 해체하는 기초가 되었다". 물론 비즈니스 영역의 주류였던 신자유주의 지지자들은 정부의 개입이 줄어들면 국내외적으로 경쟁이 심화되고, 그로 인해 시장의 활성화와 이익의 증대가 일어날 것이라고 믿었다. 그러나 "역설적이게도 규제 권력의 감소는 통신 시장의 통합을 가속화시켰고, 재벌이 이동통신 부문에서 과점 시장 구조를 형성하도록 도왔다"(Bae, 2014: 106). 이동통신 서비스 제공 업체들은 IT 코리아의 성장을 위해 휴대전화 제조사들과도 긴밀하게 협력했는데, 이들은 바로 삼성과 LG 같은 또 다른 재벌 기업들이었다. 결국 이와 같은 서비스 제공업체들과 휴대전화 제조사들이 2009년 이래로 스마트폰의 급격한 성장을 주도해 왔다.

스마트폰 시대 이전의 무선통신 정책들

WIPI의 도입

한국의 무선통신 정책은 신자유주의 시대에 기업들의 이익을 보호하기 위해 통신 산업에 대한 규제를 대규모로 축소시켰고 자유화시켰다. 그러나 국가 주도의 경제 체제 또한 정부의 목표를 실현하기 위해 필수적인 것이었다. WIPI 의 경우가 명확히 드러내듯이 정부의 이러한 기조는 무선통신 정책과 ICT 산업의 유착을 초래하며, 이는 해외 이동통신사들의 한국 시장 진출을 어렵게 만듦으로써 국내 이동통신 기술이 성장할 수 있는 발판을 마련한다.

스마트폰 시대가 도래하기 이전인 2008년까지는 한국 시장에 진출한 애플을 포함해 "외국 휴대전화 제조사들이 봉착한 세 가지의 장애물"이 존재했다. 첫째, 국내 시장은 작았고, 그렇기 때문에 수익성이 높아 보이지 않았다. 둘째, 한국 시장은 세계에서 두 번째(삼성전자)와 세 번째(LG전자)로 큰 휴대전화 판매 기업들이 장악하고 있었다. 그리고 세 번째는 WIPI 규칙들이었다(H. J. Jin, 2008a). 그중에서도 WIPI는 한국의 독특한 무선통신 정책을 대표하는데, 이 것은 스마트폰 이전 시대에 정부와 국내 기업 사이의 밀접한 관계를 드러낸다. WIPI는 휴대전화 사용자가 자신의 휴대전화를 통해 인터넷에 접속하거나 멀티미디어 데이터를 다운로드할 수 있게 만들어주는 미들웨어middleware 플랫폼이다. 정부가 WIPI를 한국 무선통신 시장의 필수적인 표준으로 지정한 이후 WIPI를 사용하지 않았던 해외 휴대전화 제조업체들은 국내 시장에서 자신들의 상품을 팔 수 없었고 심지어 사용할 수도 없었다. 2000년대 초반, 정보통신부는 퀄컴의 CDMA 기술에 대한 국내 휴대전화 기업들의 의존도를 줄이기 위해 WIPI를 도입하겠다고 밝혔다(S. J. Yang, 2003). 그러나 WIPI는 해외 휴대전화 제조사들이 한국 시장에 진출하는 것을 막는 "법적 그리고 기술적 장벽"으로 기능했으며, 노키아나 소니 에릭슨과 같은 소수의 다국적 휴대전화 제조사들만이 몇 개의 제품을 바꿔 출시했지만 이것마저 한국 시장에서 실패했다(G. Kim, 2011).

WIPI의 도입은 한국 정부나 해외 세력(예컨대, 미국 정부나 초국적 통신 기업들) 및 국내 기업들 ― 통신 서비스 제공업체와 휴대전화 제조업체 ― 과 같은 주요 행위자들 사이의 심각한 갈등을 유발하기 때문에 수립되기 어려운 복잡한 정책 수단이었다. 그러나 1970년대와 1980년대 한국 경제 성장에서 나타난 국가 주도적 개발이 보여주듯이 정보통신부는 WIPI의 도입을 주도했다. 또한 데이터 서비스가 음성 통신 이후의 수익원으로 간주되면서 휴대전화 제조업체들은 고객들이 만족할 만큼 앱이 빠르게 실행될 수 있는 더 좋은 플랫폼을 개발함으로써 질 좋은 모바일 앱을 제공하는 데 노력을 기울였다. 한국의 이동통신 사업자들 또한 모바일 데이터 서비스를 제공하는 데 있어 다른 업체들과 경쟁하기 위한 핵심 자원 중 하나로 플랫폼을 중요하게 생각했다.

당시 한국에는 각각 다른 플랫폼을 사용하는 세 개의 이동통신 회사들이 존재했다. SKT는 자사의 가상 기계(VM)를 사용한 반면, KTF는 퀄컴의 브루BREW를, LGT는 자바Java를 사용했다. 이러한 플랫폼의 비호환성은 많은 문제를 만들어냈다. "서로 다른 모바일 플랫폼의 존재는 콘텐츠 제공자들에게 골칫거리였다. 그들은 동일한 콘텐츠의 다른 버전들을 개발해야만 했다"(Oh and Larson, 2011: 107). 이에 반해 표준화된 모바일 플랫폼은 "콘텐츠 제공업자들의 중복 투자를 없애고 그들의 핵심 비즈니스인 콘텐츠 개발에 더 집중하게 만들 수 있었다"(Lee and Oh, 2008: 666). 따라서 정부는 중복 투자를 제거해 효율성을 높이고, 통합된 플랫폼 환경을 조성함으로써 잠재적인 신규 업체들의 모바일 인터넷 시장으로의 진입을 장려하고자 했다(Lee and Oh, 2008).

또 다른 고려 사항은 퀄컴 같은 외국 플랫폼 제공업체에 지불하는 사용료 인상 문제가 있었기 때문에 국내의 기술로 새로운 표준을 개발해야 했다. "이와 더불어 한국 정부는 새로운 플랫폼이 국가 표준으로 비준되고 한국에서 널리 사용되면 글로벌한 표준이 될 수 있다고 판단한 것으로 보인다"(Lee and Oh, 2008: 667).

이와 같은 맥락에서 정보통신부는 2001년 5월 WIPI라는 표준 플랫폼을 만들 목적으로 한국 무선 인터넷 표준화 포럼KWISF을 설립했다(Electronics and Telecommunications Research Institute, 2001). 그러나 한국식 표준의 설정은 국외뿐만 아니라 국내 기업들의 다양한 반대에 부딪쳤다. 애초의 계획이 한국에서 사용되는 모든 휴대전화에 내장될 단일 표준 모바일 플랫폼을 보유하는 것이었기 때문에 이 표준을 사용할 수 없었던 외국 업체들은 WIPI의 도입을 강력하게 반대했다. 예컨대 WIPI가 도입되면 KTF에서 사용 중인 퀄컴의 BREW는 더 이상 국내에서 사용될 수 없었기 때문에 퀄컴의 반발은 극렬했다. 장기적인 협상은 KWISF와 정보통신부를 포함한 국내 기관들과 퀄컴 같은 해외 업체들, 미국 통신 산업 협회TIA 그리고 미국 무역대표부USTR 같은 미국 정부 기관들 사이에서 계속되었다. 이 같은 갈등은 몇 년 동안 지속되었고, "한미 무역 협상 기간 동안 미국은 국내에서 개발한 모바일 인터넷 플랫폼을 표준으로 정하지 말 것을 한국에 촉구했다"(T. Kim, 2004).

특히 USTR은 이 정책이 한국 시장에서 퀄컴의 BREW를 추방할 목적으로 세운 무역 장벽이며, 이것은 WTO가 세운 기술 장벽에 관한 협약을 위반하는 행위라고 주장했다. 2004년 4월 USTR은 "주요 관심 국가들" 중 하나로 한국을 지목하며 이와 같은 입장을 강화했다(T. G. Kim, 2004). 2년 동안의 교착 상태 이후 마침내 한국과 미국은 장기간에 걸친 무선 인터넷 플랫폼 분쟁에서 공통분모를 찾았다. 2004년 4월, 미국은 한국이 경쟁을 허용하는 한 한국의 표준화된 모바일 플랫폼 이슈에 문제를 제기하지 않기로 합의했다. 또한 미국은 한국 정부가 국내 무선 인터넷 플랫폼을 위한 필수적인 국가 표준을 세울 권리가 있음을 인정했다(T. G. Kim, 2004; S. Y. Kim, 2012). 그 결과, 비록 2008년 12월에 폐지되었지만, 한국 모바일 시장에서 WIPI의 의무적인 사용은 2005년 4월부터 시작되었다.

WIPI의 폐지

WIPI는 오래가지 못했다. LGT와 WIPI를 개발한 회사들을 제외한 여러 이동 통신 회사들과 시민 단체들은 이 정책을 폐기할 것을 요구했다(J. H. Hwang, 2008). 2007년까지만 해도 한국 정부와 몇몇 기업들 ─ 주로 휴대전화 제조사들과 무선 사업자들 ─ 은 WIPI의 폐지를 원하지 않았다. 그러나 비즈니스적인 이윤이 충분하지 않았기 때문에 대다수의 기업들도 결국엔 WIPI의 폐지에 동의하게 되었다. WIPI의 폐지로 국내 소비자들은 아이폰과 블랙베리를 사용할 수 있게 되었다. 그러나 WIPI의 폐지 과정은 복잡했으며 심지어 그 탄생 과정보다 더 미묘했다.

정부가 WIPI의 설정에서 주도적인 역할을 수행했던 것처럼 정부는 기술 혁신 및 비즈니스 수익이라는 명목으로 WIPI의 폐지를 시작했다. 이명박 정부(2008~2013)는 통신 규제 기관(정보통신부)과 방송 규제 기관(방송위원회KBC)을 통합시켜 방송통신위원회를 설립했다. 이 결합으로 생긴 "전면적인 변화는, 새로운 행정부가 만들어지고 중요한 정책 추진을 준비하는 수개월 동안, 모바일 서비스 제공자 및 휴대전화 제조사와 같은 사적 부문에 상당한 재량권을 부여했다"(Oh and Larson, 2011: 108). 방송통신위원회는 WIPI와 관련된 문제를 처리하는 독점적인 권한을 갖게 되었고, 2009년 4월 1일부터 아이폰, 블랙베리 및 기타 인기 있는 해외 휴대전화의 국내 시장 유입을 가로막고 있었던 주요한 모바일 규제들을 폐지하기로 결정했다. 방송통신위원회는 이와 같은 결정이 소비자의 선택권을 확장시키고 전 세계적인 모바일 플랫폼 개방 추세에 대응하기 위한 것이라고 밝혔다. 조영훈 방송통신위원회 과장이 뉴스 컨퍼런스에서 한 말을 그대로 옮기면 다음과 같다. "이러한 움직임은 소비자가 휴대전화를 선택할 권리를 확장시킬 것이다. 또한 이로 인해 과열된 경쟁은 장기적으로 봤을 때 휴대전화 가격의 하락을 가지고 올 것이다." 다시 말해 그는 저가의 해외 휴대전화가 삼성전자나 LG전자가 만든 고가의 휴대전화로 독점화된 국내 시장에 진입할 것이라 예측했다(H. Jin, 2008b).

한편, 무선통신 사업자들은 WIPI를 둘러싼 폐쇄적인 연합으로부터 서서히 물러나기 시작했다. 2007년 8월 KTF는 강력한 경쟁 상대였던 SKT를 따라잡고자 애플과의 협상을 통해 새로운 WCDMA 플랫폼이자 상당히 인기가 높았던 아이폰을 한국 시장에서 팔고자 했다(J. Cho, 2007). 당시 "KTF는 SKT-삼성이란 연합을 깨고 자신들의 시장 점유율을 높일 필요가 있었다. 휴대전화 제조업계에서 우위를 점하고 있었던 삼성은 새로운 프리미엄 라인의 휴대전화를 SKT에 독점 공급하고, KTF에는 이미 구식이 된 라인업만 제공하고 있었다"(Bae, 2014: 136). 2008년 8월 27일 서울 YMCA에서 개최된 WIPI 휴대전화 설치 의무 정책에 대한 공개 토론회에서 KTF 이동원 전무는 다음과 같이 말했다. "2005년 WIPI 의무 정책이 시작되었을 때 WIPI는 플랫폼 로열티 문제뿐만 아니라 호환성 문제도 해결하기 위해 만들어졌다. 그러나 이제는 무선 인터넷 산업 전체를 세계화시켜야 하는 시기다"(J. H. Hwang, 2008).

현재는 폐지되었지만 WIPI의 의무화는 국내 이동통신 시장을 보호한다는 점에서 상당히 효과가 있었다. 특히 이것은 국내의 초국적 통신 회사들에게 노키아나 애플 같은 해외 통신 기업들의 급격한 시장 진입에 대비할 수 있는 시간을 벌어주었고, 결과적으로 한국 스마트폰 산업의 탄탄한 성장을 도왔다. 사실 아이폰의 한국 출시가 지연된 주된 배경에는 정부도 있었지만, 그보다 더 핵심적으로는 한국 재벌이 있었다. 애초에 좋은 의도로 도입된 WIPI 의무화는 2007년까지 사실상 비관세 장벽으로 작용하며 국내 재벌 기업들을 보호했다.

산업적인 측면에서 SKT를 선두로 한 이동통신 사업자들은 국내 시장이 아이폰 및 다른 스마트폰에 개방될 경우 발생할 "음성 서비스 매출의 엄청난 손실"을 두려워했다(Oh and Larson, 2011). 반면 삼성과 LG가 주도하는 국내의 휴대전화 제조업체들은 CDMA 피처폰을 기반으로 글로벌 시장에서 리더로 자리

매김하고 있었다. 그러나 그들도 소프트웨어나 앱 중심의 새로운 생태계를 만들어내는 해외 스마트폰의 등장에 혼란스러워했다. 산업적인 측면에서 봤을 때 한국 시장에서 스마트폰의 출시가 지연된 것은 "국내 서비스 시장에서 발생할 수 있는 새로운 고부가가치 영역의 진보와 발전을 방해하는" 결과를 초래했다(Larson and Park, 2014: 354).

홍미롭게도 주요 해외 스마트폰 제조사들은 국내 제조업체들이 독점한 단말기 시장을 충분히 뒤흔들어놓을 수 있었지만, WIPI 폐지를 요구하지 않았다. WIPI가 아니더라도 한국의 규제 사항들은 아이폰의 시장 진입을 어렵게 만들었을 것이다. 게다가 아이폰은 "구글 맵스와 같은 위치 기반 서비스가 개인정보 보호법에 위반될 것"이라는 우려로 한국에 진출하기 이전부터 어려움을 겪고 있었다(Independent, 2009). "아이폰에 대한 한국의 규제 조사는 전적으로 지도 및 글로벌 포지셔닝 앱에 부여될 접근성과 관련된 법률에 달려 있었다. 이것은 북한은 물론, 권위주의적인 과거와 관련된 안보 문제로, 한국에서는 매우 민감한 사안이었다"(Oliver and Song, 2009). 한국 시장은 상대적으로 규모가 작았고, 외국 IT 기업들에게 악명이 높았다. "애플이 가진 큰 문제는 단순했다. 한국인들은 삼성과 LG 같은 국내 가전제품 대기업들이 만든 휴대전화에 더 큰 매력을 느끼고 있었고, 이들은 매년 첨단 기술을 탑재한 날렵하게 생긴 멀티미디어 휴대전화를 선보였다"(I. Moon, 2008). 이 두 대기업은 당시 한국 휴대전화 시장의 약 80%를 차지하고 있었다(I. Moon, 2008; Y. Lee, 2010). 지구 전체로 봤을 때 미국 브랜드가 큰 인기를 얻지 못하는 곳이 딱 한 군데 있었는데, 그것이 바로 한국이었다. 한국은 세계에서 가장 앞선 모바일 인터넷 시장들 중 하나이며, 국내 기업들은 첨단기술에 능통한 한국 소비자들이 외국 브랜드를 사용하지 못하도록 열심히 노력해 왔다. "이곳은 노키아가 사실상 부재한 공간이다. 구글 또한 한국에서 어려움을 겪고 있다." 다른 나라의 소비자들이 아이팟을 수용한 반면 "대부분의 한국인들은 스티브 잡스Steve Jobs나 애플 디자이너의 작품에 그렇게 빠지지는 않는다"(I. Moon, 2008). 그러나 국내 이동통신 사업자들, 특히 KTF는 한국 시장에서 그들의 시장 점유율을 높이기 위해 애플의 휴대전화를 갖길 원했다.

아이폰의 강력한 인터넷 기능은 한국 기업들이 아이폰의 출시를 망설였던 또 다른 이유다(J. Cho, 2007). 아이폰 사용자들은 무선 와이파이Wi-Fi 네트워크를 통해 가정이나 사무실, 심지어는 맥도날드 같은 패스트푸드점을 포함한 공적 혹은 사적 영역에서 자유롭게 웹 서핑을 할 수 있었다. KTF 조영주 사장이 말했듯이 "이러한 다용도성은 모바일 인터넷 서비스를 이용하려는 가입자들에게 더 높은 요금을 요구해야 하는 통신 회사들에게 손해다." 이와 같은 이유로 과거에는 통신 회사 중 어느 누구도 아이폰 출시에 공식적인 관심을 표명하지 않았다. 그러나 KTF와 SKT를 포함한 통신 회사들은 "변화에 대한 압박을 서서히 더 받고 있었다. 선택이 제한된 휴대전화에 지루함을 느낀 한국 소비자들의 불만은 날로 커져갔다. 더구나 세계에서 가장 큰 휴대전화 제조사인 노키아는 한국에서 단 한 개의 상품도 판매하고 있지 않았다". 이와 더불어 정부는 시장에서의 건강한 경쟁을 활성화하기 위해 새로운 기업의 통신 시장 진입을 원하고 있었다(J. Cho, 2007). 아이폰의 판매는 결국 2009년 9월 통신 규제 기관에 의해 승인되었고, 아이폰이 제공하는 서비스가 프라이버시를 침해하지 않을 것이라고 말했다(C. K. Park, 2009).

삼성이나 LG 같은 휴대전화 제조 대기업들은 WIPI 명령으로 가장 많은 혜택을 봤기 때문에 WIPI 폐지로 인해 가능해진 아이폰의 국내 도입을 극심하게 반대했다. 이전까지의 폐쇄적인 시장 구조로 이 두 제조업체는 글로벌 무선통신 시장에서 주요 업체가 될 수 있었다(Bae, 2014: 138). 배철기가 명확하게 봤듯이 그들의 "선순환식 개발은 우선 ① 국내 무선 휴대전화 시장에서 독점적인 위치를 획득한 후, ② 국내 시장을 테스트 베드로 삼아 자본 및 기술 노하우를 축적하며, ③ 낮은 가격과 높은 품질을 통해 글로벌 시장으로 진출했다. 삼성과 LG는 아이폰이 기존의 한국 무선통신 시장과 가치 네트워크를 교란시킬 것이라고 우려했다"(Bae, 2014: 138).

삼성과 LG는 아이폰의 국내 출시가 지연되기를 바랐고, 그로 인해 스마트
폰 제조 기술을 향상시킬 수 있는 유예기간을 얻기를 희망했다. 정부가 삼성에
게 스마트폰 라인업을 준비할 수 있는 충분한 시간을 벌어주기 위해 WIPI 폐
지를 지연시켰다는 것은 공공연한 비밀이다(Bae, 2014; T. Kim, 2009a).[5] 2008년
YMCA 주최로 열린 공개토론에 참석한 LG전자와 LGT의 전무들은 다음과 같
이 말했다. "시장에 대비할 시간이 필요하다. 우리는 WIPI의 다음 세대를 준비
하고 있다. 그러나 … 글로벌 플랫폼에 시장이 개방된 후 경쟁적으로 변할 지
형이 (우려된다)"(J. H. Hwang, 2008).

오랜 논란 끝에 방송통신위원회 위원장들은 그동안 애플이나 노키아 같은
해외 전자 제품 제조사들에게 효과적인 무역 장벽으로 작용했던 WIPI를 폐지
하기로 결정했다. 신용섭 방송통신위원회 통신 정책 국장은 다음과 같이 말했
다. "휴대전화 사업자들은 자신들의 제품에 WIPI 모바일 플랫폼을 반드시 사
용해야 했지만, 모바일 운영체제의 범용적인 사용을 지향하는 글로벌한 산업
트렌드를 고려할 때 우리는 통신 사업자에게 WIPI의 사용 여부를 결정할 수
있는 자유를 허락할 필요가 있다고 결론지었다." 또한 방송통신위원회는 "소
비자들 또한 제품을 다양하게 선택할 수 있으며 휴대전화 제조사들 간 가격 경
쟁으로 혜택을 얻을 것"이라고 강조했다(T. Kim, 2008).

WIPI 정책은 한국의 신자유주의적 이동통신 정책의 특성을 잘 보여주는데,
WIPI의 도입과 폐지는 결국 세 가지의 주된 힘들이 충돌한 결과물이었다. 즉,
정부, 국내 자본 그리고 해외 자본이 그것이다. 한국 정부는 시장 자유화에 대
한 요구에 부응할 필요가 있었지만, 국가 경제를 위해 국내 이동통신 산업에
대한 전략적인 통솔권을 행사했다. 외국계 초국적 기업들과 국내 사업가들은
계속해서 WIPI를 둘러싼 네트워크 정책을 철회해줄 것을 요구했고, 이것은 확
실히 정부 정책에 영향을 주었다. 그러나 WIPI의 폐지는 한국 정부가 방어적
인 이동통신 정책을 포기했다는 것을 의미하지는 않는다. 그보다 정부는 이동
통신 분야를 둘러싸고 변화하는 정치-경제적 상황을 인식했고, 국내 통신 산업

이 국내외적으로 해외 이동통신 기업들과 경쟁할 수 있다고 판단했기 때문에 WIPI를 폐지하기로 결정한 것이었다. 아이폰의 잠재 고객들로 대표되는 여러 시민 단체들과 몇몇 통신 서비스 제공업체들의 강력한 요구가 이어지는 가운데, 한국 정부는 기술 혁신 및 사업적 이득이라는 명목하에 기존 태도를 철회했다. WIPI 자체의 폐지가 정부의 결정이었다는 사실을 이해하는 것은 중요한데, 그 이유는 스마트폰 역사에서 다시 한번 정부가 중요한 역할을 했다는 것을 뜻하기 때문이다.

아이폰 이후의 시대: 한국에서의 스마트폰 혁명

스마트폰의 놀라운 성장은 2009년 11월 아이폰이 한국에 출시된 바로 직후부터 시작되었다. 한국 역사의 한 부분은 스마트폰 혁명으로 이해될 필요가 있다. 정부는 2009년 들어 아이폰 판매를 허용했지만, 한국에서 스마트폰이란 개념이 통용되기 시작한 때는 1990년대였다. 물론, 휴대전화의 생산은 1988년 삼성전자가 국내 최초의 휴대전화를 생산하면서부터 시작되었다. 그러나 낮은 브랜드 인지도와 부족한 기술력 때문에 삼성은 국내 시장의 10%만 차지할 수 있었다. 삼성이 기술력과 브랜드 가치에 적극 투자함으로써 국내 시장의 선두주자였던 모토로라를 제치기 시작한 때는 고작 1993년 이후였다. LG전자는 1996년 처음으로 휴대전화 시장에 진입했다(Korea Trade Investment Promotion Agency, n.d.).

이미 논의했듯이 아이폰의 한국 출시는 WIPI 정책을 포함한 다양한 이유 때문에 지연되었다. 하지만 한국을 보호무역주의라고 비난한 소비자 단체의 열띤 캠페인은 계속되었다. 한국 소비자들은 세계에서 가장 네트워크화된 나라가 개발도상국에서도 사용 가능한 아이폰을 계속해서 배척하는 것은 역설이라고 강조했다(Oliver and Song, 2009). 당시 사람들에게 스마트폰은 통화 중심의 전통적인 모바일 기능을 넘어서 다양한 목적으로 사용되고 있었다. 스마트폰은 인터넷 접속이 가능한 이동식 컴퓨터로 변형되었고, 21세기 가장 혁신적인 최첨단 기술 중 하나로 여겨졌다. 휴대전화가 점점 스마트해짐에 따라 산업의 특성도 변하게 되었다. "휴대전화 산업은 점점 하드웨어보다는 앱을 포함한 소프트웨어나 서비스 그리고 콘텐츠에 집중되었다. 2009년 10월까지만 해도 한국에서 3G 휴대전화는 보편적으로 사용되었지만, 턱없이 비싼 고속 무선 데이터 때문에 전체 사용자 중 10%만이 웹 기반 서비스 이용이 가능한 데이터 요금제를 이용하고 있었다"(Oh and Larson, 2011: 106~107).

한국에서 스마트폰 시대가 상대적으로 늦게 도래하면서 아이폰의 한국 출시는 2009년 11월이 되어서야 이루어졌다. 앞에서 논의했듯이 "아이폰의 출시는 프라이버시라는 명목하에 행해진 정부의 보호주의 통신 정책뿐만 아니라 (이것으로 2009년까지 국내 시장에서 아이폰 판매가 금지되었다), 통신 기업들의 비즈니스적인 우려 때문에 연기되었다"(P. Kim, 2011: 261~262). 그러나 아이폰이 출시된 이후 전국적으로 빠르게 나타난 보급률은 한국 스마트폰 시대의 시작을 예고했다. 정부와 국내 통신 기업들은 아이폰의 놀라운 성장에 충격을 받았고, 그들은 전략을 새로 짜기 시작했다. 국내외적으로 빠른 아이폰 보급률을 보면서, 그들은 과거에 기술적으로 놓쳤던 것이 무엇인지, 그리고 미래를 위해 어떻게 해야 하는지 고민하기 시작했다(Korea Telecom, 2010).

아이폰의 효과는 작지 않았다. 아이폰의 가격 책정이 발표된 후 약 4만 명의 사람들은 공식적인 첫 판매 개시일 전에 선주문을 넣었다(Ramstad, 2009). 아이폰이 출시된 직후 그 판매량은 압도적이었다. 열흘 만에 10만 대를 돌파하더니 1년 동안 200만 대가 팔렸다. 다른 국가와 마찬가지로 한국 또한 아이폰의 출시로 인해 스마트폰의 급격한 증가를 경험하게 되었다. 그러나 한국이 겪은 피처폰에서 스마트폰으로의 변화는 상당히 독특하다. 2015년 12월 기준, 스마트폰 사용자 수는 전체 휴대전화 사용자의 74.1%를 차지하며 다시 한번 증가했다(Ministry of Science, ICT and Future Planning, 2016). 이와 더불어 다음 장에서 설명하겠지만, 앱의 사용이 급격하게 증가하면서 한국은 순식간에 모든 사람들이 앱을 포함한 최첨단 스마트폰 기술을 즐기고 스마트폰 문화에 참여하는 스마트랜드가 되었다.

또한 아이폰 효과는 연쇄반응을 일으켰다. 한국 최대의 휴대전화 판매업체인 삼성전자는 옴니아 2Omnia 2라는 최신의 비싼 터치스크린 모델을 선보였지만, 곧바로 휴대전화 가격을 낮춰야만 했다(Ramstad, 2009). 한국 기업들은 높은 무역 장벽의 보호를 받으며 성장했고, 그 결과 삼성전자와 LG전자는 세계에서 두 번째, 그리고 세 번째로 큰 휴대전화 제조업체가 되었다.[6] 이는 국내 소비자들이 휴대전화를 구입하는 것은 물론, 무선 서비스를 받기 위해 세계에서 가장 높은 가격을 지불했기 때문에 가능한 일이었다(C. K. Park, 2009).

한국에서의 아이폰 확산은 무선통신업체와 단말기 제조업체들의 경쟁을 촉발하면서 국내 무선 산업을 변화시켰다. 국내외적으로 아이폰이 엄청난 성공을 거두자 삼성전자나 LG전자 같은 국내 휴대전화 제조업체들은 다시 한번 그들이 시장에서 놓치고 있었던 것과 앞으로 해야 할 일들에 대해 깨닫게 되었다(Korea Telecom, 2010). 아이폰이 한국 사회에 끼친 영향력을 "아이폰 쇼크"라 일컫는데, 이는 아이폰이 "한국 통신 회사들과 휴대전화 제조사들의 사업적 관행뿐만 아니라 휴대전화를 사용하는 방식 자체에 영향을 끼쳤기" 때문이다(D. Lee, 2012: 63). 즉, "한국 시장에서의 아이폰 출시 지연과 그 이후 ICT 부문 전체에 파문을 일으킨 '스마트폰 쇼크'는 디지털 융합이라는 한국이 당면한 과제의 강력한 실례다"(Oh and Larson, 2011: 106~108). 제4장에서 더 논의하겠지만 한국은 아이폰이 출시된 88번째 국가였다. 애플의 인기 상품인 아이폰은 "고립된 시장을 누리고 있었던 IT 산업에 경종을 울릴 것"이란 전문가들의 진단과 함께 한국에 출시되었다(Independent, 2009). 실제로 한국에서의 아이폰 출시는 모바일 앱 및 콘텐츠로의 패러다임 전환을 가져왔다. 아이폰의 철학은 앱과 콘텐츠에 집중되어 있으며, 이동통신은 단순히 소프트웨어의 한 부분으로 여겨진다(C. K. Park, 2009).

방송통신위원회는 아이폰 이후 스마트폰의 출현을 "제2의 인터넷 혁명을 향한 발판"으로 해석한다(KCC, 2010: 6; P. Kim, 2011에서 재인용). 그들은 IT 강국인 한국이 왜 다가오는 스마트폰의 발전과 그것의 영향력을 간과했는지 알고 싶어 한다. 아이폰은 한국에 출시된 여타의 스마트폰들과 확연하게 달랐다. 그리고 이와 같은 차이점은 한국 정부와 IT 기업들에 대한 비판부터 고질적인 한국의 구조적 문제에 이르기까지 다양한 사회적 논쟁을 일으켰다. 즉, 말 그대로 아이폰은 한국을 뒤흔들어놓았다(Ramstad, 2009; G. Kim, 2011에서 재인용).

오명과 라슨이 적절히 지적했듯이 "CDMA를 기반으로 한 디지털 모바일 전화기가 한국에서 급속도로 확산되었음에도 불구하고 역설적이게도 이 나라는 세계에서 모바일 브로드밴드 서비스를 늦게 사용하기 시작한 나라 중 하나였다. 한국의 모바일 브로드밴드 시대는 애플의 아이폰이 미국에서 출시된 지 2년 반이 지난 후에야 시작되었다"(Oh and Larson, 2011: 106). "비록 아이폰의 출시는 늦었지만 첨단기술에 능숙한 한국 시장에서 아이폰이 퍼진 속도는 아이폰을 받아들인 이전의 해외 시장들에 비해 두 배 가까이 빨랐다"(*Yonhap News*, 2010). 지금은 스마트폰이라 불리는 강력한 초소형 컴퓨터의 등장은 한국 정부와 휴대전화 제조사 및 모바일 서비스 업체 모두의 허를 찔렀다(Hopfner, 2010; Oh and Larson, 2011). "이러한 변화들은 단순히 새로운 휴대전화의 등장이 아니라 앱 중심의 소프트웨어 생태계를 조성하는 스마트폰으로의 전환을 의미했다"(Larson and Park, 2014: 357). 아이폰의 등장 이래 한국은 스마트폰이 ICT 중심의 경제와 문화에서 주도적인 역할을 하는 스마트랜드 코리아를 지향하며 스마트폰 기술을 급속도로 발전시켜 왔다.

2010년대 정부의 주요 역할은 국내 모바일 시장을 보호하는 것에서 스마트 시대에 걸맞은 새로운 전략을 짜는 것으로 전환되었다. 새롭게 개편된 미래창조과학부는 2014년 1월에 2020년까지 14억 9000만 달러를 국내 기업들에 투자해 5세대 네트워크5G를 한국에 구축할 것이라고 발표했다(한국은 당초 계획보다 이른 2019년 4월에 전 세계 최초로 5G 상용화에 성공했다. 초당 데이터 전송 속도는

20Gbps에 달하지만, 높은 요금제 및 망 불안정 문제로 가입자 비율은 높지 않다 ─ 옮긴이). 5G 네트워크는 기존 LTE Long Term Evolution 서비스보다 1000배나 빠를 것으로 예상되는데, 이는 현재 세계에서 가장 **빠른** LTE 네트워크에서 800메가 크기의 영화를 다운로드할 때 40초가 걸리는 일을 1초 만에 끝낼 수 있는 속도다. 미래창조과학부는 2013년 5월부터 삼성, LG 같은 기업들뿐만 아니라 3개의 통신사들과 함께 모바일 네트워크 기술 선도를 위한 계획을 논의 중에 있다고 밝혔다. "창의적인 5G 모바일 전략"이라 이름 붙인 청사진 아래, 한국은 최첨단 소셜 네트워크 서비스SNS뿐만 아니라 울트라 HD 및 홀로그램 전송과 같은 새로운 네트워크의 핵심 기능들을 선도할 것이다(Ministry of Science, ICT and Future Planning, 2014b).

　스마트폰 이전 시대의 정부가 보호 정책을 통해 이동통신 산업을 보호했듯이, 정부는 스마트폰 중심의 성장을 도모하기 위한 장기적 계획을 또 다시 세웠다. 보수적인 박근혜 정부는 신자유주의적 경제 정책을 펼칠 것이라 예상되었지만, 모두의 기대와는 다르게 ICT의 성장을 창조 경제의 원동력으로 삼았다. 말하자면 보수·진보 상관없이 한국 정부는 계속해서 ─ 완전 개방이 아닌 ─ 보호적이고 미래 지향적인 통신 정책들을 추진하고 있는 것이다. 중공업 주도의 개발 시대였던 1970년대를 모토로 박근혜 정부는 통신을 포함한 ICT로 국가 경제를 성장시키려는 장기적인 계획을 수립했다. 이는 박근혜 대통령이 국가 주도의 하향식 경제 정책을 시행했던 박정희 대통령의 딸로서 누구보다 정부 주도의 장기적인 경제 정책 효과를 믿기 때문이었다. 이와 같은 맥락에서 박근혜 정부는 신자유주의적이라기보다 개발주의적인 통신 정책을 펼쳤고, 복잡한 협상 과정을 통해 초국적 기업들과의 견고한 파트너십을 구축했다.

결론

서비스 제공업체 및 휴대전화 제조사들을 포함한 한국의 이동통신 산업은 1990년대부터 신자유주의적 세계화에 따라 급격하게 변화했다. 글로벌한 압력 외에도 국내 정치와 경제적 상황들은 한국 이동통신 시장을 재구성하는 과정에서 중요한 요소로 작용했다. 또한 이동통신 산업을 장악하려는 재벌의 계속된 시도와 국내외 기업 간 협상의 결과로 만들어진 정책은 한국 이동통신 산업 성장에 중대한 역할을 했다. 그 결과 삼성전자나 LG전자 같은 대기업들은 한국의 ICT 기반 경제 성장에 핵심 원동력으로 자리 잡았다. 한국의 모바일 디지털 네트워크 환경은 재벌이 독점해 왔던 하드웨어 제조 및 수출에 압도적으로 의존하고 있지만 소프트웨어나 콘텐츠 및 서비스로의 전환이 시급해 보인다. "이러한 전환은 국가 경제에서 자립 가능한 중소기업의 숫자와 영향력을 상대적으로 증가시킬 것이다. 제조 기술의 발전과 얇고 강력한 스마트폰을 내세운 중국의 공격적인 시장 진입만이 한국이 직면한 도전과제를 부각시키고 있다"(Larson and Park, 2014: 357).

이와 더불어 미국 정부나 국제기구 및 초국적 기업들을 포함한 해외 기관들은 한국 이동통신 분야를 재구성하는 과정에서 중요한 역할을 수행했다. 한국 통신 시장에서의 자유 경쟁을 원한 그들의 요구는 강력했으며, 정부가 이동통신 산업을 직접 재구성하도록 촉구했다. 실제로 시장 개방에 대한 강력한 외압은 한국 정부가 자신들의 방향성과 개혁 내용을 바꾸도록 만들었다(Jin, 2011).

한편, 핵심적인 역할자로서 정부는 이동통신 부문의 신자유주의적 재편을 수용했다. 그러나 전통적인 신자유주의적 통념과 달리, 한국 정부는 외국 기반의 초국적 자본이 이동통신 부문에 진입할 수 있도록 장벽을 즉각 완화하지 않고, 그 대신 국내 이동통신 시스템의 보호를 선택했다. 즉, 정부는 계속해서 한국 디지털 경제의 부흥을 위해 이동통신 산업의 발전을 도모해 왔다. 비록 정보통신 혁명은 그 시장의 본질과 범위를 변화시키고 있지만, 통신 분야에 대한 정부의 시장 순응적인 방식들은 여전히 필요해보인다.

한국 정부는 해외 기업과 국내 초국적 기업 간 갈등 속에서 ICT의 분야로 이동통신 산업을 발전시켰다. 한국 사회가 신자유주의를 지속적으로 수용한 것과는 별개로 진보와 보수 정부는 모두 이동통신을 포함한 ICT 부분에서 강력한 역할을 지속적으로 수행했는데, 이는 ICT가 디지털 경제와 문화 성장에 필수적인 원동력이기 때문이다. 글로벌 전문가들은 한국 모바일 분야에서 작은 정부로의 축소가 일어날 것이라 예견했지만, 우리가 목격한 것은 중앙 정부의 물리적인 통제였다. 물론, 이것이 한국 정부가 1970년대와 1980년대 차원의 국가 권력을 계속적으로 행사했다는 것을 의미하지는 않는다. 우리는 이동통신을 포함한 정부 주도의 ICT 발전이 갖는 중요성을 인정해야하지만, 이러한 한국식 접근은 "정부와 산업 파트너십을 통한 개발"이라고 부르는 것이 더 정확하다(Larson and Park, 2014: 349). 정부와 산업은 함께 일하기도 하고, 때로는 심각한 갈등에 빠지기도 한다. 그러나 협상을 거치며 그들은 신자유주의 글로벌 시대에 한국식 ICT 주도의 산업 및 경제 구조를 발전시켰다.

이동통신, 세계화 그리고 기술 헤게모니

최크리스틴(20)은 2004년부터 캐나다 브리티시컬럼비아주 밴쿠버에 살고 있다. 그녀가 처음 밴쿠버로 이사 왔을 때 그녀의 가족들도 다 함께 있었다. 그 후 부모님과 언니는 한국으로 돌아갔지만, 그녀는 남아서 대학교를 계속 다녔다. 그러나 그녀는 스마트폰이나 카카오톡을 통해 매일 가족들과 연락하기 때문에 외로움을 느끼지 않는다. 그녀가 가족들과 이야기하고 싶을 때면 언제 어디서든 전화번호를 누르거나 메시지를 보내면 될 뿐이다. 비록 그녀와 그녀의 가족들은 지금 다른 나라에 살고 있지만, 그들은 마치 함께 사는 것처럼 느낀다.

— 캐나다 밴쿠버에서 20살 여학생과의 인터뷰 기록에서 발췌

스마트폰은 통화기능뿐만 아니라 다양한 인스턴트 모바일 메신저 앱을 통해 사람들을 쉽게 연결하기 때문에 스마트폰의 급격한 성장은 사람들이 서로 소통하는 환경을 바꿔놓았다. 세계화가 주로 사람 및 국가 사이의 상호연결성과 상호의존성을 의미하듯이(Tomlinson, 2000; Ritzer, 2011), 21세기에 등장한 스마트폰은 지난 수십 년보다 훨씬 더 빠르고 쉽게 연결을 현실화시켰다. 과거에

는 TV와 같은 대중매체가 만들어낸 "구조적이고 제도적인 연결을 기반으로 한 상호연결성이 구현되었다"(Waisbord, 2004: 359). 그러나 스마트폰은 어디서나 가족이나 친구와 연결되는 세계 시민으로서의 글로벌한 상호연결성을 확장시켰다. 스마트폰은 "일상에서 공간적으로 분리되어 있는 가족과 지인 사이의 사회적 교류를 증가시킴으로써 친밀한 관계의 내부적 연대를 강화하는 데 기여"할 수 있다(D. Lee, 2013: 274).

크리스틴을 포함한 새로운 세대, 즉 기술에 능숙한 젊은 소비자들은 세계 시민이 되는 꿈을 실현시켜줄 디지털 플랫폼으로 스마트폰을 사용한다. 스마트폰을 통해 인터넷이나 앱에 항시적으로 접속할 수 있는 능력은 세계화 시대에 상당히 많은 것을 시사한다. 스마트폰이나 트위터 혹은 카카오톡 같은 스마트폰 앱 및 다른 소셜 미디어를 통해 사람들이 항상 연결되어 있기 때문에 지형적인 경계가 흐려진다는 사실은 점점 더 명확해지고 있다. 이는 카메라 폰이 이미지를 도입한 최초 형태의 휴대전화 융합인 것에 비해, 스마트폰은 비디오 클립 및 메시지를 제작하거나 송수신하고, 대중문화물(예컨대, TV 프로그램이나 영화)을 다운로드받을 수 있기 때문에 가능해진 일이다(Fortunati, 2012). 리처드 링Richard Ling이 지적하듯이 오늘날의 휴대전화는 사람들로 하여금 가족이나 친구들과 언제나 연결되어 의례적인 상호 교류를 즐기도록 해주었으며, 그 결과 친밀한 관계 사이의 사회적 유대감을 강화시켜 주었다(Ling, 2008; D. Lee, 2013에서 재인용). 이동후 또한 "텍스트 메시지를 통해 자주 교환되는 유머나 인사말은 그것의 내용 때문이 아니라 연결되어 있다는 확신 때문에 사회적 유대감을 강화할 수 있다"라고 말한다(D. Lee, 2013: 273). 그러나 스마트폰 시대는 전통적인 휴대전화가 제공한 것을 넘어서 있고, 사람들은 카카오톡, 라인 그리고 스카이프를 통해 전화나 문자 메시지뿐만 아니라 비디오 채팅도 언제 어디서나 즐길 수 있다. 단언컨대 세계화는 국경과 영토의 관련성을 감소시키고, 스마트폰은 외견상 세계화에 대한 우리 시대의 꿈을 실현하고 있다. 그러나 스마트폰의 짧은 역사를 반추해봤을 때 (신자유주의적) 세계화 과정에서 스마트폰이 갖는 역할에 대한 학문적 논의는 찾아보기 힘들다.

이 장은 2009년 아이폰에 대한 한국의 반응과 글로벌 시장에서 삼성 갤럭시 시리즈 같은 국내 스마트폰이 보여준 최근 성장에 대해 분석함으로써 스마트폰 시대에 세계화가 갖는 이슈들을 검토한다. 특별히 이 장은 세계화에 대한 기존 지식 체계들이 스마트폰을 설명하는 데 적절한지를 논의함으로써 세계화에 대한 새로운 관점을 개발한다. 그리고 한국 스마트폰의 성장을 글로벌 자본 시스템의 사회경제적 구조 안에서 설명한다. 마지막으로 이 장은 글로벌 시장에서 우위를 점하고 있는 미국의 플랫폼 기술 및 문화를 중심으로 디지털 플랫폼의 주요 특성들에 대한 우리의 담론을 진전시킨다(Jin, 2015).

문화적 세계화 대 기술의 세계화

세계화에 대한 다양한 이론적 접근이 존재하지만, 점차 증대되는 개인과 비즈니스 및 지역 간 상호연결성이 사람들의 삶에 영향을 끼친다는 점에는 모두 동의한다(Giddens, 1999; Castells, 2000). ICT는 상호연결성의 촉진제 역할을 수행하며 세계화 과정에서 핵심적인 기능을 담당한다. 마뉴엘 카스텔Manuel Castells이 지적하듯이 세계화는 정보기술, 특히 "정보처리 기기"에 의해 활발히 진행될 수 있다(Castells, 2000). 그러나 상호연결성만으로는 세계화의 복잡성을 설명할 수 없는데, 이는 ICT에 의해 추진되는 현재의 세계화 형태가 자본의 권력 이동을 의미하는 연결성을 기반으로 하기 때문이다(K. S. Lee, 2008). 즉, "세계화의 새로운 물질적 조건을 이해하는 것이 중요한데, 이는 사실상 자본의 세계적 전자 네트워크 — 이 경우에는 스마트폰 — 에 의해 구성된다"(K. S. Lee, 2008: 3).

최근 플랫폼 기술의 성장과 더불어 많은 학자들 및 정책가들은 ICT가 변화시키는 글로벌 시장의 윤곽을 이해하기 위해 소셜 네트워크 사이트(예를 들어, 페이스북과 트위터), 스마트폰(운영체제 포함), 그리고 검색 엔진(예를 들어, 구글)

과 같은 플랫폼 기술의 흐름과 사용을 강조하기 시작했다(Gillespie, 2010; Boyd, 2011; Jin, 2015). 많은 학자들(Pieterse, 2006; Boyd-Barrett, 2006; Shi, 2011)이 주장하듯이 ICT는 세계화 흐름에서 핵심적인 요소가 되었다. 그러나 세계화 과정에서 ICT가 갖는 중요성에도 불구하고 학자들은 ICT의 정치경제학이나 미국이라는 초강대국을 재강화시켜 주는 그들의 역할, 혹은 미국의 헤게모니가 부재한 비서구권 나라들에서의 ICT 발전 같은 측면을 간과했다(Boyd-Barrett, 2006; Shi, 2011; Boyd-Barrett and Xie, 2008). 특히 앱에 의해서도 추동되는 스마트폰 시대가 로컬의 힘을 등장시키며 서구 국가들, 특히 미국에서 생산된 기술 및 시스템이 비서구권으로 수출되는 이러한 일방향적인 흐름을 바꾸었는지 여부를 스마트폰 기기와 앱의 관점에서 이해하는 것은 매우 중요하다.

스마트폰의 최근 성장과 세계화 과정에서 그것이 갖는 함의를 역사화하기 위해서는 우선적으로 대중문화 안에서의 세계화 과정을 설명할 필요가 있는데, 이는 대중문화와 기술 — 여기서는 스마트폰 — 의 비교를 통해 모바일 산업이 어떻게 세계화 과정에서 주요한 요소가 되었는지에 대한 통찰을 얻을 수 있기 때문이다. 다야 쑤쑤Daya Thussu가 명확히 지적하듯이 대중문화 영역에서 세계화 과정은 4가지 단계를 통해 진행된다(Thussu, 2006; 2007). 즉, ① 미디어 산업에 변화를 가져온 미국을 모델로 한 전문 상업 문화의 확산, ② 서구(특히 미국) 문화와 현지 문화 사이의 갈등 생성, ③ 이러한 갈등의 결과로 여러 비서구권 나라들에서의 문화적 부흥, 그리고 ④ 마침내 이웃 국가들과 잠재적으로는 서구 국가들로의 현지 대중문화 수출이 바로 그것이다.

이러한 과정은 일반적으로 대부분의 문화 상품들, 예컨대 TV 드라마, 영화 그리고 음악 같은 것에도 적용된다. 예를 들어, 미국 영화 제작자들은 1910년대와 1920년대부터 글로벌 시장에 침투하기 시작했고, 상업 방송사들은 1960년대와 1970년대부터 그들의 글로벌한 영역을 넓혀갔는데, 이는 문화 제국주의 이론의 실증적인 기틀을 마련했으며(Gomery, 1996; H. Schiller, 1976), 실제로 냉전이 끝난 이후 글로벌 텔레비전은 비서구권 국가 안에 서구적 소비주의 문화가 자리 잡는 데 기여했다. 세계화의 일정 측면들은 자유주의적 민주주의 문화를 강화시키기 때문에 국내 미디어 산업에 긍정적인 변화를 일으키기도 하지만, 서구 텔레비전 프로그램의 선정적이고 폭력적인 내용 때문에 많은 나라에서 서구 영향력에 대한 불만이 제기되기도 한다(Thussu, 2006). 한국이나 멕시코 및 프랑스의 스크린 쿼터제 논란이 증명해 주듯이 적지 않은 수의 국가들이 자국 문화와 문화 산업의 보호라는 미명 아래 서구 문화 생산물에 격렬하게 저항해 왔다. 그러나 그들이 미국 문화의 강력한 영향력 때문에 발생하는 모든 종류의 불가피한 동질화를 부정한 것은 아니다. 그보다 비서구권 나라는 적어도 자신들의 방식 혹은 자신들이 원하는 방식을 보호하고 싶어 한다(Goldsmith and Wu, 2006).

결과적으로 멕시코나 브라질의 텔레노벨라telenovelas뿐만 아니라 한국 TV 프로그램과 영화의 경우처럼 많은 나라들은 현지 문화의 급격한 성장을 이루었다. 서구 TV 프로그램에 대한 반응은 국내에서 생산된 TV 드라마의 인기로 이어졌고, 그 결과 비서구권에서 서구권 나라들로 문화적 흐름의 전환이 일어났다. 여러 이론가들(Curran and Park, 2000; Iwabuchi, 2010; Waisbord and Mellado, 2014)의 주장에 따르면 비서구권 나라들은 그들 고유의 지역 문화를 서서히 발전시키면서 다른 나라들로 자신들의 문화를 수출했는데, 이러한 현상을 '탈서구화de-westernization'라고 부른다. 물론 이 과정은 적어도 수십 년에 걸쳐 일어나고, 사실 몇몇 나라들만이 그들의 문화적 권력을 키울 수 있다. 기술과 문화는 분리될 수 없고, 뉴미디어 분야에서 일어난 세계화 과정은 대중문화 영역에서의 변화와 크게 다르지 않기 때문에 세계화 과정에 대한 이해는 스마트폰 영역을 연구하는 데 유용하다.

스마트폰 시대의 세계화 과정: 아이폰이 로컬로 가다

21세기 디지털 플랫폼 중에서도 스마트폰은 현대 세계화의 필수적인 촉매제로 여겨진다. 스마트폰이 보편화되고 점점 더 삶의 많은 측면이 디지털화됨에 따라 "어디에서나 휴대전화를 통해 다양하고 풍부한 정보를 얻고, 배우고, 공유하고 개선하는 것이 훨씬 용이해지고 있다"(Goldsmith and Wu, 2006: 179~180).

　제2장에서 논의했듯이 스마트폰의 역사는 상대적으로 짧지만, 엄밀히 말해 상업용 스마트폰으로서 아이폰의 성공적인 진화는 IBM의 사이먼이 1990년대 초 개발된 이후 15년 만의 일이다. 애플은 자사의 상업용 스마트폰을 2007년에 개발 및 판매하기 시작했다. 애플은 상업적으로 성공한 스마트폰을 개발한 첫 번째 초국적 통신 대기업이었기 때문에 다른 문화 산업에서도 그랬듯이 애플 스마트폰을 통해 미국의 상업 문화가 다른 나라로 퍼질 것이라 예상은 했지만, 아이폰이 미국에 출시된 지 고작 몇 년 만에 전 세계로 퍼지면서 그 속도는 다른 문화 상품들의 일반적 흐름보다 훨씬 빨랐다.

　쑤쑤가 지적하듯이 미국은 미디어 상품으로 글로벌 수출 시장을 주도하고 있다(Thussu, 2007). 그러나 스마트폰의 기술력을 고려했을 때 그 파급력은 대중문화보다 훨씬 더 크고 강력하다. 애플의 아이폰은 글로벌 스마트폰 시장에 빠르게 침투했으며, 이는 모바일 분야에서 미국의 패권을 확인시켜 주는 것처럼 보였다. 게다가 페이스북이나 구글 그리고 트위터 같은 플랫폼들의 성공 이후 미국은 애플 아이폰이 가지고 있었던 지배적인 위치를 확장시켰다. 이러한 현상은 지역적 맥락에서 봤을 때 세계적으로 지배적인 기술 문화의 제국주의적 침략과도 같았다. 따라서 글로벌 시장에서 애플 아이폰의 폭발적인 성장은 미국과 몇몇 서구 국가들이 기술과 모바일 문화를 지배하는지, 아니면 비서구권 나라들이 이러한 흐름의 방향성을 바꿔놓을 수 있는지를 확인해볼 수 있는 사례들을 제공한다. 이는 상당히 유의미한데, 왜냐하면 "이동성과 연결성"을 기반으로 한 세계화는 "자본의 권력 이동을 의미하며, 지역 국가들로 하여금 새로운 세계 시스템의 한 부분으로 편입되거나 통합되도록" 하기 때문이다. 지역의 생존은 이제 "그들이 얼마나 자본의 글로벌한 전자 도관에 밀접하게 연결되어 있는지"에 달려 있다(K. S. Lee, 2008: 3).

역사적으로 명확히 기록되었듯이 애플은 아시아를 포함한 글로벌 스마트폰 시장에 재빠르게 침투했다. "아이폰과 이것의 세계적인 진출은 글로벌한 초국적 기업으로서 애플의 전략이 스마트폰 시장 자체뿐만 아니라 소프트웨어 개발 환경이나 무선 서비스 그리고 사용자들이 이용 가능한 정보 및 엔터테인먼트까지 통제한다는 사실을 보여준다"(Shi, 2011: 134~135). 흥미로운 지점은 다음 섹션에서 자세히 살펴볼 애플의 세계화 전략이다. 애플이 아이폰을 2007년에 출시했을 때 아이폰 1세대는 독일, 영국 그리고 프랑스에서만 전부 판매되었고, 2008년 봄에는 아일랜드와 오스트리아에서 품절되었다. 아이폰 2세대는 전 세계 22개 나라와 지역에서 2008년 7월에 출시되었는데, 여기에는 호주, 캐나다, 덴마크, 이집트, 핀란드와 홍콩이 포함되었다(Apple, 2007a; Apple, 2007b; Shi, 2011). 이 밖의 다른 나라들은 아이폰의 출시를 초조하게 기다릴 수밖에 없었고, 결과적으로 많은 나라에서 미국 스마트폰의 헤게모니적 파워에 대한 부정적 인식을 감소시켰다.

2010년 1/4 분기에 스마트폰 수출은 두 배 이상 증가했으며, 애플은 이러한 성장의 대부분이 아시아와 유럽에서의 수요 덕분이라고 설명했다. 특히 애플은 중국이나 한국 같은 새로운 스마트폰 시장에서 나타난 "믿기지 않는 수요"를 강조했다. 아이폰의 판매가 해외에서 폭발했듯이 앱 또한 세계로 뻗어나가고 있었다(Kane and Worthen, 2010). 애플이 아시아에서 아이폰을 팔기 시작했을 때 많은 수의 아시아인들은 아이폰이라는 21세기 최첨단 기기를 갖고 싶어 했다. 예컨대 중국에서는 수백 명의 사람들이 애플이나 로컬 휴대전화 판매점 앞에서 아이폰을 처음으로 구매하기 위해 텐트를 치고 자기도 했다.

그 장면을 목격한 사람들은 궁금해졌다. "이 사람들은 도대체 무엇을 사고 싶은 걸

까? 휴대전화? 아니면 '이것을 원하고 지금 당장 갖고 싶다'라는 마음을 자극시키는 상징적인 어떤 것?" ≪사우스 차이나 모닝 포스트 South China Morning Post≫의 편집자는 휴대전화의 문화적 영향력을 다음과 같이 설명한다(South China Morning Post, 2008). "분명히 아이폰은 단순한 전자 액세서리가 아니라 21세기의 세계화된 문화의 힘이다. … 만약 어떤 사람이 이를 감지하지 못한다면 그 혹은 그녀는 이것을 갖지 못하고 문화적 역사의 찌꺼기로 취급될 것이다"(Shi, 2011: 138).

당연히 아이폰의 세계적 보급은 애플 스토어에서 파는 다른 제품들에 영향을 끼쳤다. "아이폰 개발자들이 글로벌한 전략을 추구하고 있다는 사실은 그만큼 애플의 앱 스토어 App Store 비즈니스 — 아이폰, 아이패드 및 아이팟 터치로 다운로드할 수 있는 게임과 생산성 툴을 제공 — 가 더 넓은 기회를 탐색할 만큼 충분히 국내 동력을 확보한 개발자들과 더불어 성장하기 시작했다는 것을 보여주는 신호다"(Kane and Worthen, 2010). 애플의 아이폰은 세계 진출이라는 목표를 성공적으로 이루었고, 미국을 기반으로 한 초국적 기업인 애플은 스마트폰과 앱 영역에서 최고의 자리를 지키고 있다.

아이폰에 대한 현지 반응

글로벌 시장에서 아이폰의 확산이 갖는 독특한 특징은 이 새로운 기기의 수용 과정에 모순되는 것들이 뒤섞인다는 점이다. 영화나 음악 및 방송 같은 여러 문화 생산물들이 증명하듯이 서구 문화와 현지 문화 사이의 갈등은 많은 나라에서 발생한다. 예를 들어, 대중문화 영역에서 프랑스, 캐나다 그리고 한국을 포함한 많은 나라들은 자국의 영화 산업을 위해 스크린 쿼터제뿐만 아니라 자국의 방송 산업을 위해 프로그램 쿼터제도 만들었다(Thussu, 2007; Jin, 2011; Brownell, 2015). 또한 중국이나 인도를 포함한 여러 중동국가들과 아시아 국가들은 자신들의 문화적 정체성과 자주권을 보호한다는 명목으로 서구 대중문화를 배척하려 했다. 서구 국가에 대한 비서구권의 불만은 여전히 대중문화 영역에서 강하게 남아 있다.

아이폰은 한국 시장에서 두 가지의 반응을 경험했다. 한편에서는 정부와 통신 업체들이 국내 스마트폰 개발을 위해 아이폰의 수입을 지연시키는 데 큰 관심을 보였다. 사실 아이폰은 한국과 중국을 포함한 여러 나라에서 다양한 장애물에 부딪혔다. 여러 아시아 국가들과 마찬가지로 한국에서의 장애물 중 하나는 국내 미디어를 세계화하려는 노력, 즉 국가 규제 및 국내 기업들의 이익과 충돌하는 것이었다(Shi, 2011).

다른 한편에서는 문화 영역답지 않게 이용자들이 겪는 미국 아이폰 문화와 국내 모바일 문화 사이의 심각한 충돌은 없었다. 바로 이 부분에서 애플의 독창적인 세계화 전략이 작용했다. 애플은 서두르지 않았고, 그들에게 한국은 상대적으로 작은 시장이었기 때문에 한국 시장 진출에 큰 관심을 두지 않았다. 앞에서 간략하게 논의했듯이 애플은 아이폰의 전체적인 가치사슬(하드웨어, 소프트웨어, 콘텐츠 그리고 서비스)을 독점화하려는 계획을 가지고 있었다. 따라서 애플은 자신들의 글로벌 파트너를 신중하게 선택해야 했다.[1] 애플이 미국에서 아이폰 서비스 독점 제공 업체로 싱귤러Cingular(현재 AT&T Inc. 소유)와 첫 파트너십을 맺었듯이, 애플은 많은 나라에서 단 하나의 서비스 제공 업체와 단독으로 계약을 체결한다(Apple, 2007c). 이러한 애플의 전략은 여러 나라에서 아이폰의 출시가 지연되는 원인이 되기도 했지만, 이로 인해 현지 사용자들과의 심각한 갈등은 일어나지 않았다.

이와 대조적으로 많은 나라의 시장 상황은 훨씬 흥미로웠는데, 그 이유는 대다수의 아시아인들이 자신들의 정부에 아이폰 수입을 끈질기게 요구한 반면, 정작 정부와 산업은 수입을 지연시켰기 때문이다. 비록 미국과 다른 국가들 간 어느 정도의 긴장감은 존재했지만, 그중에서도 특히 중국과 한국의 많은 시민들과 소비자들이 스마트폰에 보인 반응은 남달랐다. 중국과 한국의 잠재적 소비자들은 정부에 국내 시장 자율화를 요구하면서 아이폰을 사용하기 위한 자신들만의 전략을 발전시켰다. 예컨대 중국 시장에서는 "휴대전화 이용자들 및 '비비에스 아이폰bbs.iphone'이라 불리는 32만 6000명의 아이폰 팬들로 구성된 가상 공동체가 밀수를 통해 글로벌한 아이폰 현상에 참여할 길을 적극적으로 창조해냈다. 이용자들의 소비문화와 밀수된 아이폰을 구매하는 행위, 공식 통신사의 잠금 해제하기, 그리고 공식 소프트웨어 시스템에서 탈옥하기는 모두 애플과 중국 정부에 … 중국에서의 아이폰 출시를 요구하기 위한 것이었다"(Shi, 2011: 143).

한국에서도 애플은 두터운 팬층을 확보하고 있었는데, 이것은 아이폰이 혁신적이고 "쿨"한 문화적 이미지를 가지고 있었기 때문이었다. 아이폰의 새로운 모델이 출시되는 날마다 길게 늘어선 팬들의 대기 줄은 이것이 대중문화에서 쿨함을 상징한다는 것과 애플 팬 사이의 브랜드 충성도가 상당히 높다는 것을 반증했다. 한국 최대 규모의 ― 아사모(아이폰을 사랑하는 사람들의 모임)라고 알려진 ― 아이폰 이용자 커뮤니티(2012년 7월 기준 127만 명의 회원 보유)는 한국에 아이폰이 출시되기 3년 전인 2006년 12월부터 아이폰과 관련된 지식과 의견을 공유하고 공동구매를 하는 장이 되었다. 이 커뮤니티의 회원들은 WIPI 정책에 비판적인 태도를 보였으며, 온라인 청원을 통해 WIPI 의무 정책을 폐지할 것을 촉구했다(Bae, 2014: 143). 아이폰의 잠재 고객들은 서구 스마트폰에 대한 저항감 대신 최신 기술에 대한 높은 기대감을 가지고 있었기 때문에 자국에 애플 아이폰을 들여오는 데 중요한 역할을 수행했고, 이러한 현상은 다른 대중문화물의 경우와 상당히 다른 양상이었다. 애플이 2004년 10월 아이폰6와 아이폰6 플러스를 출시했을 때 많은 한국인들은 다시 한번 아이폰을 갖고자 하는 그들의 열망을 제품에 대한 아무런 저항감 없이 표현했다. 한국에는 대략 300만 명의 애플 마니아가 있는 것으로 추정된다(C. Kim, 2014). 비판적 문화주의 관점에서 보면 소비재의 시장성은 문화적 패턴에 달려 있으며 이로 인해 제품은 사회적 그리고 개인적 의미를 부여받는다.

순환 과정에서 ─ 때로는 불공정한 근로 조건들하에서 ─ 인간 노동의 생산품인 아이폰의 의미는 사라지고, "텅 빈 상징 공간으로 남겨진" 이곳은 재빠르게 젊음, 신분, 쿨함, 자유, 참신함, 기술 및 패션의 선두주자와 같은 새로운 의미와, 글로벌한 배경에서는 미국다움과 소비, 그리고 앞서 언급한 마니아 소비자를 설명할 수 있는 의미들로 채워졌다. 전반적으로 애플은 아이폰을 통해 기업 세계화라는 전체 패키지를 전 세계에 제공한다(Shi, 2011: 138).

더욱이 아이폰 커뮤니티 회원들은 글로벌한 아이폰 현상과 그 궤를 같이 하며 적극적으로 활동한다(Shi, 2011). 하드웨어와 소프트웨어 사이의 융합(예컨대, 스마트폰과 카카오톡) 형태가 다양하기 때문에 스마트폰 문화는 많은 나라에서 독특한 특징을 갖는다. 그러나 애플은 대중문화와는 달리 특별한 저항 없이 세계 시장에 진출하는 데 그리 많은 시간이 걸리지 않았다.

한국이 아이폰을 수입하고 삼성과 LG 또한 그들의 스마트폰을 팔기 시작한 2009년에 대다수의 한국인들은 망설임 없이 삼성의 갤럭시보다는 아이폰을 선호했다. 애플은 미국의 몇몇 대중문화물과 달리 한국에 순조롭게 정착했으며, 이는 심각한 반미 감정을 유발하지 않았다는 점에서 효과적인 착륙이었다.

국내 산업들의 기술적 혁신

한국이나 대만, 중국과 같은 비서구권 나라에서 세계화의 세 번째 단계로 나타나는 기술적 부흥은 (주로 정부와 통신 기업들이 갖는) 불만족의 결과인 동시에, 아이폰 팬들의 적극적인 참여 및 수요의 결과이기도 하다. 그리고 이것은 현지 스마트폰 제조사들이 자체적으로 스마트폰을 개발할 수 있는 능력을 가지고 있다는 것을 의미하기도 한다. 다시 말해, 여러 비서구권 나라에서 일어난 이동통신 부문의 기술 혁신은 불만족의 결과라기보다는 국내 모바일 산업에 대한 정치적인 보호와 최신 스마트폰을 빨리 구매하려는 국내 팬들 덕분에 가능했다.

디지털 기술 영역과 마찬가지로 비서구권 나라들은 단순히 서구에서 만들어진 아이폰을 소비하는 것이 아니다. 이 나라들의 여러 초국적 기업들은 자체의 스마트폰을 개발해 왔고, 아이폰과 경쟁하며 글로벌 시장에서 자신들의 입지를 강화해 왔다. "디지털화된 정보를 소유한 ICT 기업들과 선진국의 전통적인 미디어 대기업들은 다양한 정보 플랫폼을 통해 새로운 청중 집단을 확보하려 노력하고 있다"(Shi, 2011: 134). 실제로 고작 몇 년 사이에 삼성은 그들의 이전 모바일 기술을 기반으로 스마트폰 부분에서 글로벌한 선두주자가 되었다.

제3장에서 논의했듯이 정부의 호의적인 정책들 아래 삼성과 LG 같은 국내 휴대전화 제조사들과 몇몇 무선통신 서비스 업체들은 스마트폰 혁명을 일으키면서 자신들의 기기와 서비스를 발전시켰다. 이러한 초국적 기업들에게 이동통신 기술이 새로운 것은 아니지만, 그들이 스마트폰 영역으로 이동했다는 사실은 상당한 혁신이었다. 한국은 여러 가지의 중요한 디지털 기술들을 향상시켰으며, 그중에서도 스마트폰과 앱은 가장 빠르고 가장 앞서 있다. 예를 들어 전통적인 유선 전화 서비스가 1000만 명의 국내 이용자에게 도달하기까지는 86년이 걸렸다. TV도 그와 같은 일을 하는 데 30년이 걸렸고, 국내 PC 보급률도 첫 도입 후 16년 만에 1000만 명에 도달한 반면, 휴대전화 이용자는 서비스가 처음 시작된 1998년 이후 14년 만에 1000만 명에 도달했다. 인터넷의 경우는 13년이 걸렸다.[2] 스마트폰 시대는 이례적이다. 스마트폰은 1000만 이용자에 도달하기까지 고작 16개월이 걸렸고, 카카오톡은 13개월이 걸렸다(*Munhwa Ilbo*, 1999; D. Kim, 2002; Ministry of Science, ICT, and Future Planning, 2014a)(〈그림 4-1〉참조). 이러한 수치는 이용자들에게 스마트폰과 앱이 갖는 중요성을 상징하는 것은 물론, 새로운 기술일수록 1000만 이용자에 도달하는 시간이 점점 더 짧아지고 있다는 것과 스마트폰 시대가 그만큼 혁신적으로 성장했다는 것을 입증한다.

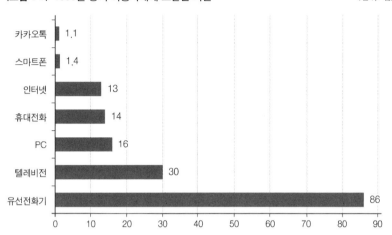

〈그림 4-1〉 1000만 명의 이용자에게 도달한 시간 (단위: 년)

자료: *Munhwa Ilbo*(1990); D. Kim(2002); Ministry of Science, ICT, and Future Planning(2014a); Yi Hyong-gyong(2014).

마지막 단계로 가는 길: 로컬에서 글로벌로

스마트폰의 급격한 성장은 이동통신 부문에서 한국의 세계화 경로를 바꿔놓았다. 스마트폰과 앱이 네트워크화된 사회에서 주요한 역할을 수행하고 있기 때문에, 현재의 세계화 과정은 글로벌한 힘들이 주도적인 역할을 하던 1990년대와 21세기 초반 몇 년의 과정과 같을 수 없다. 로컬의 힘은 주로 자본 축적뿐만 아니라 사회문화적 기회를 만들어내는 스마트폰의 엄청난 잠재력 덕분에 성장했다. 국내 시장에서의 획기적인 성장을 기반으로 한국의 스마트폰 제조업체들은 글로벌한 스마트폰 시장에 진출하기 시작했다. 한국은 계속해서 통신 기기 및 서비스의 해외 수출을 증가시켜 왔으며, 다시 한번 말하지만, 한국은 처음에는 피처폰으로, 그다음에는 스마트폰으로 모바일 기술을 향상시키며 글로벌 시장에서 중요한 역할을 담당해 왔다.

스마트폰 영역에서의 마지막 세계화 단계는 우리가 대중문화에서 목격해 왔던 것과는 다르며, 글로벌 시장에서 스마트폰이 갖는 중요성은 그만큼 특별하다. 대중문화의 경우 여러 신흥 시장들은 자국의 문화 생산물을 이웃 국가에 수출한 후 멕시코의 텔레노벨라나 한류 – 국내 문화 산업의 급격한 성장과 국내 문화 생산물의 수출 – 가 보여주듯이 그다음 점차적으로 서구 국가들에 수출했다. 대중문화에서 멕시코, 브라질, 한국은 "문화적 근접성"(Straubaar, 1991) 혹은 "차이들"(Jin and Lee, 2012)을 기반으로 이웃 국가에 진출했으며, 비록 여전히 북아메리카와 서구 유럽에서는 주변적이지만, 그 이후 서구 국가들에 자신들의 문화 생산물들을 수출했다. 그러나 스마트폰 영역에서 한국은 아시아 국가들뿐만 아니라 북아메리카와 유럽 전 지역을 동시에 타깃으로 삼았다.

더 자세히 설명하자면 두 개의 단계가 존재했다. 한국이 피처폰을 처음 수출했을 때는 글로벌한 모바일 시장에서 주목받지 못했다. 그러나 2009년부터 한국은 스마트폰의 수출을 증가시켰으며(Ministry of Knowledge Economy, 2013), 세계적인 스마트폰 산업의 지형을 바꿔놓았다. 당시, 글로벌한 모바일 기기 시장의 1인자는 노키아로, 38.9%의 시장 점유율을 확보하고 있었다. 그때 삼성은 5번째를 차지했다(3.3%)(International Data Corporation, 2010). 그러나 불과 3년 후 삼성은 23.4%의 시장을 차지하며 최대 규모의 스마트폰 제조업체 및 수출업체로 자리매김했다(*Yonhap News*, 2013).

〈표 4-1〉에서 볼 수 있듯이 삼성은 2013년 1분기에 애플의 16.6%를 앞선 32.5%의 점유율을 차지했고(Trendforce, 2015), 비록 2014년에는 28%로 떨어졌지만 2016년 1분기에 24.1%로 다시 상승하면서 세계에서 가장 큰 스마트폰 제조업체라는 명성을 이어갔다. 삼성의 점유율은 최근 들어 감소하고 있지만, 글로벌 모바일 시장에서 선두주자로서의 위치는 계속된다(Communities Dominate Brands, 2015; International Data Corporation, 2016). 실제로 인터내셔널 데이터 코퍼레이션International Data Corporation: IDC이 진행한 설문조사를 바탕으로 AFP(2014)는 2011년을 기준으로 전 세계적인 스마트폰 판매량이 4억 9440만 대에 이르렀다고 기록했는데, 이 수치는 불과 2년 뒤인 2013년에 두 배가 되었고, 삼성은

〈표 4-1〉 스마트폰 제조사 순위

순위	2013	시장 점유율	2014	시장 점유율	2015 3분기	시장 점유율
1	삼성	32.5	삼성	28	삼성	23.7
2	애플	16.6	애플	16.4	애플	13.5
3	레노버	4.9	레노버/모토로라	7.9	화웨이	7.7
4	화웨이	4.4	LG	6	레노버	5.3
5	LG	4.3	화웨이	5.9	샤오미	5.2
6	소니	4.1	샤오미	5.2	LG	4.2
7	쿨패드	3.6	쿨패드	4.2	노키아	4
8	ZTE	3.2	소니	3.9	오포	3.5
9	노키아	3	ZTE	3.1	비보	3.4
10	림	2.5	TCL	2.7	TCL/알카텔	2.9
	그 외	20.9	그 외	15.8	그 외	26.4

42.9%의 성장을 기록했다. 미국은 이제 한국 스마트폰 제조업체들의 가장 큰 시장 중 하나가 되었다. 미국과 서유럽을 포함한 서구 시장들은 한국에 있는 그 어떤 문화 산업보다 스마트폰 제조업체들에게 더 중요한 의미를 갖는다(Jin, 2016).

다시 한번 말하지만, 한국 스마트폰 제조업체들은 성공적으로 이 시장들에 진입했다. 그 결과 한국 스마트폰은 대규모로 그리고 단시간 내에 아시아 시장뿐만 아니라 글로벌 시장에 침투하며 한국에서 가장 주된 ICT가 되었다. 몇몇 정책가들과 IT전문가들은 한국이 서구 주도식에서 비서구권 주도의 상호연결성으로 세계화의 윤곽을 바꿔놓았다고 주장한다. 특히, 그들은 로컬 기술 산업의 등장을 통해 스마트폰 사례가 불평등한 권력 투쟁을 해결한다고 주장할지도 모른다.

미국의 애플만이 아니라 중국과 대만의 몇몇 스마트폰 제조사들이 그들의 글로벌한 입지를 강화하고 있기 때문에 스마트폰 시장의 경쟁은 앞으로 점점 더 심화될 것이다. 예컨대, 중국의 레노버Lenovo는 2014년 모토로라의 휴대전화 사업부를 29억 달러에 인수했다. 이 인수로 인해 레노버는 "수익성 높은 미국 시장에서 성장 중인 여타의 중국 스마트폰 제조업체뿐만 아니라 애플 및 삼성과도 경쟁할 수 있는 교두보"를 마련했다(Damouni, Leske and Shih, 2014). 중국의 화웨이Huawei와 샤오미 또한 그들의 입지를 확장시켜 왔다. 머지않은 미래에 한국과 미국, 중국은 세계 시장에서 그들의 입지를 넓히기 위해 경쟁할 것이며, 하드웨어 영역에서는 이 3개의 국가로 구성된 헤게모니적 지배가 나타날 수 있다. 이는 미국이 휴대전화 시장에서 그들의 강력한 입지를 포기하지 않더라도 비서구권 나라들의 역할이 점점 더 성장할 수 있음을 의미한다.

스마트폰 시대에 세계화를 이해하는 방법

대중문화 및 기술의 글로벌한 확장에는 여러 가지 핵심 요소들이 개입되는데, 세계화를 추동하는 공통요소 중 하나는 애플과 삼성 같은 초국적 스마트폰 제조사들이 외주화 형태로 현지화 전략을 개발하는 것이다. 경제적 측면에서 세계화는 "세계의 경제가 통합됨"을 의미하기 때문에 "세계 무역과 투자는 점점 더 국경을 넘어서고 있다". 이러한 과정 가운데 "ICT의 확장은 기업들이 생산을 조직하는 방식을 변화시키고 있으며", 현지화를 통해 "제조뿐만 아니라 서비스가 세계화되도록 만들고 있다"(Schifferes, 2007).

따라서 현지화는 초국적 기업들이 자주 활용하는 세계 시장에 침투하기 위한 계획이다. 미디어와 커뮤니케이션 영역에서의 현지화는 글로벌한 미디어 기업들이 세계적인 문화 흐름 앞에 놓인 문화적 차이의 장벽을 극복하기 위해 개발해야 하는 전략을 뜻한다. 즉, 현지화는 "해외 콘텐츠를 현지 시청자들에게 문화적으로 더 친숙하게 만드는 다양한 제도적 그리고 텍스트적 처리방식을 의미한다. 예컨대 더빙과 자막은 인기 있는 노래를 현지 가수가 현지의 언어로 다시 작성하고 재녹음하는 것과 같은 현지화의 한 형태다. 현지화 전략이 하드웨어 분야에 적용되면, MTV의 사례가 보여주듯이, 글로벌한 미디어 기업의 현지 지사 설립이나 외주화 같은 다양한 형태로 나타난다"(Havens and Lotz, 2012: 238~240).[3] 외주화의 주된 장점은 저렴한 생산 인력의 고용으로 인한 비용 절감이다. 생산의 외주화는 점점 더 많아지는데, 그 이유는 "글로벌한 통신 인프라가 외국인 노동자와의 의사소통을 저렴하고 상대적으로 빠르게 만들 뿐만 아니라 외국인 노동자에 대한 국내 감독자의 원활한 통제를 유지해 주기 때문이다"(Havens and Lotz, 2012: 240).

애플 같은 미국의 초국적 기업은 중국의 값싼 노동력을 활용하는데, 이는 미국에 큰 수익을 가져다주는 전형적인 가치 교환의 형식이다. 실제로 지난 몇 년 동안 전 세계 거의 모든 아이폰과 아이패드는 한 회사의 조립 라인에서 나왔다. 대만의 초국적 전자 제조사지만 중국에 여러 공장을 가지고 있는 폭스콘 Foxconn이 바로 그곳이다. 애플이 아이폰을 설계하지만, 필수적인 구성품들은 4개의 서로 다른 나라들(일본, 한국, 독일 그리고 미국)을 기반으로 한 9개의 다른 회사들에서 만들어진다. 이 회사들의 생산품은 각각 중국으로 보내져 모듈식으로 모든 부품이 조립되고 마침내 완성된 아이폰이 만들어지는데(Oh and Larson, 2011), 이전에는 폭스콘이 이 조립 과정을 감독하며 미국 및 세계 여러 나라로 완성품을 수출했다(Hart-Landsberg, 2013). 즉, 밀러와 마리 C. 레제Marie C. Leger가 지적하듯이 애플은 중국의 값싼 노동력으로부터 이윤을 챙기기 위해 국제적인 노동 분업을 이용해 왔다(Miller and Leger, 2001).

애플은 폭스콘에서 또 다른 전자-제조업체인 대만 페가트론Pegatron으로 조립 라인을 옮기면서 잠재적 위험을 피하기 위해 점차적으로 외주화 전략을 다양화했다. 왜냐하면 최근 폭스콘의 잇따른 노동자 자살과 사고 이후 공장의 환경을 개선하고 있기 때문에 폭스콘을 통한 규모의 이익이 줄어든 상태다(Qiu, 2009; Dou, 2013). 2011년 공장 폭파로 인해 수십 명의 노동자가 부상을 당하면서 세간의 이목을 잠시 끌었지만, 폭스콘은 임금 인상과 노동 관행의 변화를 추진함으로써 대중의 관심에서 벗어날 수 있었다. "또한 세계에서 가장 큰 전자 계약 회사로 부상하고 있는 폭스콘은 애플에 통보하지 않고 부품 소싱을 바꾸는 등 애플의 통제를 점점 더 벗어나고 있는 상황이다"(Dou, 2013). 이와 동시에 "폭스콘은 아이폰5처럼 애플 제품의 복잡성이 증대되고 그로 인해 애플이 원하는 만큼의 수량을 만들기 어려워지면서 경영난을 겪고 있다". 따라서 현재 최고 경영자인 팀 쿡Tim Cook의 지휘 아래 상대적으로 덜 알려진 공급자를 이용하고 기술 대기업에 더 많은 공급망 균형을 제공하면서, 애플은 자신들의 무게중심을 조금 더 균형감 있게 옮기고 있다(Dou, 2013). 즉, 애플 제품의 생산은 왜 핵심적인 초국적 기업들이 국경을 넘는 생산을 수용해야 하는지 잘 보여준다.

서구의 초국적 기업인 애플처럼 삼성도 자본 축적을 위해 세계화 전략을 수립한다. 삼성은 여러 지역에 공장을 세우면서 현지화 과정을 전략적으로 발전시켰다. 2009년 베트남 북쪽 지역에 미화 약 7억 달러 규모의 휴대전화 공장을 설립했을 때 삼성은 이미 중국, 인도 그리고 브라질을 포함한 여러 나라에 6개의 공장을 가지고 있었다(Hung, 2009). 현지화와 외주화 전략을 병행하면서 삼성은 스마트폰 영역에 세계화 논리를 도입시켰다. 다시 말해, "삼성은 중국의 싸고 풍부한 노동력을 이용함으로써 세계에서 가장 큰 스마트폰 사업을 구축했다". 그러나 "고급 단말기의 판매 성장이 둔화되면서 더 낮은 임금과 이윤을 확보하기 위해" 삼성은 베트남으로 생산 라인을 옮겼다(Lee and Folkmanis, 2013). 이에 관해 마틴 하트-랜드버그Martin Hart-Landsberg는 다음과 같이 지적한다.

자본주의는 통계적 시스템이 아니다. 자본주의를 움직이는 지렛대는 자본 축적, 경쟁 그리고 계급투쟁이다. 이들의 복잡한 상호작용은 이윤을 추구하는 자본가들의 실천을 계속해서 재조직하게 만드는 압력과 모순을 발생시키며, 이 과정은 우리의 삶에 중대한 영향을 끼친다. 다시 말해 우리의 사회적 조건은 대기업 조직의 실천에 의해 크게 좌우된다. 오늘날, 이러한 비즈니스 조직들은 모두 초국적 기업이다. 이윤을 추구하는 그들의 실천은 세계 자본주의의 새롭고 더 글로벌화된 단계를 만들어내고 있다(Hart-Landsberg, 2013: 13).

글로벌 시장에서 한국 스마트폰의 엄청난 성장을 목격하면서, 우리는 역류 Counterflow라고 알려진 비서구권에서 서구권으로의 기술적 침투가 글로벌과 로컬 사이의 비대칭적 권력관계를 변화시켰는지 따져봐야 한다. 삼성과 LG의 글로벌한 보급률을 봤을 때 일부 연구자들과 정책자들은 스마트폰 영역과 디지털 기술 전반에서 불균등한 흐름이 사라졌다고 생각한다. 그들은 적어도 최근 몇 년간 북미를 포함한 세계 시장에서 한국 스마트폰 제조사들이 이룬 성공을 새로운 흐름이라 인지한다. 앞서 언급했듯이 미국은 1990년대 중반 스마트폰 혁명을 시작했고, 애플은 전 세계 최초로 스마트폰을 상용화시켰다. 그러나 스마트폰은 더 이상 미국만의 현상이 아니다. 한국 스마트폰 제조사들은 이 시장에 뛰어들었고, 단시간 내에 스마트폰 영역에서 글로벌 선두주자가 되었다. 한국의 하드웨어는 이제 전 세계적으로 사용되고 있으며, 한국은 디지털 기술 발전에서 핵심적인 역할을 수행하고 있다(Jin, 2015: 162). 한때 주변부였던 한국은 스마트폰 시대에 디지털 제국으로서의 지위를 획득했다.

이처럼 한국은 스마트폰으로 글로벌한 입지를 다졌지만 한국 스마트폰의 미래는 장밋빛이 아닐 수도 있다. 한국의 이동통신 산업과 정책자들에게는 두 가지의 긴급한 과제가 놓여 있다. 하나는 한국 스마트폰이 최근 시장에서 겪은 차질이고, 다른 하나는 미국에서 개발된 운영체제의 역할이 증가하고 있다는 사실이다. 최근 스마트폰 시장은 한국 스마트폰 제조사들에게 호의적이지 않다. 애플의 아이폰 및 중국 스마트폰 제조사들과의 치열한 경쟁 끝에 삼성과 LG는 2014년과 2015년에 글로벌한 시장 점유율을 잃었다. 특히 중국은 삼성이 직면한 경쟁 시장 중 하나이며, 로컬 브랜드인 샤오미를 포함해 세계에서 세 번째로 가장 큰 스마트폰 제조사인 — 삼성과 애플의 뒤를 잇는 — 화웨이와 레노버는 자신들의 홈그라운드뿐만 아니라 해외 시장에서 공격적인 확장을 이어나가고 있다(International Data Corporation, 2014b; Rabouin, 2015; Goldman, 2015). 삼성은 2016년 3월까지 글로벌 모바일 시장에서 여전히 선도자였다. 그러나 현재는 그 지위가 예전만큼 굳건하지 않다. 고작 몇 년 전까지만 하더라도 통신 전문가들은 스마트폰이 피처폰의 시장 점유율을 앞지른 만큼 삼성의 역할이 커질 것이라 예상했다. 그러나 타 지역 휴대전화 제조사들과의 경쟁이 치열해지면서 삼성의 지위는 위기에 처해 있다. 심지어 하드웨어 부문과 달리, 뒤에서 더 자세히 논의하겠지만, 미국은 운영체제 부문에서 지속적으로 독점적인 위치를 지키고 있다. 결론적으로 미국 기업들은 운영체제를 통해 스마트폰 시장을 통제할 수 있기 때문에 한국의 스마트폰 제조업체들은 세계화 속에서 제한적인 성공만 거둘 수밖에 없다.

스마트폰 시대 미국의 패권

모바일 미디어는 "이동 장비들을 통한 접속 가능한 소프트웨어, 앱 및 서비스로 느슨하게 정의될 수 있다"(Humphreys, 2013: 21). 이러한 맥락에서 로컬 기반의 초국적 스마트폰 제조업체들이 하드웨어와 견줄 만한 운영체제를 개발했는지 따져보는 작업이 필요하다. 스마트폰 기기와 달리 소프트웨어 분야는 미국의 지배력이 여전하며, 비서구권 스마트폰 기업들의 후진적인 운영체제 때문에 심지어 더 강화되었을지 모른다. 애플과 삼성은 최근 몇 년간 글로벌 시장에서 서로 치열하게 경쟁했다. 이 경쟁에서 미국의 ICT 기업들은 주로 자신들의 운영체제를 통해 글로벌 시장에서 이윤을 축적했다. 특히, 미국의 운영체제인 구글의 안드로이드와 애플의 iOS는 스마트폰 산업에서 헤게모니적 권력을 형성하며 어디에나 존재하는 것처럼 보인다(Jin, 2015). 복점duopoly이라 부르는 것이 더 맞을 듯하다(Fingas, 2013). 안드로이드는 "삼성에 '턴키turnkey' 모바일 생태계를 제공하며 의심의 여지없이 휴대전화 매출의 성장을 가속화시켰다. 그러나 안드로이드는 삼성의 치명적인 약점이 될 수 있다"(Lev-Ram, 2013). 삼성은 운영체제 상단에 몇몇 서비스들을 구축하고 갤럭시 폰에 그들만의 외관과 감성을 주려고 노력하고 있지만, 궁극적으로 안드로이드를 소유하고 있지 않다. 사실 운영체제는 "저렴한 휴대전화를 개발 중인 중국의 신규 제조업체들"을 포함해 여타의 모든 휴대전화 제조사들이 자유롭게 사용 가능한 것이다(Lev-Ram, 2013).

결과적으로 오직 두 개의 미국 플랫폼 기업들만이 그들의 독점적인 위치에서 오는 이득을 취하며 한국 시장에서 자본화되고 있다. 앱 시장 전문 업체인 디스티모Distimo에 따르면 애플 앱 스토어와 구글 플레이Google Play의 모바일 앱 매출에서 2013년 상위를 차지한 5개국은 미국, 일본, 한국, 영국 그리고 중국 순이었다(Distimo, 2013). 2012년에 비해 2013년에 가장 많이 성장한 세 나라는 한국(759%), 중국(280%), 그리고 일본(240%)이었다. 이는 한국 스마트폰 사용자들이 구글 플레이와 앱 스토어를 많이 사용함에 따라 한국에서 구글과 애플의 앱 매출이 급속히 증가했다는 것을 의미한다. 제5장에서 더 자세히 설명하겠지만 한국은 미국 기업들에게 가장 중요한 앱 경제 중 하나가 되고 있다. 실제로 2013년 12월 구글은 국내 통신 서비스 제공업체들에게 구글 플레이와 서비스 제공업체들이 나눠 갖는 서비스비가 1:9(구글:서비스 제공업체)에서 5:5로 변경되었다고 공지했다(Ju, 2014). 자신들의 독점적 지위를 기반으로 구글이 한국 앱 시장에서 완전히 자본화되기 시작한 것이다. 비록 안드로이드 자체는 오픈 소스지만 구글은 이 오픈 소스를 이용해서 지적 재산권과 구글 플레이를 통한 수익을 창출했으며, 이는 독점 자본주의에서 매우 흔한 전략이다.

미국 운영체제(안드로이드 및 iOS 등)와 한국 휴대전화 간 디지털 융합은 여러 분야에서 주목할 만한 결과들을 초래했다. 그중 주된 이슈는 영화와 음악 같은 대중문화의 경우처럼 미국이 플랫폼을 통해 디지털 기술과 문화에 대한 그들의 영향력을 상당히 확장시켰다는 것이다. 미국 운영체제들이 글로벌 스마트폰 시장을 지배하고 있다는 것은 부인할 수 없는 사실이며, 이는 로컬 행위자들이 현재로서는 극복할 수 없는 불균형적인 권력관계가 존재함을 보여준다.

미국의 문화 생산물들이 여전히 글로벌한 문화 시장에서 영향력을 행사하듯이 미국은 디지털 시대에 소프트웨어를 통제하며 자신들의 지배력을 지속시키고 있다(Jin, 2015).

이광석이 지적하듯이 "세계화를 일원화된 세계 경제로의 전환으로 간주하는 마르크스주의적 경제환원주의는 세계화가 더 이상 단순히 중앙-주변 모델로 이해될 수 없다는 문제가 처음으로 제기되면서 비판받았고", 이러한 비판은 스마트폰 하드웨어 산업을 둘러싼 최근 지형으로 뒷받침된다(Lee, 2008: 6). 그러나 하드웨어보다 훨씬 더 중요한 소프트웨어를 보면 서구의 독점 때문에 우리는 여전히 스마트폰 영역에서 헤게모니적 지배와 증대되는 정보 격차를 목도한다. 다시 말해 스마트폰을 통한 세계화의 최근 형태는 자본의 권력 이동을 의미하며, 이는 지역 국가들이 글로벌 자본 시스템과 협력하거나 통합되도록 강요하고 있다(K. S. Lee, 2008: 3). 이러한 현상은 기기뿐만 아니라 앱과 관련된 스마트폰 기술에 있어 미국을 중심으로 한 서구 국가들과 개발도상국 사이의 불균등한 상호의존적 관계가 점점 더 증가하고 있음을 암시한다. 결국 이러한 불균형은 미국의 몇몇 플랫폼 소유자들 손에 자본이 집중되도록 돕는 것은 물론, 다음 장에서 분석하겠지만 글로벌한 격차를 확대시켰다.

다시 말해, 필자가 다른 곳에서 논의했듯이, 플랫폼 제국주의의 형태로 새롭게 재구성된 불균형은 소프트웨어로 가름되는 나라들 사이의 불평등한 권력 관계로 이해되어야 하며, 이는 상업적 가치들이 스마트폰 기기 및 앱에 스며들어 있기 때문에 미국 정부와 다국적 기업들에게 상당히 유리한 형국이다(Jin, 2015). 신제국주의라는 데이비드 하비David Harvey의 개념이 설명하듯이 21세기 초반부터 진화하고 있는 플랫폼 제국주의는 미국의 헤게모니로 형성되었다(Harvey, 2007). 9·11 테러 이후 미국 정치와 마찬가지로 신자유주의적 세계화 안에서 등장한 플랫폼 제국주의는 스마트폰으로 재구성되는 오늘날의 세계 질서를 이해하는 데 상당히 중요하다(Jin, 2015: 67).

토머스 프리드먼Thomas Friedman이 주장한 것(Friedman, 2005)과는 반대로 세게는 평평하지 않다. 그는 인터넷 브라우저의 발전은 냉전의 종식 혹은 선진 국에서 개발도상국으로 노동이 외주화되는 현상과 유사하며, 상품 및 콘텐츠가 국경을 더 자유롭게 넘나들 수 있도록 만드는 평탄한 힘이라고 지적했다(Jenkins, Ford and Green, 2013에서 재인용). 프리드먼은 "브라우저와 광섬유 덕분에 인터넷이 보급되고 웹이 활기를 띠면서 많은 사람들이 전례 없이 적은 비용을 가지고 더 많은 사람들과 연결되고 디지털 콘텐츠를 공유할 수 있게 되었다"라고 주장한다(Friedman, 2005: 92). 즉, 그는 세계화의 결과가 세계 곳곳에 수반되어 서구와 비서구권 국가들 간 불균형이 줄어들었다고 주장하는 것이다. 그러나 다시 한번 말하지만, 프리드먼이 주장하는 것과는 반대로 "모두가 동일한 권한을 갖지 못하게 만드는 국가 간 격차가 존재"하기 때문에 세계는 평평하지 않다(Jenkins, Ford and Green, 2013: 284~286). 인터넷이나 스마트폰 같은 최첨단 기술을 통한 세계화는 전 세계의 연결성을 증대시켰지만, 스마트폰 앱을 통한 미국의 지배는 계속되며, 결국 비서구권 국가들의 기업이나 사람들이 성장 중인 앱 경제에서 이득을 취하기 어렵게 만든다. 조지 리처George Ritzer의 말대로 "글로벌 미디어는 소수의 대기업(주로 서구 국가 기반)에 의해 통제되며, 이러한 현상은 올드미디어에서 뉴미디어로 확장되는 중이다"(Ritzer, 2011: 149). 스마트폰은 평평한 세계라는 이데올로기를 실제적이라기보다 이론적으로 실현시켰다.

실제로 애플 앱 스토어에 대한 비판은 "애플이 독립적인 모바일 앱 생산자들과의 관계에서 너무 많은 권력을 행사한다는 것이다. 애플은 특정 앱이 시장성과 일치하는가를 자체적으로 판단함으로써 앱 스토어에서 무엇이 제공될지 선별한다"(Jenkins, Ford and Green, 2013: 245). 조나단 지트레인Jonathan Zittrain이 주장하듯이 애플 앱 스토어의 규제는 애플이 제시한 조건에 동의한 그룹들만이 그 플랫폼의 콘텐츠를 만들기 위한 수단에 접속할 수 있다는 것을 의미한다(Zittrain, 2009). 즉, 끝내 규제를 수용하지 않는다면 애플 그 자체에 의해 혁신은 집중되고 걸러진다(Jenkins, Ford and Green, 2013에서 재인용). 지트레인은 실제로 다음과 같이 지적한다.

아이폰에서 더 많은 혹은 다른 앱을 이용할 수 있도록 코드를 조작하는 사람들에게 애플은 아이폰을 아이브릭iBrick으로 바꾸겠다고 협박(그런 후 그 협박을 이행)했다. 이 기기는 애초에 애플(그리고 이것의 독점적인 통신사인 AT&T)이 원했던 혁신을 넘어서지 못하도록 설계되었다. 세상은 애플2를 위한 혁신을 실행하겠지만 오직 애플만이 아이폰을 혁신할 것이다(Zittrain, 2009: 19).

바꿔 말하면 2008년 출시된 소프트웨어 개발 키트Software Development Kit: SDK 는 개발자들이 아이폰 같은 기기에 들어갈 소프트웨어를 만들기 위해 반드시 사용해야 하는 도구인데, 이것은 앱의 기술, 기능, 콘텐츠 및 디자인을 승인할 권한을 애플에 부여한다. 여기서 승인된 것만이 공식적으로 앱을 판매할 수 있는 유일한 채널인 앱 스토어를 통해 판매된다. 애플은 특정 앱을 홍보하거나 공식 프로그램의 기능을 복제하고, 자기 자신이나 네트워크 파트너들이 꺼리는 기능을 제공하는 앱을 거르기 위해 앱의 판매를 중지하거나 회수할 수 있는 권한을 가지고 있다(Zittrain, 2009; Jenkins, Ford and Green, 2013: 245~246에서 재인용). 물론 하드웨어 영역에서는 삼성 같은 비서구권 휴대전화 제조사들의 역할이 증대된 덕분에 새로운 디자인들이 많이 개발되었다. 그러나 모바일은 소프트웨어와 하드웨어 모두를 포괄하기 때문에 앱 같은 소프트웨어 영역을 생각해보면, 전 세계적으로 품질과 균등성을 향상시키는 방법으로서의 세계화는 빠른 시일 내에 이루어질 수 없으며 미국과 다른 나라들, 특히 비서구권 나라들과의 격차는 조만간 더 벌어질 것이다. ICT 부문에서 미국이 갖는 헤게모니적 지위는 소프트웨어 및 그와 관련된 지적 재산권들에 의해 유지되는데, 이는 소프트웨어가 결국 대부분 미국과 몇몇 서구 국가들에 있는 소프트웨어 설계자와 소유주의 손에 자본을 축적시켜 주기 때문이다.

결론

지난 20년 동안 ICT — 인터넷, 소셜 미디어, 그리고 최근 스마트폰을 포함한 이동통신 — 는 글로벌 경제 및 문화에서 가장 중요한 부분으로 자리 잡았다. 특히, 로컬에서 생산된 디지털 기술들이 글로벌 시장에서 호응을 얻는 등 스마트폰의 기술적 지형은 흥미로운 흐름을 보여주고 있다. 스마트폰 시대의 세계화 과정은 한국에서 4가지 단계를 거쳤다. ① 미국 모델인 아이폰의 보급과 그로 인해 전문적인 상업 문화가 한국에서 확산되면서 국가 통신 산업에 변화가 일어났고, ② 비록 사용자들은 아이폰을 재빨리 수용했지만 보호 규제 정책들을 통해 미국 기술(이 경우 아이폰)과 국내 기술(예컨대, 삼성과 LG) 사이의 양립불가능성이 형성되었고, ③ 이에 대한 불만과 수용의 결과로 한국 스마트폰의 기술적 부흥이 일어났으며, ④ 마침내 이웃 국가와 서구 국가에 국내 스마트폰 기기를 동시에 수출하게 되었지만, 그것은 오직 기기일 뿐 운영체제는 제외되었다. 이러한 과정을 통해 스마트폰을 자체적으로 생산하고 개발하는 주요 국가 중 하나인 한국은 ICT 분야에서 국가의 정치-경제적 상황을 극적으로 변화시켰다.

ICT 하드웨어 제조 및 수출 분야에서 한국이 이룩한 놀라운 업적을 인정한다면 국가의 미래는 앞으로 소프트웨어와 콘텐츠에 달려 있다는 사실을 명심해야 한다. "이는 스마트폰 기술의 급속한 발전과 더불어 점점 더 명백해지고 있다"(Oh and Larson, 2011: 171). 제3장에서 논의했듯이 "한국 시장에서의 아이폰 출시는 다른 나라들에 비해 늦어졌고 독특한 아이폰 충격을 만들어냈다. 이러한 충격의 일부는 아이폰의 성공이 휴대전화 자체보다는 소비자들이 이 기기를 통해 이용할 수 있는 앱의 수와 다양성 및 품질에서 기인했다. 즉, 소비자들의 상상을 사로잡고 한국에서 모바일 데이터 서비스 사용량을 크게 증가시킨 것은 바로 소프트웨어 앱이었다"(Oh and Larson, 2011: 171).

스마트폰 시대에 세계화 과정은 세계 많은 곳에서 균등하게 일어나지 않는다. 다시 말해, 2010년대 초반 지속된 한국 스마트폰의 성장과 세계적 보급은 미국과 비서구권 나라 사이의 불균등한 권력 관계가 해결되고 있음을 의미하지 않는다. 왜냐하면 지배적인 힘을 행사하는 애플이나 구글 같은 미국 플랫폼 기술 기업들이 여전히 존재하기 때문이다. 미국이 여전히 스마트폰 영역에서 운영체제들을 통해 글로벌 시장을 장악하고 있기 때문에 다른 나라에서 생산된 고급 소프트웨어 없이는 미국 중심의 지형을 변화시킬 수 없다. "경제적 가치, 권력 그리고 이데올로기는 모두 사회적 관계 안에 있으며, 절대로 독립된 차원이나 고정된 단계로 이해해서는 안 된다"(Gonzalez, 2000: 108).

한국의 ICT, 특히 스마트폰의 급격한 성장을 보며 우리는 로컬의 힘이 세계화 과정에서 주요한 요소가 되었다고 주장할지도 모른다. 그러나 한국 스마트폰 기기는 미국을 포함한 글로벌 시장에서 통제력을 잃고 있기 때문에 신흥 시장에서 한국의 증대된 역할을 공표하기에는 아직 이르다. 스마트폰 기기 및 운영체제를 모두 포함한 미국 스마트폰 산업은 글로벌 시장에서 그들의 지배력을 여전히 지속시키고 있다. 물론 새로운 기술이 등장함에 따라 비서구권 국가 중 일부는 서구 기업들과 함께 발전하고 경쟁할 수 있다. 그러나 소프트웨어 분야를 보면 이러한 격차가 점점 더 벌어지고 있는 것이 사실이다. 결론적으로 스마트폰을 포함한 ICT를 통한 상호연결성은 세계 경제 및 문화의 균등화를 보장할 수 없다.

디지털 플랫폼 시대의 앱 경제

앱은 사람들의 일상적 실천을 바꿔놓았다. 특히 한국 사람들은 손쉽게 모바일 게임을 다운로드하고, 자신들의 스마트폰 앱으로 게임을 즐긴다. 지하철을 탈 때는 서울 지하철 앱을 이용해 간편하게 동선을 확인한다. 또한 최고의 음식 배달 문화를 가진 만큼 한국인들은 클릭 한 번으로 앱을 통해 음식을 집으로 배달시킨다. 하지만 그 무엇보다 한국인이라면 반드시 카카오톡을 사용해야 한다. 한국에서 앱은 이제 문화와 경제의 생명선이 되었다.

이용자 수와 기능적 측면에서 스마트폰이 이룩한 경이로운 성장은 디지털 경제 및 문화의 개념까지 바꿔놓았다. 물론 디지털 경제와 문화에서 인터넷은 여전히 중요하지만, 스마트폰과 앱 사용의 증가는 앱 경제라 불리는 새로운 디지털 경제의 발전을 견인하고 있다. 스마트폰 시대에 스마트폰 사용자들은 친구들과 소통하고, 게임(모바일과 소셜 모두)을 즐기며, 뉴스 및 정보를 확인하거나 온라인 커뮤니티 멤버들과 아이디어를 나누기 위해 앱을 사용한다. 마찬가지로 모바일 앱은 날씨를 확인하거나 전자책을 읽고, 음악을 듣거나 비디오를 보는 등 일상의 다양한 여가를 즐기기 위해 사용된다. 이런 맥락에서 앱은 어떻게 "비즈니스가 이루어지는지, 어떻게 직원들이 서로 연결되는지, 어떻게 소비자들이 공유하고, 배우고, 구매하는지에 대한 것이다. 모든 비즈니스는 앱 비즈니스가 되고 있는 중이다. 모든 산업은 앱 중심의 산업이 되고 있으며, 이러한 비즈니스적 전환은 가속화될 뿐이다. 진실로 우리 모두는 현재 앱 경제에 살고 있다"(Chambers, 2013).

서구 국가들이 앱 기술을 발전시키려 부단히 노력하고 있지만, 앱이 놀라울 정도로 다방면에서 사용되고 있다는 점에서 한국 앱의 성장은 특징적이다. 다른 나라에서 수입된 앱뿐만 아니라 국내 ICT 기업들에 의해 개발된 새로운 앱은 앱 경제 성장에 기여하는 동시에 사람들의 일상생활을 풍족하게 만들었다. 물론 앱 경제의 역할 증가는 새로운 형태의 상품화와 독점 자본주의를 가져왔다. 스마트폰 사용자들은 모바일 앱에 자신들의 시간과 주의력을 과도하게 사용하고 있고, 또 그렇기 때문에 페이스북이나 인스타그램뿐만 아니라 카카오톡 같은 플랫폼들은 이용자들의 시간과 관심을 독점하기 좋은 위치를 차지하고 있다(Marvin, 2015). 실제로 왓츠앱이나 카카오톡 같은 앱은 수억 명의 이용자들을 보유하고 있고, 하나의 비즈니스로서 전례 없는 성장과 독점을 달성하고 있는데(Natanson, 2015), 이러한 현상은 우리에게 사용자의 상품화 및 독점 자본주의의 심각성을 인지할 것을 촉구하고 있다.

이 장은 앱 경제의 여러 핵심적인 측면들과 그것이 ICT 중심의 한국 경제에서 갖는 함의에 대해 탐구한다. 치웬챙Chih-Wen Cheng이 지적하듯이 "인터넷 이동성의 증가와 스마트폰의 대중적 사용으로 새롭게 생겨난 미디어/앱 산업의 사회적 시스템"을 연구하는 일은 매우 중요하다(Cheng, 2012: 49). 따라서 이 장은 글로벌 앱 경제의 한 부분이 되고 있는 한국의 특정한 사회경제적 맥락 안에서 앱의 급격한 성장을 탐구한다. 그리고 앱 사용자들의 상품화와 독점 자본주의 같이 적절하게 평가되고 수정되지 않으면 결국 앱 경제에 해악이 될 몇몇 사회-경제적인 앱 경제 이슈들 또한 주목한다.

스마트폰 시대 앱 경제에 대해 이해하기

세계의 여러 ICT 기업들은 스마트폰 이용자들을 매료시키기 위해 다양한 앱을 개발시켜 왔다. 구글 플레이나 앱 스토어가 증명하듯이 사람들은 일상에서 모바일 웹 대신 앱에 접속한다. 리 레이니Lee Rainie와 베리 웰먼Berry Wellman의 말대로 10년 전 "휴대전화는 단순히 소식을 전하거나, 수다를 떨고, 사진을 찍기 위해 존재했지만, 이제 사람들은 인터넷에 접속하기 위해 휴대전화를 사용하기 시작했다"(Rainie and Wellmam, 2012: 107). 현재야말로 모바일 연결성의 가치와 영향력이 가장 두드러지는 시기다. 모바일 연결성이 사회의 윤활제로 역할 하는 동안 "스마트폰을 인터넷 접속이 가능한 다양화된 개인용 및 휴대용 컴퓨터 장치로 전환시킨 앱의 호황기"가 도래했고, 이는 앱 경제의 놀라운 성장을 초래했다(Rainie and Wellman, 2012: 107).

실제로 2000년대 중반까지만 해도 인터넷 및 인터넷과 연결되어 있는 커다란 통신 시스템은 가장 선두에 서서 엄청난 경제적 성장을 이끌어냈다(Schiller, 1999; 2007). 그러나 그 중심이 바뀌고 있다. 1990년대와 2000년대 초반에 사람들이 웹을 통해 인터넷에 접속했다면, 이제는 많은 사람들이 스마트폰 앱을 통해 인터넷에 접속하고 있으며, 그 결과 앱은 21세기 초반 디지털 경제 및 문화에서 핵심적인 생산물이자 서비스가 되었다. 디지털 경제는 "데스크톱의 검색 활동에서 ─ 이용자들이 수행하는 첫 작업이 입력이나 검색이 아닌 ─ 모바일 매체로 이동하고 있다". 이제 검색이 아니라 터치가 앱 이용자들의 입구다"(Marvin, 2015). 앱 경제에는 애플, 구글, 그리고 페이스북 같은 여러 핵심 기업들이 존재하며, 이들은 앱이 실행될 수 있는 플랫폼을 유지시킨다.

스마트폰의 확산은 "앱 중심의 글로벌 시장"을 만들어냈으며, 이는 "새로운 비즈니스 모델과 모든 산업을 가로지르며 수익원을 창출하는 앱 경제를 이끌고 있다"(*Marketwire*, 2012). 지난 몇 년 동안 "모바일 산업은 아이폰의 출시와 더불어 앱 생태계의 탄생으로 초래된 엄청난 파동을 경험했다. 이러한 사건은 모바일 가치 사슬의 점진적인 재구성은 물론, 모바일 경제와 통신 서비스 및 휴대전화라는 전통적 기둥에서 앱 생태계로의 꾸준한 가치 변화를 가져왔다. 바로 이러한 가치 사슬의 새로운 구성요소를 "모바일 앱 경제"라고 부른다(Voskoglou, 2013). 모바일 앱을 둘러싼 다양한 경제 활동 – 앱의 판매뿐만 아니라 앱을 통한 광고 수익 및 앱에서 실행되도록 설계된 디지털 상품들 모두를 포괄 – 을 지칭하는 앱 경제는 불과 몇 년 사이에 대규모의 수익성 높은 비즈니스가 되었다(MacMillan and Burrows, 2009). 앱의 괄목할 만한 성장은 사람들이 이제는 스마트폰을 통해 신속하게 온라인에 접속하고 있다는 사실을 입증하며, 이는 스마트폰을 통해 디지털 융합의 새로운 패턴이 등장했음을 보여준다.

앱 경제는 여러 유형의 지표를 통해 파악된다. 첫째, 특정 앱 스토어에 몇 개의 앱이 있는지, 얼마나 많은 개발자가 있는지, 그리고 몇 번이나 앱이 다운로드되었는지가 수치화된다(Mandel, 2012). 그리고 이와 같은 수치들은 앱 경제가 새로운 일자리를 창출하기 때문에 중요하다는 사실을 암시한다. 닉 다이어위데포드Nick Dyer-Witheford는 다음과 같이 설명한다. "최근 들어 새롭고 수수께끼 같은 수치들이 일자리, 번영 그리고 글로벌 자본주의의 운명에 대한 북미의 불안한 꿈, 즉 앱 노동자의 꿈 안에서 나타났다. 현재 미국에서만 50만 명 이상의 소프트웨어 앱 개발자들이 존재하며, 그중 많은 사람들이 모바일 기기에 들어갈 소프트웨어를 개발하고 있는 것으로 추산된다"(Dyer-Witheford, 2014: 127).

둘째, "앱 다운로드와 앱을 통한 수입, 가상 상품들의 판매 및 실질적인 상품과 서비스의 판매"를 통한 전체 수익을 측정하는 것이 가능하다.

셋째, 앱 경제는 전통적인 정보 경제와 같지 않은데, 이는 앱 경제가 주로 이용자 수는 물론이고 판매량에 의존하기 때문이다. 다시 말해, 과거의 정보 경제가 직접적인 마케팅에 의존했던 것과는 달리, 최근 앱 경제의 형태는 앱의 주요 수익원 중 하나인 광고의 성장과 직결되는 이용자 수를 기반으로 한다. 모든 앱은 동일한 경제 모델하에서 성장할 수 없다(Levie, 2013). 따라서 앱이 우리 경제와 문화에 기여하는 다양한 경제적 영향력에 대해 이해하는 것이 중요하다.

글로벌 앱 경제의 성장

앱 경제는 디지털 경제에서 가장 중요한 영역 중 하나가 되고 있다. 스마트폰
과 앱의 확산 및 사용은 경제적 성장과 비즈니스 활동은 물론 이용자를 구조화
한다(Jin, 2014: 166). "앱 서비스 출시 이후 시간이 좀 흐른 만큼, 이제는 미디어
와 정보기술 및 산업에 대한 논의에서 앱이 한 부분으로 다뤄져야 한다"(Cheng,
2012: 49). 그러나 2008년 7월에 애플이 앱 스토어를 출시함과 동시에 아이폰3
가 판매되었다는 사실을 상기해본다면 앱 경제는 아직까지 초기 단계에 머물
러 있다. 처음 몇 달 동안은 개발이 상대적으로 느리게 진행되었고, 애초에 앱
은 애플이 심혈을 기울인 종목도 아니었다(Goggin, 2011a). 그럼에도 불구하고
애플은 모바일 장비, 특히 태블릿 PC, 아이패드, 그리고 아이폰 및 다른 스마
트폰들을 위한 앱 산업에 뛰어들기 시작했다(Cheng, 2012).

2008년에 형성된 지 2년 만에 앱 산업은 새로운 유형의 시장 경제 발전을
이끌었고, 마이크로소프트Microsoft사의 윈도우 비주얼 운영체제 이후 소프트웨
어 시장을 변화시킬 수 있는 가장 큰 잠재력을 가진, 이 시대의 "과정"이 되었
다. 닷컴 기반의 월드 와이드 웹World Wide Web과 마찬가지로 앱 시스템은 거시
적인 경제나 실제 시장 수준 모두에서 전통적인 인터넷 체계와 완전히 구별되
며 자체적인 하위 시스템이 등장할 수 있도록 만들었다. "새롭게 등장한 시스
템이지만 앱 산업은 몇 개의 중요한 외부 지표들을 기반으로 시장에서 핵심적
인 산업이 되었다." 앱 산업은 "자본 유치 및 정보의 확산"을 가능하게 만들고
있다(Cheng, 2012: 49).

조금 더 세부적으로 살펴보자면 아이폰의 출시는 진정한 의미의 첫 앱 생태
계를 만들었다(Voskoglou, 2013). 이러한 가치 사슬의 새로운 구성요소, 즉 앱 경

제라 불리는 것은 오늘날 모바일 부문에서 가장 빠르게 성장하는 분야이며 가까운 미래에도 계속될 것이다. 고긴은 다음과 같이 지적한다.

> 수많은 앱 스토어와 휴대전화에서 사용할 수 있는 놀랍도록 다양한 앱들이 존재한다. 이러한 앱은 그 존재 자체로 휴대전화와 미디어에 대한 기존 개념을 바꿔놓았다. 앱은 이전까지 휴대전화에 없었던 기술들을 상상하고 실현 가능하도록 만든다(Goggin, 2011a: 151).

이와 동시에 "앱 스토어에 맞춰 개발된 앱은 특정 스타일을 따르고 승인 절차를 통과해야 한다. 애플과 앱 개발자 사이에 수익 분배도 존재하며, 이러한 방식을 통해 애플은 기기와 콘텐츠를 팔면서 이중 시장을 형성했다. 아이폰을 구매한 사람 또한 특정 데이터 이용제를 사용해야만 했다"(Ling and Svanes, 2011: 9).

이러한 단점에도 불구하고 글로벌한 앱 경제는 상당히 성장했다. 2012년 기준, 글로벌 앱 경제는 앱 서비스와 휴대전화가 결합된 시장의 18%를 차지했다. 2016년까지 앱 경제는 이 결합된 시장의 약 1/3까지 성장함으로써 전체 휴대전화 시장의 절반가량의 수치를 기록했다. 크리스티나 보스코글로Christina Voskoglou의 기록에 따르면 "비전모바일VisionMobile사는 디벨로퍼 이코노믹스Developer Economics의 설문조사를 통해 얻은 대규모의 정밀한 데이터 세트를 이용해 앱 경제에 딱 맞는 모델을 개발했다. 이 모델은 단순히 앱을 통해 직접적으로 얻는 수입뿐만 아니라 위탁된 앱 개발사, 수익 창출 모델로서의 앱 경제(즉, 핵심 사업으로서의 전자 상거래가 아닌), 벤처 캐피탈VC 기금, 앱 개발자들을 위한 서비스 그리고 모바일 앱과 직접적으로 관련된 여러 다른 수익원들을 통해 발생하는 경제적 활동 모두를 포괄한다"(Voskoglou, 2013). 이 모델에 따르면 글로벌 앱 경제는 2012년을 기준으로 530억 달러의 가치를 지녔다. 이 수치는 2016년에 1430억 달러에 달하면서 2012~2016년에 28%의 연평균 성장률CAGR

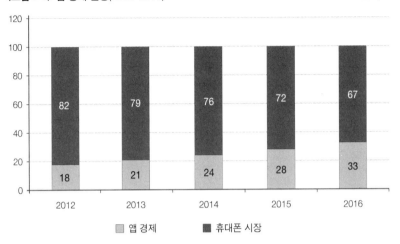

자료: DevelopersEconomics.com(2013).

을 보였다. 글로벌 앱 경제의 이와 같은 성장은 스마트폰 보급률에서 가장 빠른 성장세를 보인 아시아와 라틴 아메리카에서 대부분 기인했다(Voskoglou, 2013)(〈그림 5-1〉 참조).

　물론 글로벌 앱 경제의 경이로운 성장은 스마트폰에서 운영되는 앱 개발이 상대적으로 최근에 이루어졌기 때문에 가능해졌다. 다시 말해, 앱 경제는 거의 백지상태에서 시작되었다. 애플의 아이튠즈 앱 스토어iTunes App Store와 구글의 안드로이드 마켓Android Market은 2008년에 출시되었고, 스마트폰 이용자들은 약 6만 개의 앱을 고를 수 있었다. 2010년 3월 20일 기준으로 앱 스토어는 15만 개의 서로 다른 앱을 보유하고 있고, 앱의 총 다운로드 수는 30억에 달했다 (Manovich, 2013). 2013년 3월 기준으로 소비자들이 스마트폰 및 태블릿을 포함한 다양한 모바일 장치들을 통해 접속 가능한 앱의 숫자는 앱 스토어가 82만 7000개 이상, 안드로이드 마켓이 약 67만 개, 그리고 블랙베리가 4만 개 이상을 보유하고 있었다(OECD, 2013a: 8). 애플의 온라인 운영은 몇 년 사이에 확고하게 자리를 잡았다. 애플의 앱 스토어는 비록 구글은 물론, 중국 및 한국에 있는 다른 앱 스토어들과의 치열한 경쟁에 직면해 있긴 하지만, 앱의 엄청난 양적 증가를 이끌어냈다(Schiller, 2014).

특별히 애플의 앱 스토어(아이튠즈 스토어iTunes Store와 마찬가지로)는 모든 운영체제와 애플 장비들에 알맞은 공통의 배급 메커니즘을 제공했다. 이는 결국 "애플에 전례 없는 규모의 경제와 개발자들을 위해 통합된 대규모 시장"을 가져다주었다(West and Mace, 2010). 또한 재빠른 앱 수용은 사람들이 휴대전화나 태블릿과 같은 이동식 장비를 통해 정보와 콘텐츠에 접속하는 방식을 변화시켰다.

앱이 이렇게 많은 이윤을 창출할 수 있었던 이유 중 하나는 이것이 거의 매 순간 사람들이 휴대하고 있는 최초의 강력한 소프트웨어 플랫폼이기 때문이다 (OECD, 2013a). 앱 경제의 성장을 회상하며 2013년 뉴욕 인터롭Interrop의 키노트 스피치keynote speech에서 시스코Cisco의 CEO인 존 챔버스John Chambers는 어떻게 기술 트렌드가 앱으로 그 초점을 이동시키고 있는지에 대해 설명했다. 챔버스는 "우리는 웹 경제에서 앱 경제로 이동 중에 있다"라고 선언했다(Kerner, 2013). 앱 개발자와 광고주들은 모두 앱의 가능성에 열광하고 있으며, 어쩌면 이러한 가능성은 세계 경제에 대한 앱의 엄청난 기여로 인해 이미 입증되었는지도 모른다.

한국의 신흥 앱 경제

몇 가지 핵심적인 특징들이 한국 앱 경제를 특별하게 만들고 있다. 한국의 이용자들은 웹 포털이나 모바일 게임 및 무료 인스턴트 모바일 메신저와 같은 다양한 앱에 매료된 상태다. 다국적 기업부터 상업적 대기업으로 전환 중인 카카오톡을 포함한 중소 스타트업에 이르기까지 그들은 모두 앱이라는 시류에 편승했는데, 이는 애플이 아이폰의 성공을 바탕으로 앱 스토어를 출시한 이래 앱이 가장 수익성 높은 산업으로 부상했기 때문이다(MacMillan and Burrows, 2009). 한국은 자체적인 모바일 통신 시스템을 강력하게 발전시킨 나라인 만큼 스마트폰 앱을 기반으로 한 새로운 형태의 경제도 함께 발전시켰는데, 이는 주로 무선 브로드밴드(유선 브로드밴드도 마찬가지), 스마트폰 그리고 무료 모바일 메시지 시스템의 높은 보급률을 통해 이루어졌다. 이와 더불어 온라인 게임이 가장 활성화된 나라 중 하나인 한국은, 비록 온라인 게임 시장이 가장 크긴 하지만(제7장 참조), 모바일 게임으로 그 초점을 전환시켰다. 이는 한국이 앱 경제의 성장을 통해 새로운 일자리를 창출했고, 스마트폰 및 모바일 게임의 수출을 증가시켰으며, 로컬 기반의 검색 엔진을 발전시켰음을 의미한다. 한국뿐만 아니라 여타의 많은 나라에도 이용자가 스마트폰을 최신 앱 및 서비스로 업데이트할 수 있게 만드는 앱 기반의 스마트폰 서비스들이 다수 존재한다(Jin, 2014). 그러나 대다수의 한국인들은 다른 나라 사람들보다 더 집약적으로 앱을 사용하며, 소비자 그리고/혹은 이용자로서 한국인들의 변화된 행태는 결과적으로 앱 경제의 역할을 강화하고 있다.

일상 문화에서 앱의 점증

스마트폰 이용자들을 위한 앱은 많지만, 그중에서도 앱을 가장 많이 사용하는 나라는 한국이다. 한국 스마트폰 이용자들은 싱가폴(47), 중국(16), 그리고 일본(11)에 이어 정기적으로 사용되는 앱의 최대값(중간값 55)을 보유하고 있다(Nielsen Asia, 2012). 세부적으로 2013년 3월 발표된 닐슨의 모바일 소비자 리포트에 따르면 한국의 스마트폰 사용은 상당히 독특하다. 스마트폰 사용자들의 약 81%가 적어도 한 달에 한 번은 앱을 사용하는데, 이는 브라질(74%), 중국(71%), 미국(62%), 영국(52%) 그리고 인도(13%)와 같은 나라들에 비해 훨씬 높은 수치다. 또한 한국은 〈표 5-1〉에서 보듯이 모바일뱅킹, 주로 카카오톡을 통한 인스턴트 메시지, 그리고 비디오/모바일 TV 시청과 같은 여러 카테고리들에서 1위를 차지했다. 이러한 수치들은 한국이 앱 사용에 있어 세계에서 가장 진

<표 5-1> 한 달에 적어도 한 번 스마트폰 이용자가 수행한 활동들 　　　　　　(단위: %)

국가	SMS	모바일 뱅킹	이메일	소셜 네트워크	앱 사용	음악 듣기	인스턴트 메시지	비디오/ 모바일 TV
호주	94	40	55	58	59	21	33	19
브라질	85	28	66	75	74	39	57	43
중국	84	42	58	62	71	59	67	39
인도	45	7	17	26	13	11	15	8
이탈리아	89	22	51	47	49	26	35	17
러시아	95	32	55	59	64	41	34	36
한국	93	51	52	55	81	40	70	44
터키	78	4	33	69	38	22	50	9
영국	92	28	68	63	56	20	37	19
미국	86	38	75	63	62	38	28	28

보한 나라라는 생각을 지지해 준다.

앱 카테고리들을 자세히 살펴보면 한국의 스마트폰 이용자들은 주로 게임과 커뮤니케이션을 목적으로 스마트폰을 사용함을 알 수 있다. 2013년에 앱을 다운로드 받은 사람들 중 가장 많은 수는 모바일 게임(63.9%)을 받았고, 그다음으로는 음악(43.6%), 뉴스(28%), 그리고 시청각 소프트웨어(영화 포함)가 그 뒤를 이었다. 이용적 측면에서는 모바일 게임(58.4%)과 커뮤니케이션(42.6%)이 한국인 사이에서 가장 보편화된 앱의 형태였다(Korea Internet and Security Agency, 2013). (〈그림 5-2〉 참조). 커뮤니케이션 앱으로는 카카오톡, 라인 그리고 스카이프를 많이 사용하는데, 이는 사용자들이 계속해서 같은 모바일 메신저 앱을 사용하기도 하고 이런 앱들이 가장 보편적이기 때문이기도 하다. 결과적으로 대다수의 한국 스마트폰 이용자들은 엔터테인먼트를 위해 앱을 사용하거나 내비게이션 지도와 같이 필요한 정보를 얻기 위해 앱을 사용한다.

제7장에서 충분히 설명하겠지만 한국의 주요 게임 생산물은 컴퓨터 서버에서 실행되는 온라인 게임이지만, 스마트폰이나 터치스크린 태블릿과 같은 모

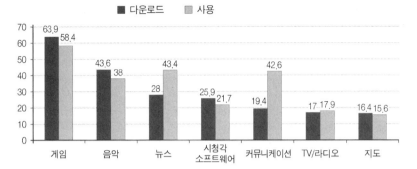

<그림 5-2〉 한국 스마트폰 사용자들에게 가장 인기 있었던 앱(2013)　　(단위: %)

자료: Korea Internet and Security Agency(2013).

바일 장비에서 플레이되는 게임 시장은 예상보다 빠르게 성장했다(Baek, 2013). 이러한 현상은 모바일 게임이 가까운 미래에 가장 빠르게 성장할 분야가 될 것임을 보여준다. 또한 이는 스마트폰의 빠른 수용을 암시하기도 하는데, 스마트폰이 거의 모든 사람들에게 소셜 미디어에 접속하는 가장 중요한 수단 중 하나가 되었기 때문에 이러한 추세는 계속될 것이다.

스마트폰 속 검색 엔진들

앱 경제와 더불어 가장 중요한 영역 중 하나로 떠오른 것이 네이버(한국에서 가장 큰 인터넷 포털), 다음, 그리고 네이트(한국 뉴스 포털 사이트)와 같은 로컬 기반의 검색 엔진 혹은 웹 포털이다. 한국인들에게 웹 포털은 신문 기사를 읽고 게임을 하며, 음악을 듣거나, 웹툰[1] 및 영화를 감상하는 중요한 수단이다. 웹 포털은 앱 경제에서 중요한 부분이 되었다. 특히 이들 중 네이버는 다음(14.9%), 구글(1.9%), 줌(0.9%) 그리고 기타 다른 포털(빙이나 야후를 포함한 0.8%)을 제치고 2014년에 시장 점유율 81.6%를 차지하며 포털 시장에서 선두주자가 되었다 (Internet Trend, 2014). 네이버와 다음 같은 국내의 몇몇 검색 엔진들에 비해 한국 시장에서 구글, 빙, 야후 같은 글로벌 검색 엔진들은 상대적으로 자리를 잡지 못하고 있다.

스타티스타Statista에 따르면 구글의 글로벌 검색 엔진 시장 점유율은 지난 몇 년 동안 꾸준히 증가해 왔다(Statista, 2014). 그러나 한국에서 구글의 지위는 미비한 수준이다. 이러한 배경에는 몇 가지 원인이 존재한다. 첫째, 한국 이용자들이 만족할 만큼의 한국어로 된 데이터들이 존재하지 않는다. 둘째, 구글은 한국의 "관계를 중요시하는 집단주의적 문화"에 알맞은 성향이 아니다(*Asian Correspondent*, 2010). 한국에서 개인의 취향은 종종 여론에 의해 결정되며 "웹은 사람들이 모여서 토론하고 정보를 공유하는 장소"로 인지된다. 따라서 "한국에서 웹 서비스가 성공하기 위해서는 최근 어떤 주제가 이용자들의 이목을 끌수 있는지 파악하고 그것을 반영할 필요가 있다. 그러나 구글의 인터페이스는 각각 개인이 서로 다른 취향과 스타일을 가지고 있다고 가정하며 맞춤형 개인화를 추구한다. 그 결과 구글은 인터페이스 뒤에 개인적 취향과 관련된 모든 서비스를 배치시켜서 검색이라는 공통된 기능을 제공한다"(*Asian Correspondent*, 2010). 또한 한국인들은 네이버와 다음을 포함한 인터넷 포털들을 통해 모바일 게임이나 GPS, 정보 및 일기예보와 같은 여러 기능들을 이용한다. 그러나 구글이나 야후 같은 글로벌 포털은 겉으로 보이지 않는 정보 검색에 집중한다. 안드로이드나 iOS가 주도하는 운영체제들을 제외하고, 스마트폰이나 앱은 한국의 대기업 혹은 스타트업에서 주로 생산된다.

그럼에도 모바일 검색 엔진 분야로 가면 이야기가 조금 달라지는데, 이는 구글이 자신들의 강력한 지위를 계속해서 유지하고 있기 때문이다. 코리안클릭KoreanClick에 따르면 네이버가 한국 모바일 분야에서 주된 검색 엔진으로 사용되긴 하지만, 인터넷 검색 엔진 시장과는 다르게 구글도 자신들의 영역을 확장시키고 있다(KoreanClick; Y. Kim, 2014에서 재인용). 예컨대 2014년 1월을 기준으로 1600만 명이 네이버를, 1280만 명이 다음을 방문한 것에 비해, 1931만 명이 모바일을 통해 구글을 방문했다(〈그림 5-3〉 참조).

인터넷 시대와는 달리, 모바일 영역에서 이 세 검색 엔진들은 한국에서 상

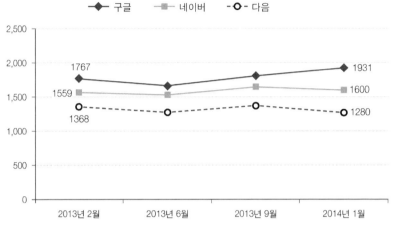

<그림 5-3> 한국의 모바일 검색 엔진 (단위: 만 명)

━◆━ 구글   ━■━ 네이버   ┈○┈ 다음

- 1767
- 1559
- 1368
- 1931
- 1600
- 1280

2013년 2월   2013년 6월   2013년 9월   2014년 1월

자료: Kim Yang-Jin(2014).

대적인 경쟁 상태에 놓여 있다. 구글이 이렇게 선방하는 가장 큰 이유는 구글의 안드로이드 때문이다. 구글 안드로이드는 가장 큰 운영체제이며 자신에게 유리한 측면을 적극 활용하고 있다. 예컨대 사람들이 스마트폰을 열었을 때 스크린 상단에 구글이 탑재되어 있어 사용하기 편리한 반면, 네이버나 다음을 사용하기 위해선 앱을 다운로드해야 한다(Y. Kim, 2014). 비록 2015년 초반에 수집된 다른 데이터는 네이버가 모바일 검색 시장에서 가장 선두에 있음을 보여주기 때문에 앞서 제시한 데이터가 어느 정도 특이치일 수 있지만, 이러한 수치들은 인터넷 검색 시장과 비교했을 때 모바일 검색 시장에서 두드러지는 구글의 역할을 보여준다(Y. L. Choi, 2015).

한편, 앱 이용의 중요성이 증가하면서 모바일 웹 이용은 감소했다. 모바일 마케팅 회사인 플러리Flurry에 따르면 2014년 3월 기준으로 미국인들은 모바일 장비를 하루 평균 2시간 42분 사용하는데, 이는 2013년 2시간 38분에서 증가한 값이다(Perez, 2014). 그 시간의 2시간 19분을 모바일 앱 사용이 차지하는 반면, 모바일 웹 사용은 2013년 미국 소비자 이용 시간의 20%에서 2014년 3월,

하루 평균 22분으로 줄어들었다. 2011년 12월, 전 세계 사람들은 스마트폰으로 모바일 앱(50.7%)과 모바일 웹(49.3%)을 균등하게 사용했다(Nielsen, 2012b). 그에 비해 비록 지금도 많은 한국인들이 스마트폰으로 웹 검색을 하고 있지만, 2012년을 기준으로 한국인들의 90% 이상이 모바일 메시지나 게임 및 지도와 같은 앱을 사용했다. 이러한 수치는 한국의 모바일 생태계가 전 세계적인 추세와는 정반대로 웹 대신에 앱에 의존하고 있음을 보여준다(Jin, 2014).[2] 이와 유사하게 미국 스마트폰 사용자들도 2013년 4/4 분기에 모바일 앱을 사용하는 데 그들의 모바일 미디어 시간의 89%를 사용한 반면, 겨우 11%만을 모바일 웹에 할애했다(Nielsen, 2014). 즉, 대다수의 국가들이 스마트폰에서 인터넷에 접속하기 위한 주요 관문으로 여전히 모바일 웹을 사용하는 반면, 스마트폰과 앱 영역에서 주도적인 몇몇 국가들은 그들의 일상생활에서 앱 사용량을 급격하게 늘리고 있다.

고용에서의 앱 경제

경제적 차원에서 볼 때 다양한 앱은 프로그래머나 사용자 인터페이스 디자이너, 마케터, 매니저, 그리고 지원 업무자들의 일자리를 창출한다. "앱 경제는 미국에서 2012년 2월을 기준으로 대략 46만 6000개의 일자리를 만들었다. 이러한 수치는 샌프란시스코에서 2011년 12월부터 시작된 페이스북 게임 앱 회사인 징가Zynga와 같은 신생 앱 회사들의 일자리 수를 포함한 값이다. 이와 더불어 앱 경제 고용은 일렉트로닉 아츠Electromic Arts, 아마존, AT&T와 같은 대기업에서의 앱과 관련된 일자리부터 구글, 애플, 페이스북 같은 핵심 회사들의 앱 '기반시설' 일자리까지를 모두 포함한다. 또한 앱 경제 총계에는 나머지 분야에 미치는 고용 파급 효과까지도 포함된다"(Mandel, 2012). 결론적으로 고용에 있어 앱 경제는 폭발적으로 증가하고 있다. 예를 들어 애플은 2015년 1월을 기준으로 100만 개 이상의 일자리를 창출했다고 발표했다(Apple, 2015). 계산해 보면 애플 스마트폰과 태블릿에 맞춰 설계된 앱은 62만 7000개 이상의 미국 내 일자리를 만들었으며, 6만 6000명의 사람들이 미국 내 회사에서 직접 일할 수 있도록 만들었다. 물론 ≪뉴욕타임스New York Times≫가 몇 년 전 주장했듯이 애플은 장비를 운송하는 운전사부터 거기에 사용되는 트럭을 만든 사람들까지 포함했기 때문에 이러한 수치들은 조금 과장된 측면이 있다(Wingfield, 2012). 그러나 일자리 창출에서 앱 경제의 중요성을 증명하는 데에는 충분한 수치다.

이에 비해, 2013년 한국에서는 약 27만 6600명의 사람들이 모바일 인터넷 산업에서 일했는데, 이는 전년도에 비해 4.6% 증가한 것이었다. 이 중에서도 시스템/장비 분야가 55.2%를 차지했으며, 그다음으로는 콘텐츠 개발(18.7%), 네트워크(16.2%) 그리고 솔루션/플랫폼(9.9%)이 뒤를 이었다. 그러나 콘텐츠 개발 부문에서 오직 2586명만이 모바일 앱과 관련된 영역에서 일했다(Korea Mobile Internet Business Association, 2014: 346). 이는 한국이 앱 경제와 관련된 일자리 수를 눈에 띄게 증가시키고 있는 것은 사실이지만, 상대적으로 소프트웨어 및 그와 관련된 노동력을 개발시킬 필요가 있음을 보여준다. 그렇지 않고서는 소프트웨어에 있어 몇몇 선진국들과의 차이가 크기 때문에 한국은 앱 경제의 성장이 가져올 진정한 혜택을 누릴 수 없다.

물론, 앱 경제의 성장이 국가 경제의 성장을 자연적으로 보장하는 것은 아니다. 앱 경제의 성장은 앱 시대 이전의 몇몇 산업들을 쇠퇴시키는데, 이는 앱이 기존 기술과 서비스들을 대체하기 때문이다. 예컨대 몇 년 전까지만 하더라도 GPS 내비게이션 시스템은 첨단 기술이었다. 그러나 SK플래닛의 티맵T Map이나 KT 올레 내비뿐만 아니라 무료 길 찾기 앱들이 등장하면서, GPS 내비게이션 생산자들과 운영자들은 문을 닫아야만 했다. 실제로 여러 GPS 내비게이션 회사들의 연간 매출은 20~30% 감소했으며, 기업의 수도 크게 줄어들었다(An and Ku, 2014).

신문 산업도 타격을 입었다. 첫째는 인터넷, 그리고 둘째로는 스마트폰과 앱 때문이었다. 사람들이 모바일용 네이버나 다음으로 기사를 읽으면서 (이전에는 인터넷으로), 신문 산업은 광고 수입과 구독자를 잃었다. 2015년 1월, 한 온라인 신문기자는 페이스북을 통해 자신 또한 온라인으로 신문기사를 읽기 때문에 수년간 구독해 왔던 신문을 정지시켰다고 공식적으로 밝혔다. 더 이상 종이 신문을 읽지 않기 때문에 신문을 구독할 필요가 없어진 것이다. 한국언론재단에 따르면 스포츠 신문이나 무료 신문을 포함한 신문 기업들은 주로 스마트폰 때문에 수익이 (50%까지) 극감했다(Korea Press Foundation, 2014).

결국 모바일 메신저 앱의 증대된 역할은 통신 서비스 기업들이 가지고 있었던 권력을 인스턴트 모바일 메신저 앱 운영사들로 이동시켰다. 이동통신사들은 수년 동안 수익의 많은 부분을 문자 메시지 앱에 들이고 있다. 마케팅 리서치 회사인 오붐(Ovum)에 따르면 문자 메시지 앱은 2012년 말 기준으로 230억 달러에 달하는 통신사들의 수익을 빼앗아갔다. 인터넷의 등장 이후 대부분의 음악 산업이 붕괴되었듯이 몇몇 산업들은 앱 경제에서 더 이상 버틸 수 없을 것이다. 이는 새로운 일자리를 창출한다고 알려진 앱 경제가 사실은 다른 산업들의 희생을 기반하고 있음을 의미하며, 국가 경제의 미래를 왜 조심스럽게 결정해야 하는지를 보여준다. 앱과 관련된 영역에서 새로운 일자리를 늘리는 것도 중요하지만 그 외의 영역에서도 고용을 생각해야 하며, 이는 현재의 앱 경제에서 새롭게 등장한 사회경제적 이슈다.

비즈니스 영역으로서의 인스턴트 모바일 메신저 앱

앱 경제는 여러 가지의 독특한 특징들을 가지고 있다. 그중 무엇보다도 현재의 앱 경제는 그것의 주 수익이 앱의 본질적인 가치에서 기인하지 않는다는 점에서 일반적인 정보 경제 개념과 차별화된다(Melody, 2009). "이전 ICT와 다르게 스마트폰은 수십만 개의 앱을 생산하는 중간 상품 및 서비스로서 기능한다. 스마트폰을 통해 앱 소프트웨어와 멀티미디어 콘텐츠를 쉽고 안정적으로 제공할 수 있을 때 앱 경제의 성장은 더욱 강화될 것이다"(Jin, 2014: 175). 특히 왓츠앱이나 바이버Viber(사이프러스Cyprus), 위챗, 라인, 그리고 카카오톡 같은 인스턴트 모바일 메신저 앱은 앱 경제에서 주도적인 역할을 수행하고 있다. 이러한 모바일 메신저 앱은 음성 메시지 시스템뿐만 아니라 모바일 게임처럼 이용자들이 사용하는 부가 서비스들의 플랫폼으로 기능하기 때문에 현재의 앱 경제에서 가장 중요한 앱 중 하나로 꼽힌다.

인스턴트 메신저 앱을 통해 개발자와 기업들은 점점 더 많아지는 이용자 수를 기반으로 자신들의 독특한 비즈니스 모델을 개발시켜 왔다. 이들은 앱 판매, 광고 제공 및 앱 자체를 수익성 높은 상품으로 만드는 등 다양한 수익 창출 전략을 사용한다. 모바일 메신저 앱 기업들은 자신들을 "기업 영역"의 상징으로 만들며 자신들의 시장 가치를 극대화했고(van Dijk, 2012c), 그 결과 앱 경제에서 가장 바람직한 디지털 상품이 되었다.

최근 들어 이 영역에 중요한 거래들이 여럿 있었다. 2014년 일본 인터넷 회사인 라쿠텐Rakuten은 이스라엘 사람이 설립했지만 사이프러스에 기반을 둔 바이버를 9억 달러에 인수했다. 중국 온라인 대기업인 알리바바Alibaba는 2014년 3월에 또 다른 실리콘밸리 회사인 탱고Tango의 한 부분을 2억 5500만 달러에 인수했다. 한편, 알리바바의 라이벌인 텐센트Tencent는 약 4억 명의 사람들이 이용하는 위챗을 소유하고 있다. 이 회사는 오래된 메시지 서비스인 QQ 또한 운영 중이며 카카오톡의 지분을 가지고 있다(Economist, 2014). 여러 검색 포털들과 통신 회사들, 그리고 "페이스북, 도이치텔레콤Deutsche Telekom 및 삼성"을 포함한 소셜 네트워킹 사이트들은 "메시지 앱 시장을 개척하고 있다. 페이스북은 2011년에 모바일 메시징 스타트업 회사인 벨루가Beluga를 인수했다"(Rusli, 2013). 2014년 2월, "도이치텔레콤은 메시징 앱 핑거Pinger에 750만 달러를 투자했으며", 한국 최대 이동통신 사업자인 SKT는 2013년 인기 있는 메시징 앱 제조사인 메드스마트MadSmart를 인수했다. 또한 "2011년 후반 챗온ChatOn이라는 메시징 앱을 출시한 삼성은 파트너십을 위해 메시지미MessageMe를 포함한 여러 모바일 메시징 스타트업 회사들과 접촉하고 있다"(Rusli, 2013).

한편, 페이스북은 2014년 왓츠앱을 인수했는데, 이는 거래 가치 측면에서 시장 리더였던 컴팩Compaq을 HP가 인수했던 것 다음으로 컸다(Hartung, 2014). 고객이 통신사에 직접 요금을 지불하지 않기 때문에 일명 "오버더톱over-the-top" 앱이라 불리는 메시징 앱들은 "대체로 전형적인 텍스트 메시지 서비스를 넘어 음성 메모나 카메라 앱 또는 게임에 접속하는 기능은 물론, 10대와 젊은 층 사이에서 인기가 좋은 가상 스티커들을 제공한다". 2013년 1월에 "왓츠앱은 5개월 전만 해도 하루에 100억 개의 메시지를 처리했는데, 이제는 그 수치가 180억 개가 되었다고 밝혔다. 이 앱은 구글 안드로이드 휴대전화에서만 1억 회 이상 다운로드되었다"(Rusli, 2013). 페이스북은 2014년 10월 마침내 왓츠앱에 대한 인수를 220억 달러에 완료했다(Frier, 2014).

물론 디지털 플랫폼의 일부로서 소셜 미디어의 인수합병은 그들 자체가 사용자를 기반으로 한 수익성 좋은 상품이기 때문에 상당히 보편적으로 일어난다. 실제 구글은 2006년에 유튜브를 16억 5000달러에 인수했고(Google, 2006), 뉴스코퍼레이션News Corporation은 마이스페이스Myspace를 사들였다. 마이크로소프트도 링크드인LinkedIn을 2016년 6월에 206억 달러를 들여 인수했다(Mims, 2016). 미디어 및 통신 분야에서 굵직한 합병을 목격하는 것이 드문 일은 아니지만, 최근에 나타난 이러한 거래들은 뉴미디어들끼리, 특히 소셜 미디어 기업들 사이에서 이루어졌다는 점에서 매우 흥미롭다. 이용자들의 일상생활에 크게 의존하는 소셜 미디어 기업들은 더 많은 고객을 유치하기 위해 자신들의 최첨단 앱을 전용하고, 그 결과 그들은 주식시장뿐만 아니라 거래시장에서 귀중한 상품이 된다.

한국에서 카카오톡은 사용자의 수가 증가함에 따라 주요 대상이 되었고, 이를 계기로 모바일 인스턴트 메신저 앱은 수익성 높은 상품이 되었다. 한국의 독보적인 모바일 메시징 서비스인 카카오톡은 카카오라는 운영사에 의해 만들어졌는데, 이 회사는 인터넷 포털사인 다음 커뮤니케이션즈와 34억 달러에 합병되었다(Song, 2014).[3] 다음과 카카오톡의 합병은 페이스북의 왓츠앱 인수 후 곧바로 일어났다. 비록 다음은 더 많은 수입과 이윤, 직원 및 주식 시장 목록을 보유하고 있었지만, 카카오톡의 주주들은 새로운 회사의 가장 좋은 몫을 얻었다. 이러한 거래는 메시징 앱이 얼마나 인기 있는 종목인지 잘 보여주는 사례다(*Economist*, 2014). 다음은 당시 1억 6500만 대의 기기에서 사용 중인 카카오톡이 한국의 주요 포털사인 네이버와의 경쟁에서 큰 도움이 될 것이라 믿었다. "한국인들은 단순히 대화를 하려고 이 앱을 이용하지 않는다." 이 앱은 카카오에 가장 많은 수익을 올려주는 "모바일 게임이나 가상 및 실물의 선물을 보내기 위한 대중적인 플랫폼이기도 하다. 네이버 역시 4억 명이 이용하는 메시징 앱 라인을 소유하고 있지만 일본을 기반으로 두고 있다"(*Economist*, 2014).

다시 한번 강조하자면 인스턴트 모바일 메시징 서비스는 앱 경제에서 상당히 유망한 상품이 되었다. 이들의 비대해진 역할 때문에 통신 회사부터 검색 포털이나 소셜 네트워크 사이트에 이르는 다양한 ICT 기업들이 자사의 모바일 메시징 서비스를 유치하려고 노력 중이다. 즉, 과거에 인터넷이 대다수의 초국적 기업들의 목표물이었듯이 인스턴트 모바일 메시징 서비스 회사는 21세기 앱 경제에서 가장 각광받고 있다. 그리고 이 인스턴트 모바일 메신저 앱 산업은 소수의 초국적 기업으로 통합되고 있다.

독점 자본주의를 상징하는 앱 경제

한국에서 증대된 앱 경제의 역할이 반드시 부정적인 것만은 아니지만, 최근 들어 앱 경제의 주요 이슈 중 하나는 소수의 몇몇 기업들에 네트워크 권력이 집중되고 있다는 것이다. 시장 권력이 소수의 대기업에 집중되는 현상은 종종 있어왔고, 스마트폰 제조업이나 이동통신 시장 또한 과점 시장을 형성하고 있다.

특히 한국 앱 경제에는 3개의 독과점 시장들이 존재한다. 인스턴트 모바일 메신저 시장, 운영체제 시장, 그리고 앱 스토어 시장이 그것이다. 전자가 한국 모바일 메신저 앱에 의해 통제되는 반면, 후자의 두 시장은 미국 기반 앱들이 지배하고 있으며, 그 결과 대다수의 미디어 및 통신 분야와 마찬가지로 미국과 한국 사이의 불균형이 심화되고 있다.

먼저, 한국 모바일 메신저 시장에서는 2015년 4월을 기준으로 카카오톡(시장 점유율 87.4%)이 선두를 차지했으며, 라인(3.2%), 위챗(1.8%), 그리고 마이피플(1.6%)이 그 뒤를 이었다(Y. Chang, 2015). 카카오톡의 이러한 독보적인 지위는 사찰 논란이 불거지면서 2014년 92%에서 살짝 감소했다. 그러나 그 선두가 바뀌지는 않았다(Associated Press, 2014).[4] 운영체제 시장에서 보자면 세계에서 가장 많이 팔린 스마트폰 운영체제는 2003년 구글이 출시한 안드로이드다. 시장 점유율로 따졌을 때 2014년 1/4분기 동안 안드로이드가 85.4%를 차지했으며, iOS(14.1%) 그리고 기타(0.5%) 운영체제가 그 뒤를 이었다. 이와 마찬가지로 포털 시장에서 네이버의 시장 점유율은 2014년 1월부터 8월까지 81.5%를 넘어섰다(Y. Park, 2014).

결론적으로 앱 경제의 중심인 네트워크 산업은 고도로 집중된 네트워크 독점 시장을 형성하고 있다. 이러한 현상은 "기존의 독점규제법 그리고/혹은 직접적인 산업 규제를 적용시키는 문제에 대한" 정부의 관심을 불러일으키고 있다(Melody, 2009: 69). 새로운 디지털 기술이 등장하면 완벽한 독점 상태는 아니더라도 시장은 재빨리 과점 시장에서 독점 시장으로 이동하는데, 이는 앱 경제에서 새롭게 나타난 양상이다. 일반적으로는 과점 상태에서 몇몇 주요 기업들이 서로 경쟁하며 상대적으로 균등한 시장 점유율을 차지한다. 그러나 앱 경제에서는 하나의 대기업이 압도적인 시장 점유율을 가지고 시장 전체를 통제하며, 때로는 시장의 90%를 차지하고 나머지 10% 미만을 다른 경쟁사들이 차지하기도 한다. 즉, 앱 경제에서 중요한 것은 독점 시장을 향한 과정이 기존의 자본주의와 동일하지 않다는 것이다. 로버트 맥체스니Robert McChesney는 다음과 같이 정확하게 관찰했다.

한 회사가 어떤 제품을 100% 판매하면서 잠재적인 경쟁자들을 쫓아내거나 없앨 수 있는 순수한 독점은 거의 존재하지 않는다. 그 대신, 자본주의는 독점적 경쟁이나 과점이라고 불리는 상태로 진화하는 경향이 있다. 이러한 시장에서는 소수의 몇몇 회사들이 그 산업의 생산 또는 판매를 지배하며, 제품의 가격을 설정할 수 있는 시장 권력을 지니고 있다(McChesney, 2013: 37).

자동차나 유통 및 석유를 포함한 많은 산업이 그렇듯이 "과점 상태에서는 모든 주요 기업들이 가격 전쟁에서 살아남을 정도로 크기 때문에 시장 점유율을 높이기 위해 섣불리 가격 전쟁에 뛰어들지 않는다"(McChesney, 2013: 37).

그러나 앱 경제에서 독점적 지배는 가격 전쟁이 아니라 이용자 수를 둘러싼 전쟁을 의미한다. "더 많은 이용자가 있을수록 더 많은 수익이 난다" ― 이는 앱 경제의 비즈니스 좌우명이다. 카카오톡에 등록하는 것은 무료이며, 앱을 다운로드하는 것도 거의 무료다. 스마트폰 운영체제와 마찬가지로 검색 앱 자체도 무료다. 따라서 독점 시스템 그리고/또는 과점 시장의 상식은 앱 경제에서 통용될 수 없다. 그 대신, 대기업들은 광고비에서 수익을 얻기 때문에 자신들의 앱을 이용하는 사람들의 수가 증가할수록 이익을 얻는다. 이와 같은 양상은 우리로 하여금 기존의 사회적 불평등을 강화시키는 앱 경제의 본성에 대해 질문하게 만든다. 앱은 소통과 정보 공유에서 잠정적으로 평등을 촉진할 수 있는 새로운 기술로 여겨지고 있다. 그러나 스마트폰 및 앱 서비스를 기반으로 한 앱 경제는 이미 다양한 부정적 결과물들을 경험하고 있다(Jin, 2014). 미카엘 덥스Michael S. Daubs와 빈센트 만젤로Vincent Manzerolle가 주장하듯이 "우리가 앱 중심 미디어라고 부르는 것 ― 오픈 웹과는 멀어지고 스마트폰 및 모바일 브로드밴드의 빠른 수용에 의해 가속화된 소규모의 독립형 앱으로의 이동 ― 의 등장은 모바일 연결성의 상업화를 지속시킨다"(Daubs and Manzerolle, 2016: 65).

한국 앱 경제 안에서의 미국 권력들

한국 앱 경제에서 미국 앱 관련 기술들의 중요성이 점점 증가하면서 국내 시장에 대한 미국 지배가 강화되고 있다. 한국 모바일 인터넷 비즈니스 협회Korea Mobile Internet Business Association에 따르면 한국 모바일 콘텐츠 시장은 2013년 24억 3000만 달러에서 2014년 31억 8000만 달러로 증가할 것으로 예상되었다(Korea Mobile Internet Business Association, 2014). 모바일 콘텐츠 시장은 유료 앱이나 앱을 통한 광고를 포함한다. 2013년에는 유료 다운로드 앱 판매가 이 시장의 40.8%를 점유한 가장 큰 비즈니스 모델이었고, 이용자가 앱 안에서 결제하는 인앱구매in-app purchase(20.4%), 판매+인앱구매(11.3%), 판매+광고료(8.6%), 광고료(5.9%), 그리고 기타(0.4%)가 그 뒤를 이었다. 가장 중요한 앱 콘텐츠 중 하나인 전자책이나 멀티미디어들은 대개 직접적인 마케팅을 통해서 구매되기 때문에 앱 판매는 가장 큰 카테고리다(Korea Mobile Internet Business Association, 2014: 17~18).[5]

구글 플레이 하나가 모바일 콘텐츠 시장의 49.1%를 차지하며 그다음은 앱 스토어(30.5%)인데, 이러한 수치는 이 두 가지의 서구 플랫폼들이 한국 앱 경제의 79.6%를 차지하고 있음을 보여준다. 실제로 2013년 모바일 게임 분야에서 대다수의 한국인들은 구글 플레이(67.1%)를 통해 모바일 게임을 다운로드했고, 그다음으로는 카카오톡(49.9%), 이동통신사들(20.9%) 그리고 애플 앱 스토어(18.6%)를 이용했다(Ministry of Culture, Sports and Tourism, 2014: 442). 안드로이드가 국내 운영체제 시장의 90% 이상을 보유하고 있기 때문에 이러한 흐름은 계속될 것이다. 다시 말하지만 스마트폰 이용자들은 새로운 스마트폰을 사도 구글 플레이에 쉽게 접속할 수 있다(Nam, 2014). 구글 플레이나 앱 스토어는 스마트폰에 내장되어 있기 때문에 이들은 자연적인 이점을 누리며 시장 점유율을 계속해서 증가시킨다.

사실, 내장되어 있지 않은 앱을 이용자가 직접 설치하는 작업은 구글이 안드로이드에 또 다른 앱 스토어들이 등록되는 것을 막고 있기 때문에 상당히 어럽다. 구글 개발자 유통 계약서의 비경쟁 조항 4.5조는 다음과 같이 명시한다. "귀하는 구글 플레이 외부에서 안드로이드 기기에 사용할 소프트웨어 앱이나 게임의 배포를 지원하는 상품을 배포하거나 제공하는 데 구글 플레이를 사용할 수 없습니다"(Google, 2014). 이용자가 기술적으로 막혀 있는 앱을 사용하고자 한다면 그것을 다운로드하고 사용하기 위해 적어도 12개의 단계를 거쳐야만 한다. 이는 한국 개발자와 스마트폰 서비스 제공업체들이 국내 시장에서 그들의 시장 점유율을 확장하는 데 상당한 장벽으로 존재한다.

2014년 3/4분기 동안 구글 플레이 다운로드 수에서 한국은 미국, 브라질, 인도, 러시아 다음으로 5위를 기록했다. 그러나 구글 플레이의 수익 면에서 보면 한국은 3위를 차지한다. 게임은 구글 플레이의 전 세계 수익에서 가장 많은 부분을 차지한다. 한국에서 발생한 대부분의 구글 플레이 수익도 게임에서 비롯되었다(App Annie, 2014; Crawley, 2014). 고긴이 지적하듯이 애플은 "소비자들을 자신의 제품(아이폰, 아이패드 및 아이패드 터치)에 묶어두려 한다. 소프트웨어 및 디지털 미디어(예를 들어 음악)를 구매하거나 업로드하는 등 기본적인 작업을 수행하려면 반드시 디지털 관리 및 권한 시스템(아이튠즈)을 사용해야만 한다. 그 결과 애플이 승인한 소프트웨어 앱만이 제공되며, 이 외의 앱들은 앱 스토어를 통해 배포될 수 없다. 아이폰과 아이튠즈는 지적 재산권에 대한 제한과 사용자 통제와 관련해 많은 비판을 받았다"(Goggin, 2011a, 154).

결론적으로 플랫폼 기반 시장 경제에서 흔히 볼 수 있듯이 소수의 미국 기반 플랫폼 회사들만이 앱 시장의 성장으로 이익을 얻었다. 한국은 광대역 서비스, 인터넷, 온라인 게임 및 스마트폰을 포함한 이전의 주요 ICT 부문에서 그랬듯이, 앱 경제에서도 주요 국가가 될 것이다. 그러나 소프트웨어 기반 앱은 이전 기술이나 서비스와 비교가 불가능한데, 그 이유는 스마트폰은 반드시 미국의 운영체제에 의존해야만 하기 때문이다(Jin, 2015). 안드로이드와 iOS는 미국 플랫폼 기술, 특히 미국 소프트웨어의 상징이며 한국은 이러한 운영체제를 대체할 만한 것을 소유하고 있지 않다. 한국이 자체적인 운영체제를 개발하지 않는 한 한국 앱 경제는 제한적 그리고/혹은 주변화될 것이다.

스마트폰이나 무료 모바일 메신저, 검색 엔진 및 모바일 게임 같은 앱 경제의 다른 영역들과는 달리 스마트폰 운영체제는 안드로이드와 iOS라는 미국 운영체제가 국내 시장을 통제하고 있기 때문에 독특한 생태계를 만들어냈다. 삼성과 LG가 스마트폰 시장에서 주요 기업이라고 할지라도 자체의 운영체제를 가지고 있지 않기 때문에 다른 나라의 운영체제를 사용할 수밖에 없다.[6] 대체로 한국은 안드로이드에 의존하고 있다. 삼성과 LG가 안드로이드 OS를 운영체제로 사용하고 있기 때문에 한국 스마트폰 시장에서 안드로이드의 역할은 증가할 수밖에 없다. 아이폰 앱과 구글 앱 플랫폼 모두 "광고 산업의 주요 관심 대상이며, 여기에는 휴대전화 제조사들 및 국내의 초국적 이동통신 사업자들에 의해 여전히 강력하게 지배되는 모바일 네트워크 산업에 새로운 시장을 개척한 앱 스토어, 그리고 빽빽한 가치 사슬을 만들어내고 있는 새로운 중개업체들도 포함된다"(Goggin, 2011a: 153). 앱의 영향력은 새로운 자원 및 새로운 생산성을 창출하고 있으며, 이것의 전략적 이용은 앱 개발자와 앱을 소유한 기업들에게 엄청난 혜택을 가져다주고 있다(Couvering, 2012). 따라서 이러한 독점 자본주의(적어도 안드로이드와 iOS의 복점)는 미국과 다른 나라들 사이의 불평등을 더 심화시킬 것이다.

또한 여러 외국 기업들은 한국 앱 벤처 자금에 직접 투자하고 있다. 예를 들어 2014년 11월에 골드만삭스Goldman Sachs는 한국에서 가장 유명한 모바일 음식 배달 서비스를 운영하는 한국 스타트업 우아한형제들에 3600만 달러를 투자했다. 우아한형제들이 소유한 '배달의 민족' 혹은 '배민'은 2014년 10월에만 이 앱에 등록된 14만 5000개의 음식점에서 약 400만 건의 음식 배달 주문을 처리했으며, 총 970만 달러의 매출 중 순이익 4억 7000만 원(42만 4000달러)을 기록했다. '배달의 민족'은 대부분의 비즈니스를 모바일 기기를 통해 수행하는데, 약 99%의 거래가 한국에서 스마트폰을 통해 이루어진다(J. Cheng, 2014). 이처럼 음식 배달을 포함한 사람들의 일상생활이 스마트폰과 앱을 통해 변화되면서 외국 금융 및 ICT 기업들은 재빠르게 한국에 투자하고 있으며, 이는 한국 앱 경제에서 서구 기반 초국적 기업들의 힘을 강화시키고 있다.

제조업에서 서비스업으로 사회 경제적 구조가 변화한 것은 1970년대 초부터였다(White, 2014). 그중에서도 네트워크 사회(Castells, 2010)의 성장을 기반으로 한 디지털 경제는 1990년대 후반부터 인터넷의 발전과 함께 가속화되었다. 2010년대 초에는 인터넷 중심의 네크워크 사회가 스마트폰 및 앱을 통해 연결된 네트워크 사회로 빠르게 전환되는 것을 목격했다. 스마트폰 앱은 디지털 경제 및 문화의 성장을 위한 기본 자원으로 기능하기 때문에 새로운 앱 경제는 과거의 정보 경제를 빠르게 대체했다.

결론

이 장은 스마트폰의 등장과 함께 독특한 성장을 보여준 앱 경제에 대해 논의했다. 디지털 경제와 문화에서 앱의 역할이 증가함에 따라 앱 경제는 정책 담당자 및 통신업계 실무자들에 의해 평가되는 영역이 되었다. 스마트폰이 출시된 이래 100만 개가 넘는 앱이 개발되었고 수억 개의 앱이 다운로드되었다. 이제는 거의 모든 것을 위한 앱이 존재한다. 대다수의 정부 관계자들과 스타트업들은 일자리와 GDP라는 관점에서 앱을 기회로 여긴다. 다시 말해, 그들은 신흥 앱 경제를 혁신적인 성장을 위한 차세대 원동력으로 간주하고 있다. 많은 국가들 또한 세계에서 가장 혁신적인 경제국이 되려는 야망을 공유하고 있으며, 앱 트렌드는 기회의 발현체로 여겨진다.

물론 이와 같은 결과물은 놀라운 것이 아니다. 앱이 스마트폰 시장에 부가가치를 발생시켰기 때문에 스마트폰의 보급은 앱의 중요성을 점점 더 강화시켰다(M. Jung, 2010). 앱은 일자리를 창출하고, 앱 개발자와 회사의 수익을 향상시키고, GDP를 증가시키는 등 디지털 경제 성장에 크게 기여했다(Warmerdam,

2014). 또한 스마트폰의 급격한 발전은 "지식이 만들어지고 공유되는 방식들, 그리고 그 결과로 회사가 운영되고 시장이 기능하며, 경제가 발전하는 방식들"을 변화시키는 중이다(Melody, 2009: 93). 스마트폰은 새로운 전자 의사소통 기반일 뿐만 아니라 앱 경제의 기반시설로 기능한다.

21세기 초반 앱은 주식 거래나 모바일 게임 등 사람들의 일상생활을 변화시키는 것은 물론, 디지털 경제를 기반으로 한 경제 성장에 실질적으로 기여하기 때문에 상당히 중요하다. 앱은 전례 없이 자본주의 경제 시스템의 사회문화적 범위를 직접 생산하고 있다. 그러므로 이러한 자본주의 형태는 앱 주도형 디지털 경제라고 부르는 것이 적합하다.

스마트폰의 빠른 수용과 더불어 한국은 앱 경제에서 강대국들 중 하나로 부상했다. 삼성과 LG라는 두 개의 스마트폰 글로벌 리더뿐만 아니라 한국은 네이버와 다음 같은 자체적인 검색 포털도 소유하고 있다. 카카오톡이나 라인 같은 한국의 인스턴트 모바일 메신저 앱은 다른 앱이 실행될 수 있는 중요한 플랫폼으로 기능한다. 또한 한국은 비디오 게임 이용자들이 그들의 플랫폼을 온라인에서 모바일 게임으로 전환하는 것에 발맞춰 모바일 게임을 신속하게 개발했다. 한국이 가진 역량 중 결여된 부분은 바로 스마트폰의 운영체제다. 삼성과 LG 모두 안드로이드를 자신들의 운영체제로 이용하고 있고, 그 결과 구글 플레이는 앱 시장에서 지배적인 플랫폼이 되었다. 이렇게 불평등한 시스템은 여러 문제들을 야기하는데, 특히 운영체제를 소유한 미국과 그것을 사용하는 한국 사이의 불평등을 심화시킨다.

요약하자면 앱 경제의 급격한 성장은 스마트폰 운영체제에서 독점적인 위치를 차지한 구글이나 애플 같은 미국 플랫폼 기업들의 지속적인 지배를 암시한다. 한국이 페이스북이나 트위터를 포함한 소셜 네트워킹 사이트 외에도 안드로이드나 iOS 같은 미국 운영체제에 대한 의존도를 높이고 있기 때문에 앱 경제에서 한국은 상대적으로 주변적 위치를 차지할 수밖에 없다. 한국은 스마트폰 기기를 포함한 하드웨어와 다양한 모바일 게임들을 급속도로 발전시켜

왔지만 한국 기업들은 구글 플레이나 애플 앱 스토어를 이용할 수밖에 없다. 플랫폼 기술 시대에 소프트웨어나 앱이 결여되어 있다는 것은 한국 앱 경제가 직면한 중대한 문제점이다. 결국, 소프트웨어, 특히 운영체제를 개발하는 것이 앱 경제를 성장시키는 열쇠다.

Chapter 6

스마트폰 시대, 정보 격차에서 디지털 포용까지

대학생인 김미영(21세) 씨는 2014년 12월 자신의 스마트폰을 삼성 갤럭시3에서 갤럭시5로 업그레이드했다. 휴대전화를 바꾸면서 요금제도 무제한 LTE 데이터 서비스로 업그레이드했기 때문에 그녀의 부모님은 한 달에 10만 원이 넘는 금액을 지불해야만 한다. 한편, 그녀의 어머니(54세)는 여전히 피처폰을 사용하고 있다. 어머니는 가장 저렴한 요금제를 사용 중이며, 한 달에 3만 5000원 정도를 지불한다. 피처폰으로 어머니는 주로 가족이나 친구들과 통화를 하며 데이터 플랜이 아닌 와이파이를 통해서만 인터넷에 접속하고, 휴대전화로 대중가요를 듣거나 영화를 보지 못한다.

— 서울에 거주 중인 21세 여학생과의 인터뷰 내용 중 발췌

1990년대 중반부터 한국은 브로드밴드 서비스나 비디오 게임, 무선통신과 같은 다양한 ICT 분야뿐만 아니라 스마트폰과 앱을 개발해 왔다. 한국이 이러한 기술들을 재빨리 수용하면서 ICT는 국가 경제 및 청년문화에 지대한 영향을 끼치게 되었다. 기술의 진보가 "유토피아에 가까운 방식으로 삶의 조건을

향상시킨다"라는 것은 보편화된 믿음이다. 그러나 기술의 진보는 "모든 사회가 겪을 수밖에 없는" 새로운 도전을 가져왔다(Garcia de la Garza, 2013). 전 세계에서 가장 네트워크화된 국가 중 하나인 한국은 정보 격차나 사이버 폭력 및 사생활 침해 등 스마트폰 시대에 발생하는 여러 문제들에 직면해 있다.

그중에서도 정보 격차는 스마트폰 시대의 심각한 사회 문제로 대두되고 있다. 여러 정책가들과 ICT 전문가들은 스마트폰이 정보 격차에 다리를 놓을 것이라 믿고 있지만, 현실에서 스마트폰은 해결책이 되지 못하고 있다. 또한 인터넷과 관련된 정보 격차는 점차 줄어드는 반면, 높은 이용료 및 숙련도의 부족 때문에 많은 사람들은 여전히 스마트폰의 혜택을 누리지 못한다. 주부들과 노인들뿐 아니라 몇몇 고등학생들까지도 새롭고 비싼 스마트폰 서비스를 이용할 수 없으며, 다양한 유료 앱에 접속할 수도 없다. 이렇게 페이스북이나 트위터 같은 소셜미디어 및 스마트폰 사용에서 나타나는 불평등은 단순히 기술만이 아니라 지식 경제의 상징인 경제적 불평등으로 이어진다.

이 장은 스마트폰 기술 및 그와 관련된 정보 격차에 대해 분석한다. 이 장에서 정보 격차는 통계적 수치들을 뛰어넘는 방식으로 맥락화될 것이다. 스마트폰 시대의 정보 격차는 다음과 같은 방식으로 논의된다. 먼저 이 장은 스마트폰 격차에서의 주요 이슈들을 다룬 후 논의의 초점을 정보 격차에 대한 전통적 이해 방식에서 새로운 사회문화적 이슈가 된 이중 격차로 옮길 것을 제안한다. 이와 더불어 스마트폰의 최근 성장 및 그것과 관련된 사회문화적 이슈들을 맥락화하기 위해 2014년 12월 한국에서 진행된 "스마트폰에 대한 사람들의 인식" 조사 결과를 활용한다. 총 1000명의 휴대전화 이용자들을 인터뷰했고, 응답자들은 19세 이상이며, 그중 49.5%는 남성, 50.5%는 여성이었다. 또한 응답자들 중 81.8%는 스마트폰을 소지하고 있었으며, 나머지 18.2%는 피처폰을 사용하고 있었다. 이렇게 혼종적인 방법론적 틀은 스마트폰에 대한 분석 및 연구를 한걸음 더 진전시킬 것으로 보이는데, 특히 스마트폰의 급격한 성장에 따른 최근 한국의 사회문화적 문제들을 분석하는 데 많은 기여를 할 것이다.

정보 격차 이해하기: 이분법적 구분의 문제점들

세계적으로 정보 격차라는 개념이 주요한 정책상의 이슈가 된 1990년대 중반 이후 이를 해결하는 일은 많은 나라에서 가장 중요한 과제 중 하나가 되었다. PC가 인터넷 및 월드 와이드 웹을 포함해 가정으로 들어온 1990년대에 IT 정책 담당자들과 학자들은 정보 격차에 대해 언급하기 시작했다. "미국의 핵심 그룹은 인터넷의 중요성을 알리고, 국가 정보 기반National Information Infrastructure: NII에 대한 심의 및 공표를 진행시킨 반면, 학자들과 비평가들은 특정 인구를 가로질러 발생하는 컴퓨터 사용에 따른 불평등에 대해 점점 경고의 목소리를 높였다"(Strover, 2014: 114~115).

인터넷이 가장 중요한 ICT 가운데 하나가 되었기 때문에 일반적으로 정보 격차는 네트워크화된 컴퓨터나 인터넷(van Dijk, 2005; 2006; 2012a; 2012b) 그리고/ 또는 휴대전화(Chircu and Mahajan, 2009; Lee and Kim, 2014; Y. J. Park, 2015; Mascheroni and Olafsson, 2015; Puspitasari and Ishii, 2015)에 의한 역량 강화 및 그것에 접속하거나 사용하는 데 발생하는 수입, 학력, 고용, 인종, 민족 및 나이에 따른 사회적 집단들 사이의 불일치를 지칭한다. 다시 말해 정보 격차라는 개념은 인터넷 접속에 대한 격차와 관련되어 처음 대중화되었다(Castells, 2001; Gunkel, 2003). 정책가들은 사회적 소수자들의 조건을 더욱 열악하게 만드는 접속, 기술 그리고 기반시설과 같은 장벽들을 해결하는 데 어려움을 겪고 있다 (Quan-Hasse, 2013). 정보 격차 담론에서 확인된 두 가지 주요 문제점들은 다음과 같다. 하나는 기술에 대한 물리적 접근에서 발생하는 불평등이고, 또 다른 하나는 효율적으로 ICT를 사용할 수 있는 능력에 따른 격차다(Selwyn, 2004).

이전의 여러 연구들은 컴퓨터 구입이나 가정, 직장 그리고 학교에서의 컴퓨터 사용에 대해 기록하고, 그것의 소유권이나 사용을 결정짓는 인구 통계학적 요소들을 조사했다. 이러한 작업을 통해 학자들은 정보 격차가 기술에 대한 물리적 접근의 문제임을 확인할 수 있었다. 다시 말해, 연구자들은 실증적인 조사를 기반으로 여성, 소수자 및 노인들, 그리고 더 가난하고 덜 교육받을수록 컴퓨터를 자주 사용하지 않는다고 주장했다. 이러한 연구 결과와 더불어 "컴퓨터 및 인터넷 사용이 갖는 규범적인 혹은 출세지향적인 역할, 즉 정보사회에서 기능하기 위해서는 이러한 능력과 기술이 필수적이라는 생각은 상식이 되었다"(Strover, 2014: 115). 정보 격차는 정보 및 지식 기반 사회에 상당 부분 참여할 수 있는 능력을 갖춘 사람들과 그렇지 못한 사람들 사이의 격차로 측정된다(Kaplan, 2005; Mancinelli, 2007에서 재인용). 몇몇 연구자들은 인터넷이 사회 구조적 분열을 기반으로 이미 형성된 사회적 불평등을 재강화한다고 주장하기도 한다(Norris, 2001; van Dijk, 2006).

물론, 가진 사람과 못 가진 사람, 연결된 것과 분리된 것 사이의 이분법을 바탕으로 좁게 정의된 개념은 최근 역동이 갖는 다중성을 설명할 수 없다(Mansell, 2002; Warschauer, 2003; 2004; Selwyn, 2004; Livingston and Helsper, 2007; Kim et al., 2011). 학자들은 "단순한 접속이 기회의 평등을 보장하는 것이 아니기 때문에 논의의 방향을 기술에 대한 물질적 접근에서 사용에 영향을 끼치는 사회문화적 요소에 대한 까다로운 질문으로 바꿔야 한다"라고 주장한다(Livingstone and Helsper, 2007: 672). 닐 셸윈Neil Selwyn이 지적한 대로 "기술자들의 보편적 주장과 달리 그것(ICT)을 유용하게 사용하지 못한다는 것이 반드시 기술적 요소(예컨대, 기술 사용에 대한 조심스러움 혹은 불안함)나 심지어 심리적 요소(예컨대, '과묵함' 혹은 기술 사용에 대한 불안감)로 인한 결과물은 아니다. 그보다는 여러 연구가 증명하듯이 사람들의 ICT 사용은 사회적·심리적·경제적 그리고 무엇보다 실용적인 이유들이 복합적으로 결합되어 결정된다"(Selwyn, 2004: 349). 한편 파나요타 짜츠Panayiota Tsatsou 또한 "단선적이고, 단순하며 규범적인 설명은 사람들이 ICT를 수용하는 방식과 그 수용이 갖는 사회적 함의에 영향을 끼치는 사회문화적 그리고 정치적 자본의 역할은 물론, 그것들의 연결성이 갖는 중요성을 크게 간과한다"라고 주장한다(Tsatsou, 2011: 323).

이 같은 이분법적 사고는 실로 문제적인데, 왜냐하면 정보 격차의 기본적 틀은 기술결정론 ― 기술의 단순한 존재 유무가 행위와 사회 발전에 결정적인 영향을 끼친다는 주장 ― 이 분명하기 때문이다(Warschauer, 2003: 297). "기술결정론자들은 미디어의 영향력을 무조건 좋은 것으로 보는 사람들부터 해악한 것으로 보는 사람들에 이르기까지 그 범위가 넓지만, 그들은 모두 사회 변화를 결정짓는 요소들 중에서도 기술에 우선적인 자격을 부여한다. 이러한 입장은 하드웨어, 소프트웨어 및 온라인 네트워크의 보급을 통한 기술 격차의 해소를 강조하는 것으로 이어진다"(Warschauer, 2003: 297~298). 같은 맥락에서 마크 바르샤우어 Mark Warschauer는 다음과 같이 지적한다.

정보 격차 프레이밍이 갖는 가장 큰 문제는 사회적 통합을 위한 상호보완적인 자원들 및 복합적인 해결책에 대한 고려 없이, 단순히 컴퓨터나 통신 같은 디지털 솔루션을 암시하는 경향이 있다는 점인데, 정보기술 앱이 해결책이 될 수도 있지만 현존하는 자원들과 관계들의 결합에 단순히 추가되는 정도로는 충분하지 않다(Warschauer, 2003: 298).

스마트폰의 최근 성장과 더불어, 21세기 초 정보 격차는 여전히 걱정거리로 남아 있다. 스마트폰이 네트워크 사회에서 주요한 역할을 담당하게 되면서 정보 격차는 더 이상 이 개념이 인터넷의 등장과 함께 만들어졌던 1990년대와 같을 수 없는데, 그 이유는 스마트폰이 갖는 경제적 혜택뿐만 아니라 사회문화적 기회라는 커다란 가능성 때문이다(Jin, 2015). 카스텔이 분명히 언급하듯이 "정보 격차는 인터넷 기반의 경제와 문화를 바탕으로 한 개념이었다"(Castells, 2001: 3). 스마트폰 시대는 정보 격차의 또 다른 중요한 형태를 만들어내고 있으며, 따라서 정보 격차는 반드시 스마트폰 성장으로 인해 우리 사회가 목격하고 있는 다양한 원인들 및 결과들의 영향으로 이해되어야 한다.

지오바나 마스케로니Giovanna Mascheroni와 샤르탄 올라프슨Kjartan Olafsson이 최근 연구에서 지적했듯이 휴대전화, 특히 스마트폰을 "정보 격차의 측면에서 분석한 연구는 인터넷 접속 및 사용과 관련된 사회적 불평등 연구에 비해 매우 적다"(Mascheroni and Olafsson, 2015). 그러나 휴대전화가 중요한 사회적 커뮤니케이션 수단 및 다기능적 매체가 되었던 2000년대 초반부터 모바일 매체의 소유 및 사용과 관련된 불평등, 즉 모바일 격차는 점점 더 사회적 관심사가 되었다(Lee and Kim, 2014). 특히, 스마트폰 이용률이 높은 한국은 피처폰이 아닌 스마트폰 성장을 둘러싼 환경을 고찰하려면 정보 격차를 비판적으로 신중히 검토해야 한다. 스마트폰은 인터넷과 같은 방식으로 사용되지 않기 때문에 단순히 접속이나 기술에만 집중해서는 불평등을 영속시키는 스마트폰의 힘을 간과할 수밖에 없다. 학자들과 정부 정책가들이 정보 격차를 일으키는 인터넷의 역할을 고려하기 시작했을 때, 그들의 가장 큰 관심사 중 하나는 사람들이 인터넷을 통해 얻은 정보로 이득을 얻을 수 있는지에 관한 것이었다. 그러나 스마트폰은 수많은 앱을 통해 인터넷보다 더 많고 다양한 기능을 수행한다. 따라서 정보 격차에 대한 논의는 스마트폰을 포함한 기술 성장에 따른 불평등을 측정할 수 있는 다양한 기준들을 반영해야 하며, 이전 연구들보다 훨씬 더 섬세해야 한다(Jin, 2015). 즉, 스마트폰 보급 차이로 인해 주로 발생하는 현대의 정보 격차를 다룰 수 있는 새로운 개념적 틀이 요구된다.

인터넷 격차에서 스마트폰 격차로

오늘날 많은 국가에서 정보 격차는 1990년대 후반보다는 덜 심각할 것이다 (Benkler, 2006). 실제로 비주류 집단의 접속 증가율이 주류 집단의 증가율보다 높기 때문에 정보 격차의 기본적 구성 요소인 기술 접근성에서의 빈부 격차는 어느 정도 감소했다. 하지만 이와 같이 접속의 격차가 줄어서 사회적 불평등에 대한 논의도 함께 줄어들었다(Tranter and Willis, 2002; Ji and Skoric, 2013에서 재인용). 미국의 정보 격차를 분석한 후 벤저민 쿰파이니Benjamin Compaine는 다음과

〈표 6-1〉 IDI(2012)

등수	국가	IDI
1	한국	8.57
2	스웨덴	8.45
3	아이슬란드	8.36
4	덴마크	8.35
5	핀란드	8.24
6	노르웨이	8.13
7	네덜란드	8
8	영국	7.98
9	룩셈부르크	7.93
10	홍콩	7.92
11	호주	7.9
12	일본	7.82
13	스위스	7.78
14	마카오	7.65
15	싱가포르	7.65
16	뉴질랜드	7.64
17	미국	7.53
18	프랑스	7.53
19	독일	7.46
20	캐나다	7.38

같이 강조했다. "정보 격차가 자연스럽게 사라지고 있다고 보는 것이 합당하다. 몇 년 안에 공공정책은 주변부에 남아 있는 정보 틈새를 해결하기 위해 도움이 필요한 훨씬 더 작은 문제들로 주의를 돌려도 된다"(Compaine, 2001: 334).

다양한 지표들 또한 ICT 사용 및 접속을 기반으로 한 정보 격차가 줄어들고 있음을 보여준다. ITU가 이러한 평가를 내리는 기관들 중 하나다. 국가들의 ICT 발전 정도를 측정하고 비교하기 위해 11개의 지표들을 하나의 측정값으로 결합시킨 ICT 발전지수ICT Development Index: IDI에 따르면 한국은 최고의 ICT

국가다. IDI는 2008년 ITU가 개발했으며, ICT에 대한 접근성access, 이용도use, 활용도skill라는 3개의 하부 지수로 나뉜다(International Telecommunication Union, 2013).[1] 2012년 IDI 결과는 국가 간 ICT 수준 격차가 크다는 사실을 보여준다. 2012년, IDI 값은 가장 낮은 0.99(니제르Niger)부터 가장 높은 8.57(한국)까지 분포되었다(〈표 6-1〉 참조). IDI의 목적 중 하나가 전 세계의 정보 격차를 측정하는 것인 만큼, 이러한 수치는 한국이 세계에서 가장 낮은 정보 격차를 가지고 있음을 시사한다. 한국은 ICT의 급격한 성장을 통해 정보 격차를 줄여왔다. 그러나 이 지표는 사람들이 ICT에 접속하고 사용하는 것만을 측정할 뿐이며, 결과적으로 오직 이분법적인 정보 격차만을 보여준다. 물론 우리는 정보 격차에서 기본적인 접속 및 활용도가 여전히 중요하다는 사실을 부인할 수는 없다.

그러나 이보다 더 중요한 사실은 스마트폰이 기술적 격차뿐만 아니라 사회 문화적 불평등과 연관된 것이기 때문에 스마트폰으로 인한 정보 격차는 네트워크화된 사회의 새로운 걱정거리이며 이제 시작이라는 점이다. 이러한 측면에서 콜린 스파크스Colin Sparks는 다음과 같이 주장한다. "만약 경제적 그리고 사회적 불평등이 정보 격차의 모든 징후를 결정하는 중요한 요소 중 하나라면, 인터넷 및 소셜 미디어가 개발되고 확산되었음에도 불구하고 정보 격차는 전혀 줄어들지 않았고, 심지어 몇몇 중요한 경우에는 증가했다"(Sparks, 2013: 39).

스마트폰은 단순한 이동통신 수단이 아니라 휴대용 컴퓨터이기 때문에 오늘날의 스마트폰 사용은 핵심적이다(Verkasalo et al., 2010). 사람들은 스마트폰을 통해 정보를 검색하고, 자료들을 다운로드하며, 다양한 서비스들을 이용한다. 스마트폰 이용자들은 그들의 관심사에 따라 많은 앱을 설치하고 이용할 수 있다. 또한 SNS는 중요한 앱 중 하나로 스마트폰에 설치된다(Hwang and Park, 2013). 상대적으로 저렴해진 스마트폰은 "스마트폰 출현 이전에 존재했던 접속의 불평등을 어느 정도 해결할 수 있는 가능성을 열어놓으면서", 오랫동안 논의되었던 인터넷의 정보 격차를 좁혀놓았다"(King, 2011; E. Park, 2014: 1). 18~19세의 미국 청소년들을 대상으로 연구한 에스터 하르기타이Eszter Hargittai와 김수

정은 다음과 같이 주장한다.

> 모바일 장비는 종종 비주류 집단들이 인터넷 접속과 관련된 한계들을 뛰어넘을
> 수 있도록 도와주는 수단으로 알려져 있다. 인터넷 경험이 많은 사람일수록 모바
> 일 기기를 통해 온라인 접속을 포함한 더 많은 기능들을 사용한다는 우리의 연구
> 결과는 이러한 통념에 주의를 요구한다. 결론적으로 휴대전화의 확산이 정보 격
> 차를 해소할 수 있을지, 혹은 다른 기능과 지원성을 가진 기기들의 수용이 정보
> 유무에 따른 기존 격차를 더 악화시킬지는 두고 볼 문제로 남아 있다(Hargittai and
> Su Jung Kim, 2012: 26).

이러한 스마트폰 격차는 이중 정보 격차를 초래한다(Kim et al., 2011; Selwyn,
2004). 즉, 스마트폰 이용자와 비이용자 간 격차와 스마트폰 이용자 내부에서
"더 복잡하고 우월한 기능을 활용할 수 있는 능력" 격차가 바로 그것이다(E.
Park, 2014: 1). 스마트폰은 다용도의 멀티미디어 플랫폼이기 때문에 스마트폰
이용자들 사이에서 격차가 발생한다. 스마트폰은 피처폰과 몇 가지 기능들을
공유하지만 카메라, 터치스크린, GPS 내비게이션, 와이파이, 그리고 모바일
브로드밴드 접속 같은 더 많은 기능들을 가지고 있다.

무엇보다 스마트폰 앱의 개방성은 애초에 의도된 적 없는 기능들의 탄생을
가능하게 한다. 사용자가 스마트폰 조작에 익숙할수록 "이 장비가 가진 기술적
역량을 충분히 활용할" 가능성이 높아진다(E. Park, 2014: 1). 따라서 한정된 기능
들만 사용하는 이용자와 다양한 앱을 이용할 줄 아는 이용자들 사이의 내부적
인 스마트폰 격차가 발생한다. 결론적으로 융합 및 스마트 미디어 환경에서 플
랫폼 접속을 기반으로 한 정보 격차만 언급한다는 것은 더 이상 적합하지 않으
며, 그 대신 다른 서비스들에 접속하고 이용할 수 있는 활용 능력에 따라 만들
어지는 새로운 "스마트폰 격차"에 대해 논해야 한다(E. Park, 2014). 많은 사람들
은 스마트폰 시대가 주는 혜택에서 벗어나 있다.

스마트폰은 역사가 짧기 때문에 아직까진 연구자들의 큰 관심을 받지 못한 새로운 종류의 ICT다. 비록 이전의 여러 연구들이 모바일 기술에 관심을 기울였지만, 그들의 주요 관심사는 피처폰이지 스마트폰의 최근 형식은 아니었다. 따라서 스마트폰 시대에 정보 격차의 본질을 파악하기 위해 우리는 정보 격차의 몇 가지 주요 특징들에 대해 평가하고 이를 휴대전화에 적용해볼 수 있다. 예를 들어 알리나 치르쿠Alina Chircu와 비제이 마하잔Vijay Mahajan이 지적하듯이 스마트폰 격차는 2개의 요소들을 중심으로 더 잘 이해될 수 있다(Chircu and Mahajan, 2009: 458). 즉, ① (보급률이나 사용률을 측정하는) 스마트폰 기술의 깊이, 그리고 ② (사용 가능한 스마트폰 서비스의 다양성을 측정하는) 스마트폰 기술의 폭이 그것이다. 스마트폰 깊이는 공급자에 관계없이, (스마트폰 구매자 수로 측정되는) 스마트폰의 보급률로 정의된다. 이와 동시에 정보 격차는 스마트폰 기술 서비스 폭이라는 부가적인 기준에 따라 측정되어야 한다. 스마트폰 통신 기술은 단일한 목적이 아니라 음성 및 데이터 전송(카카오톡 같은 모바일 텍스트 메시지, 이메일 및 웹 브라우징, 앱 다운로드 그리고 스트리밍 미디어)과 같은 다양한 작업에 사용될 수 있다. 스마트폰 서비스 폭은 서비스 다양성 혹은 스마트폰 이용자들이 사용가능한 서비스의 개수로 정의된다(Chircu and Mahajan, 2009: 458). 따라서 이와 같은 측정법은 스마트폰을 통신 기기뿐만 아니라 정보, 엔터테인먼트 및 인터넷 접속 채널로 사용하는 한국의 스마트폰 이용 행태를 포착할 수 있다.

스마트랜드 코리아의 스마트폰 격차: 이중 정보 격차에 대해

스마트폰 시대에 한국은 정보 격차를 지속적으로 겪고 있다. 스마트폰 격차는 PC를 기반으로 한 정보 격차에 비하면 훨씬 더 뚜렷하다. 스마트폰 보급률은 계속해서 증가하고 있지만, 스마트폰은 경제력이 없는 스마트폰 비이용자들을

〈그림 6-1〉 OECD 국가들의 월 가계 통신 지출비 (단위: 달러)

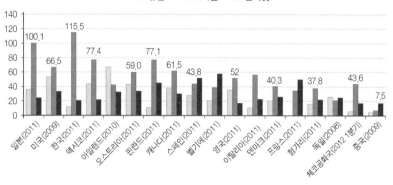

자료: OECD(2013b: 278).

주변화하며 정보 및 앱 접속이란 측면에서 새로운 형태의 정보 격차를 양산하고 있다. 더욱이 2010년대 초 경제 불황기 동안 치솟은 월 이용료 때문에 많은 사람들은 부가가치 서비스를 이용하지 못한다. 경제협력개발기구OECD 『커뮤니케이션 아웃룩Communications Outlook 2013』에 따르면 2011년 기준 통신장비 및 서비스 비용으로 소비되는 한국의 월간 가계 지출은 평균 148.30달러로, 이와 관련된 데이터가 제공되는 26개의 나라들 중 일본(160.50달러)과 미국(153.10달러)에 이어 3위를 기록했다. 이러한 수치는 인터넷 접속과 모바일 및 유선통신 비용 모두를 포괄한 것이다. 모바일 통신비만 놓고 보면 한국의 월간 가계 지출은 115.50달러로 조사 국가 중 가장 높았으며, 일본(100.10달러)과 멕시코(77.40달러) 그리고 핀란드(77.10달러)가 그 뒤를 이었다(OECD, 2013b: 278; 〈그림 6-1〉 참조). 이렇게 비싼 이용료는 적지 않은 한국인들이 해당 서비스를 이용할 수 없다는 것을 반증한다.

한국에서 ICT 접속 및 이용에 대한 정보 격차는 상대적으로 줄어들었다. 장애인이나 저소득층, 농부/어부 그리고 노인을 포함한 사회적 소수자들의 ICT 이용 또한 일반 대중의 정보 수준을 100%라고 가정했을 때 2004년 45%에서 2010년 71.1%로, 2013년엔 75.2%로 증가했다(Ministry of Science, ICT and Future

<표 6-2> 한국의 정보 격차(2013)　　　　　　　　　　　　　　　　(단위: %)

구분	장애인	저소득층	농부/어부	노인층 (50대 이상)	합계
PC 기반 격차	83.8	83.2	67.8	72.6	75.2
모바일 기반 격차	41.8	63.8	35.7	38.8	42.9
스마트폰 보급률	39.9	55.1	35.7	41.5	42.8

Planning, 2013). 이러한 수치는 사회적 소수자들의 약 25%는 ICT 공공 기반시설로부터 혜택을 받지 못하고 있지만, 전반적으로 봤을 때 그들의 정보 수준이 상당히 개선되었음을 보여준다. 그러나 모바일 이용자들과 비이용자 사이의 정보 격차(모바일 격차) 문제는 PC 기반 격차보다 훨씬 더 심각하다. 2012년 모바일 격차는 27.8%였지만 스마트폰 시대의 급격한 성장과 함께 2013년 42.9%로 평가되었다(<표 6-2> 참조). 모바일 접근성은 인터넷에 접속할 수 있는 모바일 사용자의 비율을 말하며 모바일 활용도는 능력 및 숙련도의 조합을 뜻한다. 다시 말해 이는 디지털 리터러시digital literacy 수준을 가리킨다.

여기서 디지털 이용도는 수적인 이용과 질적인 이용 모두를 포함한다. 수적인 이용은 모바일 이용자가 실제로 모바일 매체를 통해 인터넷을 사용하는지를 측정하며 이용 시간을 고려하는 반면, 질적인 이용은 모바일 사용이 사람들의 일상적 활동에 도움을 주는지를 측정한다(Ministry of Science, ICT and Future Planning 2013: 366~369). 모바일 접근성은 스마트폰의 수가 계속해서 증가한다는 점에서 모바일 활용도 및 모바일 이용도보다 상대적으로 높다. 실제로 사회적 소수자들의 약 57.5%는 휴대전화를 통해 인터넷에 접속하고 있다. 그러나 모바일 활용도는 36.2%로 기록되었으며, 모바일 이용도 또한 36.8%에 그쳤다. 이러한 숫자는 스마트폰을 포함한 모바일 기술 확장에 따른 혜택들을 얻기 위해 사회적 소수자들이 디지털 리터러시 및 모바일 이용도를 향상시킬 필요가 있음을 보여준다(<표 6-3> 참조).

한국은 스마트폰 이용도에서 가장 높은 비율을 달성한 것으로 보인다. 그러

<표 6-3> 한국의 모바일 기반 격차(2013) (단위: %)

구분	장애인	저소득층	농부/어부	노인층	합계
모바일 접근성	53.5	74	48	55.8	57.5
모바일 활용	37.2	58.9	31.1	30.7	36.2
모바일 이용	35.8	59.9	29.2	32.1	36.8
합계	41.8	63.8	35.7	38.8	42.9

나 김호기 외 다른 연구자들이 지적하듯이 이중 격차가 나타나고 있다(Kim et al., 2011). 이 이중 격차의 한 부분은 스마트폰을 소유한 사람과 소유하지 않은 사람 사이에서 발생한다. 그러나 2015년 9월을 기준으로 모바일 이용자들의 약 73%가 피처폰 대신 스마트폰을 사용하고 있기 때문에 한국이 브로드밴드 서비스에서 경험했듯이 이렇게 단선적인 격차 또한 몇 년 안에 사라질 것이다.

브로드밴드, 온라인 게임, 그리고 인터넷과 같은 이전 뉴미디어들의 발달이 증명하듯이 한국인들의 가장 큰 특징 중 하나는 빠른 변화를 원한다는 것이며 이는 최첨단 기술의 성장을 촉진해 왔다. 한때 한국인들은 침착하고 참을성 있는 민족으로 여겨졌지만 빠른 변화에 열광하는 심리는 이제 한국인들의 특징이 되었다. 한국이 최빈국에서 아시아의 주요 경제국으로 고속 성장하기 시작한 1960년대 이후로 한국인들의 인내심은 사라졌다. 한국인들은 더 이상 느리다고 평가받지 않는다. 오히려 한국 사회는 기다림 없는 빠른 의사소통, 빠른 연결을 욕망하는 충동으로 유명하다(Jin, 2011). 스마트폰 사용에서도 예외는 없다. 만약 주변 친구가 스마트폰을 사용하기 시작했다면 한국인들은 반드시 자신도 그것을 가져야만 한다.

이러한 환경에서 스마트폰 이용자들 간 격차는 새로운 문제로 떠오르고 있다. 이 격차는 특정 부류의 사람들만 더 복잡하고 향상된 기능을 사용할 줄 아는 능력의 차이 때문에 발생하기도 하지만, 부가가치 서비스가 포함된 비싼 요금제를 사용하는지 아니면 기본 서비스만 이용하는 값싼 요금제를 사용하는지에 따라 발생하기도 한다. 다시 말해, 스마트폰 이용자들 간 활용도의 차이도 중요하지만 사람들이 어떤 서비스를 구입할 수 있는지에 따른 격차를 이해하는 것 또한 중요하다.

스마트폰 분야에서의 이중 정보 격차는 인터넷 정보 격차보다 더 체계적이다. 겉으로 보기에 이용자들은 최첨단 서비스를 이용하고 있다. 그러나 그들 중 많은 사람들은 다른 사람들이 이용하는 중요한 서비스에서 배제된다. 넓은 의미에서 보면 정보 격차라는 개념은 한 개인 혹은 그룹이 사회에서 차지하는 상대적인 위치와 연관된다. 그 격차는 교육, 인종 혹은 지역 때문에 발생할 수 있다. 다시 말해 그것이 무엇이든 빈곤과 정보 격차 사이에는 연관성이 분명히 있지만, 빈곤이 유일한 원인은 아니다(Mancinelli, 2007).

새로운 사회적 이슈로서의 스마트폰 격차

필자의 연구에 따르면 이중 격차에서 처음이자 기본 형태를 구성하는 접근성 측면에서의 스마트폰 격차는 확실히 여러 카테고리 안에서 존재한다. 첫째, 나이에 따라 직장에 다니거나 대학에서 공부하는 49세 미만의 거의 모든 사람들은 적어도 1개의 스마트폰을 가지고 있다. 그러나 그다음 연령층(50~50세)이나 그 이상의 사람들은 대부분 스마트폰을 보유하고 있지 않다. 60세 이상 사람들 중 오직 33.8%만이 스마트폰을 사용한다. 은퇴 후 수입이 극감하기 때문에 이들은 스마트폰 이용료 같은 불필요한 지출을 줄임으로써 절약해야 한다. 둘째, 조사 결과에 의하면 대부분의 대학생(95.6%) 및 대학원생(92.9%)이 스마트폰을 소유하고 있으며, 초등학교(18%) 그리고 중학교 수준의 학력을 가진 사람들(35.8%)의 스마트폰 이용도가 가장 낮았다. 마지막으로 회사원(98.4%), 소매업/서비스업 종사자들(95.2%) 그리고 전문직 종사자들(90.5%)이 주부(66.7%), 단순 노동자(47.1%), 혹은 무직자들(43.2%)보다 상대적으로 높은 스마트폰 사용료를 내고 있었다(〈표 6-4〉 참조). 이러한 결과는 사회적 소수자들(예컨대, 노인층, 육체노동자들, 그리고 교육 수준이 낮은 사람들)이 스마트폰을 적게 사용하고 있으며, 그렇기 때문에 스마트폰 격차가 접근성이란 측면에서조차 상당히 중요한

〈표 6-4〉 스마트폰을 사용하시나요?   (단위: %)

구분	모집 수	예	아니오	총합
합계	1,000	81.8	18.2	100
성별				
남자	495	83.4	16.6	100
여자	505	80.2	19.8	100
나이				
19-29	181	98.9	1.1	100
30-39	191	100	0	100
40-49	212	96.2	9.8	100
50-59	197	86.3	13.7	100
60대 이상	219	33.8	66.2	100
최종학력(졸업 기준)				
초등학교	50	18	82	100
중학교	95	35.8	64.2	100
고등학교	474	86.7	13.3	100
대학교	367	95.6	4.4	100
대학원	14	92.9	7.1	100
직업				
관리직	9	77.8	22.2	100
전문직	42	90.5	9.5	100
회사원	184	98.4	1.6	100
소매업/서비스업	168	95.2	4.8	100
정비업	43	74.4	25.6	100
단순 노동	34	47.1	52.9	100
농업/어업/임업	22	45.5	54.5	100
자영업	189	82	18	100
주부	204	66.7	33.3	100
학생	67	98.5	1.5	100
은퇴/무직	37	43.2	56.8	100
기타	1	100	0	100

문제임을 일깨워준다. 다음에 더 자세히 다루겠지만 스마트폰 사용자들 사이의 이러한 구조적 정보 격차는 이중 격차의 두 번째 요소인 사용의 질적 차이에 따른 격차와 결합된다.

두 번째 격차는 일반적으로 활용도, 온라인 검색 및 문제 해결 능력, 그리고 역량 강화 — 예컨대, 이용의 효율성, 사회적 관계성 그리고 사회적 자본의 확장 혹은 성장 — 같은 몇 가지의 변수들에 따라 결정된다(Molnar, 2003). 폴 디마지오Paul DiMaggio 또한 교육 수준이 높은 사람들이 인터넷을 사용하면서 사회적 자본을 포함한 더 많은 사회적 이익을 얻는다고 주장한다(DiMaggio et al., 2003; Molnar, 2003도 참고). 이러한 주장을 통해 디마지오는 매우 중요한 결론을 이끌어낸다(DiMaggio et al., 2003; Molnar, 2003도 참고). 즉, 인터넷 사용 패턴에 따라 몇몇 사람들(예컨대, 더 부유한 사람들)은 그들의 능력(역량 강화)을 확장할 것이고, 이것은 더 많은 사회적 격차들을 낳는다는 것이다.

스마트폰은 사람들의 일상 속 핵심 도구이기 때문에 스마트폰 시대의 정보 격차는 인터넷 격차보다 더 복잡하고 복합적인 결과물들을 만들어내고 있다. 따라서 스마트폰 격차를 두 가지 차원에서 이해하는 것이 중요하다. 하나는 스마트폰 이용자와 비이용자 사이의 격차고, 다른 하나는 이용자들 사이의 격차, 즉 부가가치 서비스를 이용하는 사람들과 기본 서비스만 이용하는 사람들 사이의 격차다. 특히, 후자에서 발생하는 새로운 형태의 정보 격차는 상당히 중요한데, 이는 시민 참여나 사이버불링에서의 차이뿐만 아니라 소수 기업들과 일반 이용자들 간 격차까지 다양한 사회문화적 불평등을 양산하기 때문이다.[2]

스마트폰 시대 정보 격차에 대한 사회문화적 해석들

한국은 OECD 가입국 중 총 가계 지출에서 통신 기기 및 서비스 비용이 차지하는 비율이 가장 높은 국가다. 이는 스마트폰과 모바일 브로드밴드의 빠른 수용 및 사용을 증명한다. 시스코에 따르면 한국 소비자들은 2011년 한 달 평균 1.2GB의 데이터를 사용할 정도로 스마트폰을 많이 사용한다. 이러한 사용량은 다른 국가들에 비해 상당히 높은 수치다(OECD, 2013: 278). 스마트폰이 피처폰을 계속해서 대체하고 있기 때문에 모바일 분야에서 한국의 지출은 앞으로 더 많아질 것이다.

하지만 그 이면에는 스마트폰 서비스를 이용하지 못하는 한국인들도 다수 존재한다. 만약 이들이 스마트폰을 사용한다면 오직 기본 서비스만 이용하고 있을 것이다. 이중 격차의 두 번째 측면은 한국의 다양한 영역에서 발견될 수 있다. 첫째, 2014년 9월 기준 휴대전화 이용자의 30%가 여전히 피처폰을 사용하고 있는 반면, 스마트폰 사용자들의 약 10%(400만 명)는 2011년 중반 출시된 MVNOs를 사용했다. MVNOs는 저렴한 가격으로 이동통신사로부터 네트워크를 빌려와 그들보다 더 저렴한 가격으로 모바일 서비스를 제공함으로써 소비자들을 유혹한다. 이마트, 프리티(FreeT) 그리고 한국 우체국을 포함한 MVNOs는 주요 이동통신사들보다 30~50% 정도 저렴한 대신 제한된 통화시간과 메시지 수 및 데이터 서비스를 제공한다. 결국, 이와 같은 서비스는 스마트폰 보급률을 증가시키는 데 기여하지만 MVNOs 이용자들은 다양한 부가가치 서비스를 이용할 수 없다.

더 자세히 살펴보면 MVNOs 이용자들은 자신들의 제한된 데이터 플랜을 사용하지 않고도 와이파이를 통해 인터넷에 접속할 수 있지만, 데이터 용량이 충분하지 않기 때문에 와이파이가 약한 지역에서는 인터넷 그리고/혹은 앱에 접속하는 데 한계가 있다. 게다가 LTE가 빠르게 성장 중에 있지만 여전히 많은 사람들은 인터넷에 접속하기 위해 2G/3G를 사용하고 있다. 비싼 통신비 때문에 제한된 서비스를 이용하는 소비자들은 다른 이용자들과 같은 수준의 부가가치 서비스를 이용할 수 없고, 결과적으로 이것은 정보 격차로 이어진다. 데이터 서비스는 주로 모바일 게임이나 스트리밍 같은 부가가치 서비스를 이용하기 위해 필요한데, MVNOs 이용자들 그리고/혹은 저렴한 플랜을 사용하는 사람들은 시청각 엔터테인먼트 및 정보 기능을 활용할 수 없기 때문에 최근 한국 사회에서 새로운 형식의 정보 격차를 낳고 있다. MVNOs 이용자 수는 2013년 9월 22만 명에서 2014년 9월 400만 명으로, 2015년 9월에는 다시 560만 명으로 증가했으며(Ministry of Science, ICT and Future Planning, 2015a), 그만큼 스마트폰 이용자 간 격차는 더 벌어지고 있다. 스마트폰 이용자 내부의 격차에서 가장 중요한 이슈는 MVNOs 가입자를 제한하는 데이터 사용에 관한 문제다. 이에 따라 스마트폰 이용자들 중 부가가치 서비스를 이용하는 사람들과 기본 서비스만 이용하는 사람들 사이의 격차는 줄어들지 않고 증가하고 있다.

둘째, 조사에 따르면 사람들은 스마트폰 서비스 플랜service plan(매달 내는 이용료)을 결정할 때 이용료를 가장 중요시하는데, 이는 결국 스마트폰 격차로 이어진다. 실제로 응답자 중 50.4%는 이용료가 가장 중요한 요소이며, 편의성(24.9%), 데이터 용량(12.5%), 구성(11.2%), 그리고 기타(1%)가 그다음이라고 대답했다(〈그림 6-2〉 참조). 또한 나이가 적을수록 이용료에 대한 부담이 적었다. 19~29세 사람들 중 38%가 스마트폰 서비스를 고를 때 이용료를 가장 고려한다고 대답한 반면, 50~59세 사람들 중 55.9%가, 그리고 60세 이상 사람들 중 71.6%가 이용료를 가장 걱정한다고 말했다. 특히, 50~59세의 응답자 중 오직 9.4%만이 데이터 용량을 고려한다고 언급했다. 즉, 50세 이상 이용자들에게 이용료는 가장 핵심적인 고려사항이었다. 결국 대다수의 노인층 및 노동자 계층, 그리고 몇몇 학생들은 이용료를 급격하게 증가시키는 부가가치 서비스를 이용할 수 없다. 실제로 응답자들 중 62.3%는 현재 내고 있는 이용료가 부담스럽다고 대답한 반면, 오직 12.6%만이 그렇지 않다고 했다. 그 외의 사람들(25.1%)은 이용료에 무관심했다. 이러한 구분에는 나이, 장소, 그리고 직업적 차이가 거의 드러나지 않았는데, 이는 대부분의 사람들이 스마트폰 서비스 플랜에 비슷한 부담감을 느끼고 있다는 것을 뜻한다.

다른 지표 또한 이러한 현실을 잘 보여준다. "유료 앱이 부담스러운지 혹은 그렇지 않은지"에 대해 물었을 때 응답자 중 23%는 부담을 느끼지 않는다고

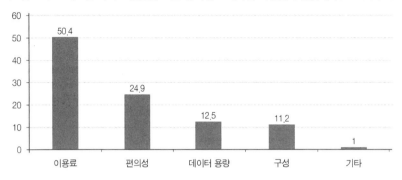

말했다. 그리고 약 3/10(29.6%)은 무관심하다고 응답했다. 흥미롭게도 19~29세의 응답자들(52.5%)이 가장 부담을 느끼는 그룹이었지만, 60세 이상의 사람들 중 44.6% 또한 어느 정도 부담감을 느낀다고 말했다. 대학생과 사회 초년생들은 앱을 많이 사용하는 집단이며, 문화생활을 즐기기 위해 유료 앱을 다운로드해야 한다. 그러나 그들 중 대부분은 아직 학생이거나 취업 준비생이기 때문에 앱을 소비하는 데 경제적 부담감을 느끼고 있었다.

같은 맥락에서 이와 같은 수치는 노인층이 비싼 서비스 플랜에 가입하지 못한다는 것을 증명한다. 즉, 대부분의 노인들은 부가가치 서비스의 혜택을 받기보다는 스마트폰의 기본 기능들만 사용한다. 젊은 소비자들 또한 이용료와 관련된 압박을 받지 않는 것은 아니다. 전반적으로 사람들은 스마트폰 회사가 새로운 기술을 출시하고 새로운 부가가치 서비스를 추가할수록 이용료와 관련된 경제적 부담감을 느낀다. 중요한 것은 이러한 부담감이 스마트폰 사용에 한계를 설정하며 사람들의 경제적 활동을 제한할 수 있다는 것이다. 이러한 맥락에서 바르샤우어는 다음과 같이 지적한다.

정보 격차라는 개념은 어떤 연쇄적인 인과 관계를 암시한다. 컴퓨터와 [스마트폰]에 대한 제한된 접근성은 인생의 기회를 날려버릴 수 있다. 이러한 생각에는 의심의 여지가 없지만, 그 역도 마찬가지로 사실이다. 즉, 이미 주변화된 사람들은 컴퓨터나 [스마트폰]에 접근하거나 사용하는 데 있어 제한된 기회를 가질 것이다. 실제로 테크놀로지와 사회는 뒤얽혀 있고 상호 구성적이며, 이렇게 복합적인 상호 관계성은 인과 관계에 대한 모든 과정을 문제화한다(Warschauer, 2004: 7).

셋째, 얼마나 비싼 서비스 플랜을 이용하고 있는지와는 상관없이 대부분의 한국인들은 스마트폰을 제한적으로 사용하고 있기 때문에 활용 격차는 문제적이다. 우리가 "스마트폰을 사용할 수 있는 능력"에 대한 질문을 던졌을 때 응답자들 중 오직 22%만이 모든 기능을 충분히 이해하면서 사용하고 있다고 대답했다. 5명의 응답자들 중 4명 정도는 몇몇 기능들만 완전히 이해했거나 기본적인 기능들만 알고 있는 상태에서 스마트폰을 제한적으로 사용하고 있었다. 실제로 응답자들 중 38.8%는 스마트폰의 기능들을 충분히 알고 있지만 제한적으로 사용 중이라고 답했고, 33.6%는 오직 기본적인 기능들만 알거나 사용하고 있다고 말했다. 숫자는 적지만 몇몇 응답자들(5.4%)은 스마트폰을 휴대전화 수준으로 이해하고 사용 중이라고 대답했는데, 이들은 피처폰을 사용 중인 것과 다름없었다. 즉, 스마트폰을 충분히 활용하고 있는 사람들과 제한적으로 이용하는 사람들 사이의 격차는 상당했다. 따라서 우리는 이중 격차의 두 번째 측면을 확인할 수 있었다.

이러한 결과는 상당히 흥미로운데, 많은 사람이 스마트폰을 제한적으로 사용한다면 반드시 스마트폰을 소유할 필요가 없기 때문이다. 그들은 스마트폰을 피처폰처럼 사용하기 때문에 스마트폰의 소유가 그들의 일상을 변화시키지 않는다. 스마트폰 격차에서 접근성은 심각한 이슈가 아닐 수도 있지만, 스마트폰의 실질적인 활용은 더 나은 문화적 그리고 경제적 활동을 제한하고 있다.

결론적으로 많은 한국인들은 스마트폰이 정보 격차를 줄이는 데 기여할 것이라고 믿고 있다. "소셜 미디어가 정보 격차를 줄일 수 있다고 생각하세요?"라는 질문에 참여자들 중 53.2%가 그럴 수 있다고 답했다. 그러나 35.4%는 별

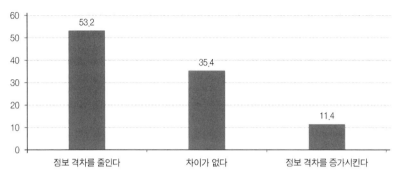

주: 동의한 응답자의 비율이다.

다른 차이가 없다고 말했고, 11.4%는 오히려 소셜 미디어가 정보 격차를 증가시킨다고 믿고 있었다(〈그림 6-3〉 참조). 나이에 따라 젊은 층(19~29세)의 60.8%는 소셜 미디어가 정보 격차를 줄일 수 있다고 말한 반면, 노인층(60세 이상)에서 오직 40.6%만이 그럴 것이라고 동의했다. 직업으로 분류하자면 전문직의 64.3%가 소셜 미디어가 정보 격차를 줄일 수 있다고 믿은 반면, 노동자층의 오직 32.6%와 전업주부 중 45.1%만이 그렇다고 답했다. 이러한 결과는 정보 격차 및 그 해결책에 대한 한국인들의 태도가 그들의 나이나 직업에 따라 상당히 다르다는 것을 보여주는데, 이는 스마트폰/소셜 미디어 시대에 가진 자(젊고, 숙련된, 전문 직업 종사자들)와 못 가진 자(늙고, 비숙련된, 노동자 계층의 사람들) 사이의 불평등을 드러낸다.

    정보 격차에서 스마트폰의 역할을 고려할 때 어떤 사람들은 스마트폰의 보편적 사용이 모든 사람들을 인터넷에 접속할 수 있도록 만든다고 믿지만, 스마트폰이 정보 격차에서 어떤 의미를 갖는지 질문해야 할 이유들이 여럿 존재한다. 한국에서 스마트폰은 빈부나 교육 수준에 상관없이 많은 사람들이 사용한다. 그러나 앞선 설문조사가 증명하듯이 스마트폰 시대의 정보 격차는 여전히 존재하며, 이러한 상황은 단기간에 해결될 것 같지 않다.

게다가 고소득 가구는 스마트폰 외에도 유선 브로드밴드 서비스를 가정에서 이용하는 반면, 저소득 가구는 브로드밴드 서비스 대신 인터넷에 접속하기 위해 집에서도 휴대전화를 점점 더 많이 사용하고 있는 것으로 나타났다. 이러한 통계는 적지 않은 문제들을 보여준다. 휴대전화를 통한 인터넷 접속은 스크린 크기가 작기 때문에 구직 활동이나 복잡한 정보를 검색하는 등의 활동에 명백한 한계를 갖는다. 더 큰 스크린을 가진 무선 장비들이 출시되거나 무선 네트워크 속도가 개선된다면 이러한 장벽들은 완화될지도 모른다(Strover, 2014). 그러나 스마트폰을 통한 인터넷 접속 비용은 저소득층에게 유용성만큼이나 상당히 어려운 문제다. "광역대의 집약적인 앱이 만들어지고 속도에 따라 요금이 부과되는 서비스가 계속되기에 우리는 또 다른 유형의 정보 격차에 직면하고 있다. 소득이 높은 가정은 속도가 빠른 모바일 서비스를 감당할 수 있지만 저소득층 가정은 그보다 열악한 서비스를 이용한다. 그뿐만 아니라 농촌 지역은 최고의 무선 서비스를 받을 수 있는 가장 마지막 지역이 될 것이다"(Strover, 2014: 119).

스마트폰 시대의 디지털 포용: 정책적 측면

정보 격차, 특히 스마트폰 격차를 줄이기 위한 공공 정책은 사회적 소수 집단의 모바일 활용 및 이용 향상과 같은 시급한 문제를 해결하는 데 초점을 맞춰야 한다. 스마트폰 시대의 걱정거리는 스마트폰 네트워크에서의 배제가 가장 타격이 큰 경제 및 문화에서의 배제로 이어진다는 것이다(Castells, 1997; 2001). 이분법적인 정보 격차 모델이 구시대적인 것이 되면서 정책가들과 연구자들은 21세기 초 가장 유망한 개념인 디지털 포용·Digital Inclusion·을 목표로 하는 대안적 틀을 고민하는 중이다(Warschauer, 2002; 2004; Livingstone and Helsper, 2007). 디지털 포용이란 디지털 기술을 통해 "개인이나 가족 및 지역 사회가 경제적 자원이나 고용, 건강, 교육, 주거, 여가, 문화 및 시민 활동과 관련된 다양한 요소를 고려하면서 사회에 적극적으로 참여하고 자신들의 운명을 통제할 수 있는" 정도를 나타낸다(Warschauer, 2002). 아나벨 퀸안-하세Anabel Quan-Hasse가 지적하듯이 "현재 가장 눈에 띄는 장벽은 '공공 기반시설'의 부족, '경제적 장벽', '문맹', '컴맹' 및 '지원의 부족'뿐만 아니라 '문화적 장벽' 또한 존재한다"(Quan-Hasse, 2013: 135). 즉, 디지털 포용은 충분한 자원 분배는 물론 "개인 및 집단적 삶의 기회를 결정하는 데 참여"하는 것과 관련된 문제다(Stewart, 2000: 9). 이는 사회경제적 평등이란 개념과 유사하지만 같은 것은 아니다. "디지털 포용은 디지털 불평등을 해소하고 모든 시민을 정보화 사회에 참여시키기 위한 정책적 개입을 강조한다"(Verdegem, 2011: 31). 다시 말해 "디지털 포용은 모든 시민을 사회에 포함시키고 사회적 결속력을 도모하는 더 넓은 정책 방안의 일부분이다"(Cammaerts et al., 2003, Verdegem, 2011: 31에서 재인용).

기본적인 ICT 역량은 생산적인 온라인 활동을 위한 전제 조건이기 때문에 접근성이나 확산 같은 단일한 요소를 넘어 불평등의 맥락을 폭넓게 이해하는 것이 필요하다(Kvasny and Keil, 2006; Mervyn, Simon and Allen, 2014에서 재인용). 따라서 스마트폰 시대에 가장 중요한 과제 중 하나는 스마트폰 이용을 질적으로 향상시키는 방법을 이해하는 것이다. 스마트폰 이용자들의 대다수가 기본 서비스만 사용하고 있기 때문에 논의의 초점은 향상된 이용에 맞춰져야만 한다. 다시 말해 남아 있는 비이용자들이 인터넷 사다리에 첫발을 내딛을 수 있도록 도와주는 일은 정책적 측면에서 중요한 과제로 남을 테지만, 스마트폰의 혜택을 충분히 이해하고 있는 사람들을 위해서는 그들이 한 단계 더 올라가도록, 즉 이메일이나 브라우징 같은 기본적 활동에서 이러닝e-learning이나 구매 및 뱅킹 같은 전자 상거래 활동, 그리고 정부 서비스에 접속하는 등의 활동을 할 수 있도록 도와주어야 한다(Office of e-Envoy, 2004: 11; Livingstone and Helsper, 2007에서 재인용). 스마트폰 격차는 반드시 기술적 측면 이상으로 고려되어야 하는데, 이는 사회문화적 측면에 스며들어 있는 불평등이 해소되지 않고서는 스마트폰 격차와 관련된 디지털 배제가 극복될 수 없기 때문이다.

스마트폰 이용의 증가는 디지털 배제를 해결하려는 몇몇 관찰자들에 의해 긍정적으로 가정되었지만, 참여라는 측면에서 보자면 새로운 발전이 불평등을 더욱 강화했다. 2014년에 있었던 실증적 연구를 통해 이현주·박남수·황용석은 한국에서 사회경제적 지위에 따른 격차는 줄어든 반면, 인터넷 사용 및 커뮤니케이션 숙련과 관련된 격차는 점차 증가하고 있다고 결론지었다(Lee, Park and Hwang 2015: 54). 더욱이 온라인 활동은 인터넷 이용 수준에 따라 결정된다. 따라서 연구자들은 "새로운 커뮤니케이션 기술의 이용, 특히 스마트폰 사용으로부터의 이탈은 한국에서 사회적·문화적, 그리고 경제적 배제로 이어질 수 있다"라고 주장한다.

결론

이 장은 스마트폰 시대에 한국이 겪고 있는 정보 격차에 대해 분석했다. PC에서 스마트폰 기반으로 정보 격차가 변화된 과정을 읽으면서 독자들은 현재 진행 중인 스마트폰 격차가 갖는 심각성을 인식했을 것이다. 또한 이 장은 스마트폰 격차에서 새롭게 정의되고 있는 참여를 둘러싼 다양한 변수들의 복합성과 차이점들을 논의했는데, 특히 스마트폰 시대에 등장한 이중 격차에 대해 강조했다. 이 이중 격차는 첫째로 스마트폰을 소유하고 있는 사람과 그렇지 못한 사람 사이에서 발생하고, 둘째로 스마트폰을 소유한 사람들 사이에서 발생한다. 마지막으로 이 장은 스마트폰 격차를 해결하기 위해 정책적 개입이 필요함을 주장했다.

스마트폰 시대의 정보 격차는 디지털 배제의 새로운 형식이 되었고, 기존의 억압받고 권리를 박탈당한 개인들을 더욱 주변화시키고 있다. 이는 여전히 진행 중인 문제다. 한국의 소득 불평등은 21세기 초부터 증가하고 있다. 저소득층 가정(평균 소득의 50% 미만)은 1990년 7.1%에서 2010년 10.4%로 증가했으며,

이는 다시 2013년에 14.5%로 늘어났다(OECD, 2014; *Yonhap News*, 2014c). 결국, 최근 몇 년 동안 스마트폰은 성장세에 있지만 그에 따른 정보 격차는 여전히 지속될 것이다.

만약 스마트폰 격차가 접근성의 문제라면 추후 몇 년 안에 스마트폰의 빠른 보급으로 그 격차가 줄어들 것이라 예상할 수도 있다. 그러나 스마트폰 영역에서의 정보 격차는 빠른 시일 내에 해결될 수 있는 문제가 아니며, 이중 격차라는 새로운 형태를 띠기 때문에 어떤 면에서는 더욱 강화될 것이다.

한국과 비슷한 상황은 다른 나라에서도 발견될 수 있다. 예컨대 인도네시아 사회를 연구한 리아 푸스피타사리Liar Puspitasari와 켄이치 이시이Kenichi Ishii는 다음과 같이 결론 내린다.

> 스마트폰은 정보 격차에 부정적인 영향력을 끼친다. 정보의 빈부 격차는 PC만이 아니라 스마트폰을 통한 인터넷 접속에서도 여전히 존재한다. 스마트폰은 주로 PC로 인터넷에 접속하는 젊은 사람들에 의해 수용되고 이용된다. 정보 격차는 심지어 스마트폰을 이용하고 있는 사람들 사이에서도 존재한다. 낮은 교육 수준을 갖고 있거나 젊은 연령대가 아니라면 스마트폰을 갖고 있다고 할지라도 모바일 인터넷에 접속하고 그것을 이용하는 데 어려움을 겪을 것이다. 정보 격차는 스마트폰이냐 피처폰이냐에 따라 다르게 구성된다. 피처폰을 소유한 경우 연령이나 소득, 교육 수준 및 PC를 통한 인터넷 접속 경험에 따라 정보 격차가 줄어들지만, 스마트폰의 소유는 이러한 격차를 더욱 증가시킨다(Puspitasari and Ishii, 2015: 10).

결론적으로 스마트폰 격차를 해소하기 위해서는 사회경제적 및 문화적 요소들과 규제들이 상호연결되는 방식을 더 폭넓고 깊게 그리고 체계적으로 분석하는 다차원적인 접근이 필요하다(Jin, 2015).

또한 사회적 소수자들을 위해 격차를 해결할 수 있는 정책적 방향을 개발하는 것도 필수적이다. 스마트폰 시대의 정보 격차를 해결하기 위해 우리는 디지털 포용에 대한 관점을 확장시킬 필요가 있는데, 이는 스마트폰을 소유함으로써 사람들이 가질 수 있는 혜택이 명확하기 때문이다. 우리는 스마트폰이나 소셜 네트워크 사이트(예컨대, 페이스북 및 트위터) 같은 뉴미디어를 이용할 줄 아는 교육받은 시민들이 스마트폰을 통해 중요한 정책 결정 과정이나 사회적 이벤트에 참여하도록 만들어야 한다.

Part 3

스마트폰과 청년문화

스마트폰으로 변화된 모바일 게임 문화

한국에서 모바일 게임은 단기간에 가장 역동적인 문화이자 수익성 높은 산업 중 하나가 되었다. 2009년 이후 스마트폰의 사용이 급증하면서 모바일 게임은 대중의 커다란 관심을 끌고 있다. 불과 몇 년 전까지만 하더라도 모바일 게임은 온라인 게임, 특히 대규모 다중 사용자 온라인 롤 플레잉 게임MMORPG과 비교했을 때 상대적으로 규모도 작고 대중적이지 않았다. 그러나 한국이 스마트폰 시대에 발맞춰 "모바일 게임 왕국"을 향한 첫발을 내딛었을 때 상황은 급변했다. 즉, 2009년 이후 스마트폰의 급격한 성장은 한국 모바일 게임 개발자들에게 기회의 문을 열어주었고, 더 많은 사람이 캐주얼 및 보드 게임만이 아니라 롤 플레잉 게임RPG까지 모바일에서 즐길 수 있도록 만들었다. 요르트가 지적하듯이 "스마트폰이 행동유도성 및 실행의 범위와 공존의 모드를 총망라하는 것처럼 모바일 게임의 성장 또한 많은 가능성들을 내포한다"(Larissa Hjorth, 2011a: 357). 게다가 모바일 게임 자체가 큰 폭으로 진화했는데, 2010년대 초반까지만 해도 애니팡 — 2012년에 출시된 소셜 타입의 퍼즐 게임 — 이나 드래곤플라이 같은 캐주얼 게임이 모바일 게임의 주된 장르였다면 2015년에 출시된 모바일 게임들은 이데아IDEA나 히트HIT 같은 미드코어mid-core 모바일 RPG가 주를 이루었다.

스마트폰 시대에 사람들의 일상 속 모바일 게임의 역할이 증대된 배경에 주목하면서, 이 장은 모바일 게임이 한국에서 대중적인 취미가 된 과정을 분석한다. 특히 이 장은 스마트폰 모바일 게임을 포함한 비디오 게임 문화 성장에 기여한 한국의 독특한 사회문화적 요소들에 집중한다. 이 같은 연구의 목적은 한국을 다른 나라들의 모바일 게임 미래를 결정짓는 국가로 치켜세우기 위함도 아니고, 한국을 뉴미디어 기술 접근성에서 문화적으로 다른 국가라고 제안하기 위함도 아니다. 모바일 게임 문화의 사회문화적 차이들과 맥락적 특이성들은 어떤 나라와도 같지 않기 때문에(Hjorth, 2007a; Hjorth and Chan, 2009), 글로벌한 모바일 게임 문화를 설명하는 일반화된 사례를 제공한다는 것은 불가능하다. 대신, 한국 모바일 게임을 역사적 그리고 사회문화적 맥락에 위치시킴으로써 이 장은 모바일 게임 이용자와 게임 개발자 및 정책가들에게 아이디어를 제공할 수 있는 글로벌한 대중문화의 현지화된 특성에 주목한다. 또한 이 장은 변화된 모바일 게임 문화를 두 가지 다른 관점에서 바라본다. 즉, 한쪽에서는 새롭게 개발된 RPG가 어떻게 모바일 게임에 대한 사람들의 인식을 바꿔놓았는지 알아보기 위해 이 장은 캐주얼 게임에서 RPG까지 모바일 게임의 장르 변화를 논의한다. 다른 한편에서는 모바일 게임의 최근 성장이 사람들의 게임 습관을 온라인 게임에서 모바일 게임으로 크게 바꿔놓았는지 아니면 한국은 스마트폰 시대에도 독특한 온라인 게임 문화를 유지할지에 대해 논의할 것인데, 이러한 분석은 가장 네트워크화된 사회인 한국에서 모바일 게임의 증대된 역할에 대한 우리의 논의에 실마리를 던져줄 것이다.

모바일 플랫폼으로 진화한 스마트폰

1990년대 후반부터 한국은 리니지Lineage, 리니지2, 아이온AION, 테라Tera 그리고 블레이드앤소울Blade & Soul과 같은 여러 완성도 높은 MMORPG를 기반으로 온라인 게임 분야에서 가장 중요한 시장 중 하나로 떠올랐다. 한국의 온라인 게임은 국내외로 인정받아왔다. 국내에서 온라인 게임은 21세기 초반부터 콘솔 게임console games, 모바일 게임, PC 게임 및 아케이드 게임arcade games을 넘어서면서 시장 점유율이나 이용자 수 측면에서 가장 큰 분야가 되었다. 세계적으로는 한국 온라인 게임이 문화 생산물 수출에서 가장 큰 부분으로 자리 잡았다. 실제로 2013년을 기준으로 한국은 271억 달러 규모의 게임을 수출했다. 이 중 가장 중요한 영역인 온라인 게임 산업은 2013년 게임 수출 분야의 90%를 차지했다(Ministry of Culture, Sports and Tourism, 2013). 국내뿐만 아니라 글로벌한 한국 온라인 게임의 폭발적인 성장 덕분에 온라인 게임 문화 또한 독특한 특성을 갖는다. 온라인 게임은 대중적인 게임 문화를 생산하는데, PC방의 유행이나 청소년들의 일상적 여가 활동이 그 대표적인 예다. 요르트가 정확히 봤듯이 한국은 "온라인 게임 문화의 편재를 보여주는 대표적인 모델이며, 이는 단순히 하위문화적 집단의 여가 활동이 아니라 게임이나 이에 수반되는 사회적 공간 및 문화적 지식이 일상적 라이프스타일에 한 부분이 될 수 있음을 보여준다"(Larissa Hjorth, 2006).

온라인 게임과 달리 한국의 모바일 게임은 스마트폰이 도입된 직후인 2010년대 초반부터 대중화되기 시작했다. 21세기 초부터 한국에는 게임빌Gamevil, 고미드Gomid, 컴투스Com2uS 같은 여러 모바일 게임 회사들이 존재했다. 그러나 터치폰이 나오기 전이었기 때문에 그들의 역할은 한정적이었고 이들 중 몇 회사는 끝내 문을 닫았다. "온라인 게임에 가려져 모바일 게임은 디지털 게임 분야에서 거의 주목받지 못했다." 모바일 게임 산업과 문화는 몇 년 동안 상당히 더디게 성장했다. 다시 말해, 모바일 게임 분야는 한국 청년들 사이에서 상당히 인기 있었던 온라인 PC 게임의 속도를 따라가지 못하고 있었다(Jin, Chee and Kim, 2015: 417).

그러나 모바일 게임 산업이 국내외 시장에서 자신의 강점을 빠르게 발전시켰기 때문에 한국은 2010년대에 모바일 게임의 빠른 성장을 목격하게 되었다. 이전 장에서 논의했듯이 2009년 11월 한국에 출시된 아이폰과 그것의 빠른 보급은 이제 한국에 스마트폰 시대가 열릴 것은 물론 모바일 게임의 발전을 예고했다. "스마트폰의 빠른 수용은 소프트웨어 개발자와 이용자 및 학자들로 하여금 이동성과 문화, 기술, 하드웨어 및 인터넷 사이의 상호연관성에 대한 사고방식을 바꾸게 만들었다. 이와 함께 우리가 모바일 기술의 '표준적' 이용이라 정의할 만한 것들에 새로운 층의 외피를 덧입혔다"(Christensen and Prax, 2012: 731; Goggin, 2009도 참고).

오늘날 사람들은 캐주얼 게임부터 RPG에 이르는 다양한 모바일 게임을 즐기고 있다. 특히 게임 이용자들은 2013년과 2014년에 각각 출시된 승천의 탑이나 영웅의 군단 같은 RPG를 스마트폰 스크린을 통해 플레이하기 시작했다. 최근 몇 년 동안 향상된 3D 기술과 더 커진 스크린 그리고 발전된 시각적 효과는 모바일 RPG 성장에 중요한 영향을 끼쳤다.

결과적으로 모바일 게임 시장은 급속도로 성장하고 있다. 콘솔/휴대용, 온라인, 모바일, 아케이드 및 PC 게임을 모두 포함한 한국 게임 시장은 2014년 기준 874억 원에 달한다. 온라인 게임 산업은 이 수치의 63.3%를 차지하며, 그 뒤로 모바일(33.3%), 콘솔, 아케이드, 그리고 PC 게임이 그 뒤를 잇는다(Ministry of Culture, Sports and Tourism, 2013; 2015).

다른 종류의 게임들과 비교해서 본다면 모바일 게임 분야의 성장은 상당히 눈에 띈다. 2010년까지 콘솔/휴대용 게임은 두 번째로 큰 분야였다. 그러나 2011년에 모바일 게임이 이를 앞지르며 두 번째로 큰 분야가 되었다(〈표 7-1〉 참조). 모바일 게임의 성장을 반영하듯이 한국이 29억 7000만 달러 상당의 게임을 수출했던 2014년에 온라인 게임 부문은 62.4%를 차지했지만, 모바일 게

〈표 7-1〉 한국 비디오 게임 시장(2010~2014) (단위: 100만 원)

형식 \ 연도	2009	2010	2011	2012	2013	2014
온라인 게임	37,087	47,673	62,369	67,839	54,523	55,425
모바일 게임	2,608	3,167	4,236	8,009	23,277	29,136
콘솔 게임	5,257	4,268	2,684	1,606	936	1,598
PC 게임	150	120	96	680	380	337
아케이드 게임	618	715	736	791	825	528
아케이드 罰	744	768	763	665	639	405
합계	46,464	56,711	70,884	79,590	80,580	87,429

임 산업은 36.9%로 크게 성장했다(Ministry of Culture, Sports and Tourism, 2015). 2010년대 가장 빠르게 대중화된 여가 활동 중 하나인 모바일 게임은 여성들의 주변화된 취미활동에서 수십억 달러에 이르는 산업은 물론 대중문화의 가장 중요한 형식 중 하나로 성장했다.

한국의 주요 게임 생산물은 여전히 온라인 게임이지만, 스마트폰이나 터치 스크린 태블릿 같은 모바일 기기에서 운용되는 게임 시장은 최근 몇 년 동안 상당히 성장하고 있다. 2013년을 기준으로 국내 모바일 게임 시장은 글로벌 모바일 게임 시장의 11.5%를 차지하고 있으며, 일본에 이어 두 번째로 큰 시장을 형성하고 있다(Ministry of Culture, Sports and Tourism, 2014: 89). 이러한 수치는 모바일 게임이 게임 부문에서 상당히 빠르게 성장하고 있음을 보여준다. 또한 이는 스마트폰의 빠른 수용을 반영하며, 스마트폰이 대다수의 시민들에게 소셜 미디어에 접속하는 가장 중요한 수단 중 하나가 되었기 때문에 이러한 추세는 계속될 전망이다.

『글로벌 모바일 미디어Global Mobile Media』에서 고긴이 주장하듯이 "10여 년 동안 모바일 게임은 현대 게임 문화에서 중요한 부분으로 자리 잡았다. 비록 기대만큼의 수익성을 내진 못했지만 모바일 게임은 여러 형태 — 휴대전화에 내장된 게임이든 포털이나 할증 요금 전화번호를 통해 다운로드하는 게임이든, 혹은 앱 —

를 통해 휴대전화 문화의 중심부가 되었다"(Goggin, 2011b: 114). 물론 아직까지는 상업적으로 성공하지 못했지만 이러한 주장은 모바일 게임이 문화에서 중대한 역할을 하고 있음을 시사한다. 한국에서 모바일 부문은 가장 수익성 높은 비디오 게임 시장 중 하나가 되었고, 모바일 게임 회사뿐만 아니라 NC소프트NCsoft, 위메이드WeMade 및 넥슨Nexon 같은 굴지의 온라인 게임 회사들은 모바일 게임을 발전시키기 위한 새로운 전략을 적극적으로 개발하고 있다.

이러한 맥락에서 한국의 모바일 게임 문화와 관련된 다음 두 가지 사항이 고려되어야 한다. 그중 하나는 모바일 게임의 급격한 성장이 우리로 하여금 모바일 게임의 개념을 재고하게 만든다는 것이다. 잘 알려져 있듯이 모바일 게임은 휴대전화나 스마트폰, PDA 및 태블릿을 포함한 모든 휴대용 기기에서 플레이된다(Richardson, 2012). 그러나 한국 모바일 게임의 유행이 넓은 터치스크린과 키보드 그리고 앱을 갖춘 스마트폰으로 시작되었다는 점을 고려한다면, 모바일 게임은 닌텐도나 소니의 플레이 스테이션 같은 휴대용 게임기와 구분되는 휴대전화, 특히 스마트폰을 이용한 게임 혹은 게임 문화를 지칭하는 개념으로 사용되어야 한다. 이러한 주장은 모바일 게임에서 휴대용 게임기들의 중요성을 인정하지 않는다는 뜻이 아니라 한국 모바일 게임의 유행에서 스마트폰이 수행한 역할을 충분히 부각시키기 위함이다.

한편, 우리는 모바일 게임의 최근 부상을 이전의 발전들과 별개의 것으로 생각하기보다는 온라인 게임의 성장이 초고속 인터넷의 발전과 PC방에 의존했듯이(Jin, 2010; D. Lee, 2012; Jin, Chee and Kim, 2015) 이 또한 스마트폰 시대가 가져온 결과물로 사유해야 한다. 실제로 사람들의 "여가/오락 스타일은 한국인들의 일상에 스마트폰 이용이 보편화되면서 변화했다. TV나 다른 휴대용 기기로 드라마를 시청하는 대신, 사람들은 학교뿐만 아니라 버스, 기차, 지하철 같은 공공장소에서 자신들의 스마트폰으로 이러한 프로그램들을 시청하게 되었다. 특히 스마트폰은 모바일 게임을 위한 주된 플랫폼이 되었다. 한국에서 온라인 게임은 청년문화와 게임 시장 모두에서 가장 큰 영향력을 행사하고 있지만, 최근 몇 년 동안 이러한 추세는 점차 변화하고 있다"(Jin, Chee and Kim, 2015: 417). 애니팡이나 캔디팡 같이 초기 스마트폰 시대에 인기 있었던 여러 모바일 게임들 덕분에 이전에는 잘 활동하지 않았던 여성 집단이나 30대 혹은 그 이상의 사람들이 비디오 게임을 플레이하기 시작했다. 게임 문화라는 개념은 종종 비디오 게임 연구 분야에서 전 세계 청년들이 자신들의 일상적 활동으로 비디오 게임을 즐기는 독특한 방식을 가리키기 위해 사용되었다. 그러나 스마트폰을 통한 모바일 게임은 청년에서 모든 연령대 중심의 문화로 디지털 게임 문화를 확장시켰다(Abeele, 2016).

스마트폰의 터치스크린과 이동성 덕분에 "모바일 게임 개발자들은 약 5분 정도의 산발적인 주의력만을 요구하는 캐주얼 게임들을 생산할 수 있게 되었고"(Richardson, 2012: 143), 단순성을 앞세워 온라인 게임과 차별화시켰다. 애니팡이나 캔디팡 같은 모바일 게임들은 2012년 후반기 동안 상당량의 다운로드 수를 기록하며 본격적인 모바일 게임 시대를 열었다. 애니팡의 획기적인 성공에 영감을 받아 이것의 개발사인 선데이 토즈Sunday Toz는 2014년 1월에 애니팡2를 출시했고, 이는 넷마블Netmarble의 몬스터 길들이기(RPG)에 이어 두 번째로 가장 성공한 모바일 게임이 되었다. 2014년 5월 기준 애니팡2의 월 이용자 수는 470만 명을 기록했다(Kim Sang-yun, 2014). 말하자면 스마트폰을 통한 애니팡 게임은 전국적인 모바일 게임 열풍을 불러일으킨 것이다.

모바일 게임 성장의 결과는 괄목할 만하다. 최근 모바일 게임의 경이로운 성공을 반영하듯이 카카오의 블레이드Blade는 2014년 대한민국 게임대상에서 대상을 차지했는데, 이는 19년 동안의 게임대상 역사상 처음으로 모바일 게임이 대상을 차지한 순간이었다. 이와 같은 현상은 한국 게임 시장에서 모바일 게임의 빠른 성장을 증명한다. "카카오의 블레이드는 액션 스퀘어Action Square가 개발하고 네시삼십삼분4:33 Creative Lab이 제공한 3D 모바일 액션 RPG다." 이 게임은 2014년 4월에 출시되었으며, "제공사는 이 게임이 국내 시장에서 6개월 동안 500만의 다운로드 수와 900억 원(8100만 달러)의 매출을 기록했다고 밝했다. 이러한 판매액은 반년 동안 단일 모바일 게임에서 나온 수치 중 가장 큰 것이다. 이 타이틀의 인기에 힘입어 네시삼십삼분은 중국 게임 대기업 텐센트와 일본의 라인으로부터 아시아 시장에서만 약 1억 2000만 원의 투자를 확보했다"(S. Yoon, 2014).

모바일 게임이 한국인들에게 폭발적인 인기를 얻게 되자 대다수의 모바일 게임 회사들은 스마트폰 시대에 걸맞은 새로운 모바일 게임을 개발하기 위한 투자를 즉시 늘렸다. 일례로 한국의 주요 모바일 게임 기업이었던 컴투스와 게임빌은 2013년 10월에 합병했다. 이 두 회사는 한국 모바일 게임 시장에서 경쟁 상대였지만 게임빌이 컴투스 지분의 21%를 6500만 달러에 인수했다(Cutler, 2013). 이 합병의 주된 목적은 아울렛으로서의 플랫폼 역할 증대에 대처하기 위함이었다. 앞서 논의했듯이 스마트폰 성장의 한복판에는 시장을 점유하고 있는 미국 운영 체제인 안드로이드와 iOS가 있고, 이들은 모바일 게임 시장의 성장세 또한 가로막고 있다. 이와 동시에 카카오톡 같은 새로운 앱은 국내 스튜디오의 힘을 약화시키면서 안드로이드 플랫폼과 국내 게임 개발자들 사이를 비집고 들어오고 있다(Cutler, 2013). 컴투스와 게임빌은 합병을 통해 이러한 상황을 타개하고자 했던 것이다. 한편, 국내 주요 게임 회사인 NC소프트와 넷마블 게임즈는 2015년 2월 스톡 스와프stock-swap를 체결했다. NC소프트는 모바일 게임 시장에 성공적으로 진입하기 위해 넷마블이 필요했고, 넷마블은 크로스 마케팅을 가능하게 만드는 NC소프트의 글로벌 온라인 게임에 대한 지적 재산권을 원했다(S. Yoon, 2015a). 온라인 게임이 주된 관심사였던 몇 년 전과는 대조적으로 한국 비디오 게임 산업은 즉시 모바일 게임으로 눈을 돌렸고, 이는 결과적으로 게임 대기업은 물론, 추후 더 자세히 논의하겠지만 블록버스터급 모바일 RPG를 양산했다.

한국 모바일 게임의 인기를 둘러싼 사회문화적 차원들

모바일 게임의 급속한 성장과 관련된 여러 사회문화적 현상 및 정부 정책들이
존재한다. 여기서 정부 정책을 일일이 분석하지는 않을 테지만, 모바일 게임
성장에 있어 핵심적인 요소들 중 하나가 호의적인 정부 정책이었다는 사실은
명확하다. 한국 정부는 모바일 게임 분야가 스마트폰과 관련된 디지털 경제에
서 차세대 성장 동력이라 믿었고, 모바일 게임 산업을 지원해 왔다. 특별히 탈
규제는 모바일 게임 분야의 최근 성장을 촉진시켰다. 한국 게임 회사들은 지나
친 규제에 시달리고 있었지만, 소위 시장개방법이 2011년 3월에 국회를 통과
하면서 검열이 완화되었다(H. Kim, 2011). 이 법으로 도박 및 성인 콘텐츠가 포
함된 타이틀을 제외하고 게임물등급위원회가 피처폰, 스마트폰 및 태블릿 PC
에서 제공되는 게임을 더 이상 평가하지 않게 되었다. "과거 모든 게임은 게임
물등급위원회의 심사를 거쳐야만 앱 스토어에 출시될 수 있었다. 구글과 애플
은 이러한 법률에 순응하지 않았고 새로운 법이 한국에서 통과되기 전까지 한
국의 앱 스토어를 정지시켰다"(Caoli, 2011).

이러한 상황에서 다양한 사회문화적 요소들은 핵심적인 역할을 수행했다.
특히 한국 소비자들은 각자의 스마트폰에서 모바일 게임을 즐기기 때문에 한
국의 사회문화적 환경은 모바일 게임 성장에 주된 원동력으로 기능했다. 브로
드밴드의 급격한 성장, PC방의 증가, 집단 중심의 다중 플레이 문화 및 청년문
화의 핵심으로 e스포츠의 성장 등 국가의 독특한 사회문화적 차원들을 기반으
로 한국 온라인 게임이 성장했듯이(Jin, 2010), 이러한 요소들은 최근 모바일 게
임 성장에서도 핵심적인 역할을 수행했다. 이 중에서도 스마트폰과 카카오톡
을 포함한 앱의 성장, 4G LTE의 급격한 발전 및 무선 브로드밴드 서비스의 확
대는 모바일 게임 성장에 최적화된 기반을 마련했다. 서울이나 부산 같은 대도
시의 출퇴근 패턴 또한 모바일 게임 성장을 촉진시켰다. 온라인 게임의 주 이
용자가 10대 혹은 20대 남성으로 한정되었던 과거와는 달리, 여전히 남성 이

용자도 있지만 여성 및 중장년층 이용자들이 사회적으로 가시화되고 또래집단 문화가 형성되면서 모바일 게임이 성장하게 되었다(Jin, Chee and Kim, 2015). 이와 같은 사회문화적 차원들은 한국인들의 일상과 문화생활에 영향을 끼쳤고, 이는 한국 스마트폰 지형 안에서 모바일 게임의 성장을 촉진시켰다.

한국 도시의 출퇴근 풍경

주로 대도시에서 나타나는 한국의 독특한 출퇴근 패턴은 모바일 게임의 전국적 소비에서 중요한 역할을 수행했다. 한국의 지하철 시스템은 대규모이며 많은 이용량을 자랑한다. 5000만 한국 인구의 절반은 서울에 산다(Acuna, 2013). 서울 지하철 이용객은 2008년부터 2013년 사이에 22억 9000만 명에서 26억 1000만 명으로 약 14.2% 증가했다(Seoul Metro, 2014). 이러한 수치는 서울의 지하철 시스템이 도쿄에 이어 세계에서 두 번째로 붐빈다는 것을 보여준다. LTE 및 와이파이를 갖춘 한국의 현대식 지하철은 게임 하기 좋은 장소다. "매일 출퇴근하는 사람들은 지루하고 불편할 수 있다. 청소년이나 전문직 종사자들은 책을 읽는 것이 아니라 게임을 하거나 카카오톡으로 친구와 대화하면서 붐비는 출근길을 탈출한다"(Acuna, 2013). 대도시 서울에 사는 많은 사람들은 지하철로 출퇴근하기 때문에 이들에게 모바일 게임은 시간을 때우기에 가장 좋은 수단 중 하나다.

이렇게 독특한 출퇴근 패턴에 맞춰 이동통신사들은 2013년 6월부터 부가가치 서비스인 지하철 무료 데이터 플랜을 팔기 시작했다. LTE 플랜에 가입된 사람들은 5000~9000원 정도의 돈을 더 지불하면 매일 2GB까지의 데이터를 제공 받아 출퇴근길 지하철에서 다양한 서비스를 이용할 수 있다. 서울 지하철 공사는 자연스럽게 자신들의 광고주로 모바일 게임 회사들을 공략했다(〈그림 7-1〉 참조). 서울 지하철 시스템은 게임 문화부터 상업 문화까지 모든 종류의 모바일 문화를 경험할 수 있는 장소다.

현대 모터스의 연구원이었던 여성 인터뷰이(26세)는 앵그리 버드Angry Birds를

〈그림 7-1〉 강남역 지하철 스크린 도어에 설치된 모바일 게임 광고

주: 도타 레전드(DOTA Legend) 모바일 게임 광고〔원제는 히어로스 차지(Heroes Charge)다〕. 릴리스 게임즈
　　(Lilith Games)가 개발하고 룽투 게임즈(Longtu Games)가 제공한 이 게임은 2014년에 한국에서 출시되었다
　　자료: 진달용(2014).

즐겨 플레이했는데, 그녀는 "앵그리 버드는 주로 시간 때우기 용이다. 집에서
심심할 때나 지하철이나 친구를 기다릴 때 플레이한다"라고 말했다. 한 남자
대학원생(25세)도 "스마트폰으로 카카오톡을 제일 많이 사용하고 전화도 한다.
출퇴근 길에 카카오톡을 주로 이용하고 플랜츠 vs. 좀비Plants vs. Zombies, 페이퍼
좀비Paper Zombies, 앵그리 버드 그리고 템플런Temple Run 같은 모바일 게임도 한
다"라고 말했다. 모바일 게임 열풍은 오히려 "서울이나 여타의 혼잡한 도시적
환경에서 더 많이 생성된다. 스마트폰과 모바일 게임은 확실히 도시의 이동성
과 일시성을 대표한다"(Jin, Chee and Kim, 2015: 421).

　도시 환경의 독특한 출퇴근 패턴만큼이나 모바일 게임 환경을 특징짓는 주
요한 요소는 이동성이다. 온라인 게임 이용자들은 자신의 집이나 PC방에서 몇
시간 동안이나 앉아 있지만, 모바일 게임은 플레이에 대한 전통적 정의에 도전
하며 우리로 하여금 지하철이나 버스 같은 도시 공간을 놀이 공간으로 바라보
게 만든다(Silva and Hjorth, 2009). 다시 말해 "놀이 공간은 대부분 도시 공간이며,
이는 도시에 거주하는 사람들의 이동성과 상호작용에 의해 형성된다"(Silva and
Hjorth, 2009: 604). 안드레 레모스Andre Lemos가 지적하듯이 "이동성은 특히 ─ 가

상적이든 물리적이든 혹은 상상적이든 ― 탈영토화되며, 이동 및 통신 기술은 이러한 이동성을 강화하는 수단이다. 스마트폰이나 무선 네트워크를 통해 지하철과 버스에서 모바일 게임이 가능해지면서 모바일 게임은 물리적이고 상상적인 이동성 모두를 가시화한다"(Lemos, 2011: 289). 인터뷰를 하는 동안 대다수의 응답자들은 시간이 남을 때마다 어디서든 모바일 게임을 한다고 말했다. 그들이 강조했던 것은 단순하고 간단한 모바일 게임들의 이동성이었다. 온라인 게임 이용자들이 도시에서 컴퓨터를 들고 다니며 플레이할 수 없는 것과 달리 "이동성과 놀이를 기반으로 한 모바일 게임은 공공장소를 놀이 장소로 변화시킨다"(Silva and Hjorth, 2009: 622).

커뮤니티 중심의 문화적 환경

온라인이든 모바일이든 한국 비디오 게임들은 모두 한국 문화에 깊게 새겨진 공동체 규범에 크게 의존한다. 리니지 같은 온라인 게임의 성공이 보여주듯이 커뮤니티 중심의 게임 구조는 한국 온라인 게임 이용자들에게 상당히 중요한 특징이다. 리니지의 개발사이자 제공사인 NC소프트는 플레이어들이 적이나 몬스터들과 싸우는 능력을 향상시키기 위해 파티에 가입하고 동맹을 형성하는 데 더 많은 재미를 느낀다고 설명한다. 이러한 측면은 게임 이용자들에게 공동의 목표의식과 다른 플레이어들과 교류할 수 있는 기회를 제공한다(S. J. You, 2003). 한국 청년들은 친구들(게임 내에서의 클랜clans 그리고/혹은 길드guilds)과 함께 플레이하는 것을 선호하기 때문에 다중 플레이 문화는 온라인 게임 성장에 상당히 기여했고, NC소프트는 리니지를 만들 때 명백히 이러한 한국의 독특한 문화를 이용했다(Jin, 2010).

또한 "커뮤니티 중심의 사회적 환경은 모바일 게임에서도 점차 중요해지고 있는데, 이는 모바일 게임이 공동체 형성을 중시하는 국내 경향을 따라가고 있기 때문이다"(Jin, Chee and Kim, 2015: 419). 커뮤니티 중심의 온라인 문화는 사람들의 감수성에 자리 잡게 되었고, 그 결과 모바일 게임 문화에도 영향을 미치고 있다. 다시 말해 한국 모바일 게임 이용자들은 플랫폼 때문에 조금은 다르지만 친구들과 함께 플레이하는 것을 당연하게 받아들인다. 다른 나라에서 모바일 게임은 전형적으로 혼자서 플레이하는 게임이기 때문에 이러한 공동체 감각은 상당히 독특한 것이다(Jin, Chee and Kim, 2015).

한국 컨설팅 회사인 나스미디어(2015)에 의한 설문조사에 따르면 한국 모바일 게임 이용자들은 대부분 사회적 관계 때문에 게임을 시작했다고 한다. 모바일 게임 이용자들은 친구가 특정 게임을 추천했을 때(51.2%), 게임이 차트 상위에 올랐을 때(42.2%), 그리고 게임 광고를 봤을 때(27.6%) 모바일 게임을 설치하고 플레이한다. 이러한 조사 결과는 한국 모바일 게이머들이 커뮤니티 중심의 사회에서 자연스럽게 그리고 수동적으로 모바일 게임에 노출된다는 점을 시사한다.

선데이 토즈의 이종웅 대표는 애니팡 시리즈가 유행한 원인을 하트 시스템에서 찾는다(Im, 2013). 애니팡 게임을 플레이하기 위해서는 적어도 1개의 하트가 필요하며 친구들이 하트를 보내줄 수 있는데, 이는 커뮤니티 기반 모바일 게임의 전형이다. 임원기는 모바일 게임 성장에서 가장 중요한 수단 중 하나가 플레이어들의 네트워크이며, 애니팡은 하트 시스템을 통해 계속해서 이용자 수를 늘릴 수 있었다고 설명한다(Im, 2013). 게다가 애니팡 플레이어들은 하트를 주고받음으로써 친구들의 점수를 높여줄 수 있다. 결국 모바일 게임은 겉보기에 개인화되어 있지만, 서로의 점수가 공개되고 그에 따라 커뮤니티 네트워크 안에서 우승자가 가려진다는 점에서 실상은 매우 네트워크화된 게임이다.

이러한 종류의 커뮤니티 기반 성공 스토리는 다른 모바일 게임들에 엄청난 영향을 끼쳤다. 예를 들어 2014년 최고의 모바일 게임으로 선정된 넷마블의 몬스터 길들이기는 플레이를 하거나 연대성을 강화하기 위해 서로 키를 주고받게 함으로써 똑같은 형식을 차용했다.

2012년 말에 진행된 첫 인터뷰에서 여러 응답자들은 애니팡이나 캔디팡을 플레이한다고 밝혔고 실제로 그들의 친구나 동료들이 이 게임을 추천하면서 하트를 보내 시작하게 되었다고 말했다. 온라인 게임의 경우 대다수의 한국 청년들은 PC방에서 친구와 함께 게임을 한다. 그러나 모바일 게임에서 이용자들은 물리적인 접촉 없이 어디서나 친구들을 초대하며 함께 어울린다. 한 20대 초반 여성 직장인은 다음과 같이 말했다.

> 인터넷에 무료로 접속할 수 있을 때 모바일 게임을 즐기는데, 다른 사람들(친구 그리고 소셜 네트워크상의 불특정한 사람들)과 같이 게임할 때가 훨씬 더 재밌어요. 예를 들어 저는 다른 사람의 마을이나 농장에 놀러가면서 함께 경쟁하는 미니 게임을 좋아해요. 가끔 그런 것이 일종의 커뮤니티를 만들기도 하고요.

2015년 7월에 진행된 인터뷰 기간 동안 한 대학교 남학생(21세)은 자신의 모든 친구들이 클래시 오브 클랜Clash of Clans에 미쳐 있기 때문에 자신도 이 게임을 즐겨 플레이한다고 말했다. 또한 그는 "이 게임의 플레이 방법을 이해하는 데 많은 시간이 들지 않아서" 좋아하며, 이 게임이 페이스북과 연동되어 있어 친구들과 어울릴 수 있고 실제로 이러한 연결을 통해 고등학교 친구들과 게임을 하게 되었다고 언급했다. 한편 커뮤니티 기반 모바일 게임의 가장 흥미로운 특징 중 하나는 애니팡 게임이 명확하게 보여주는 랭킹 시스템이다. 예를 들어 또 다른 20대 초반 남자 대학생은 다음과 같이 말했다.

> 캔디크러시를 제일 좋아해요. 주로 지하철에서 플레이하는데, 제 생각에는 시간 때우기로 제일 좋은 것 같아요. 또 이런 종류의 모바일 게임은 내가 속한 커뮤니티 안에서 순위를 볼 수 있어서 좋아요. 이런 방식으로 게임이 친구나 가족들과 연결되게 만드는 것 같아요.

캔디팡 홈페이지에는 "카카오톡 친구를 초대해 하트를 받고 친구와 함께 최고 점수에 도전하세요"라고 쓰어 있다(WeMade, 2012). 이러한 친구 네트워크에 관해 레이니와 웰먼은 "사람들은 서로 연락하고 약속을 잡고 다음 만남을 위해 인터넷이나 휴대전화를 이용한다"라고 지적한다(Rainie and Wellman, 2012: 127). 온라인 게임이 오랜 기간 많은 한국인들의 친교를 위한 가상공간이었듯이, 스마트폰의 모바일 게임은 많은 학생들과 직장인들에게 게임을 즐기며 서로에게 연결되는 독특한 수단으로 급부상하고 있다.

디지털 기술로서 카카오톡의 빠른 수용

한국은 브로드밴드 서비스에서부터 PC방 그리고 스마트폰 앱에 이르기까지 새로운 기술에 대한 빠른 수용으로 잘 알려진 국가다. 전 세계 사람들이 최첨단 기술에 관심이 있는 정도라면, 한국인들이 뉴미디어와 관련된 기술을 받아들이는 속도는 점층적이지 않고 전면적이다. 이전 장에서 논의했듯이 한국은 인터넷 혁신에서 후발 주자였다. 그러나 1990년대 후반부터 한국은 새로운 기술을 받아들이는 데 적극적이었고, 이는 스마트폰과 앱의 경이로운 성장으로 이어졌다. 이러한 현상은 주요 이용자들이 새로운 미디어 기술 성장에 있어 핵심적인 역할을 수행한다는 사실을 보여준다. 모바일 게임의 성장은 카카오톡 같이 새로운 기술을 빠르게 받아들이고 수용하는 소비자 없이는 불가능했을 것이다. 대부분의 한국인들이 공유하는 문화적 정서는 스마트폰과 카카오톡 같은 새로운 플랫폼의 급격한 성장과 더불어 모바일 게임의 성장을 가져왔다.

　제1장에서 논의했듯이 카카오톡은 모바일 메신저 서비스로 시작했지만 이내 다양한 제3의 앱 및 콘텐츠 — 예컨대 이용자들이 메시지 플랫폼을 통해 친구들과 함께 플레이할 수 있는 모바일 게임 등 — 제공을 위한 플랫폼으로 진화했다. 카카오톡이 자체적으로 인정하듯이 모바일 게임 앱은 2010년대 초반까지만 해도 100만 다운로드를 달성하기 힘들었다. 그러나 "카카오의 게임 플랫폼은 이러한 추세를 완전히 바꿔놓았고, 2011년 7월 기준 1000만 이상의 다운로드 수를 기록한 8개의 게임을 탄생시켰다"(Russell, 2013). 부분적으로 카카오톡, 그리고 물론 다른 앱들 덕분에 한국은 2013년 모바일 앱 마켓에서 759%의 증가 — 세

계에서 가장 큰 폭의 성장 — 를 기록하며 중국(280%)과 일본(245%)을 앞질렀다 (Dredge, 2013). 카카오톡은 전국적인 스마트폰 열풍을 이끌었는데, 이는 사람들 특히 청년들이 카카오톡에서 제공하는 다양한 서비스를 즐기기 위해 스마트폰 을 필요로 했기 때문이었다(Jin, Chee and Kim, 2015).

대학교 친구들과 모바일 게임을 만든 한 여성 게임 개발자(24세)는 다음과 같이 설명한다.

> 친구들과 약속을 잡거나 여행 계획을 짜기 위해 카카오톡 그룹 채팅을 이용해요. 또 최근 제 스타트업 회사 동료들과 카카오톡 그룹 채팅을 사용하기도 하고요. 가 족들과도 그룹 채팅방을 가지고 있는데, 제 생각에는 이런 것이 가족애를 높여주 는 것 같아요.

모바일 서비스를 위한 플랫폼뿐만 아니라 무료 문자와 통화를 제공하는 카 카오톡은 게임 시장을 스마트폰 기반 모바일 게임 중심으로 전환시키는 가장 중요한 원동력 중 하나다. 카카오는 파트너 스튜디오들과 함께 채팅 앱에 이러 한 게임들을 제공한다. "카카오톡은 모바일 게임 다운로드를 촉진시키는 가장 큰 단일 소스가 되었다. 모바일 게임 검색을 위한 그 어떤 소스도 이렇게 많은 다운로드 수를 달성하진 못한다. 2014년 5월까지 카카오톡은 230개가 넘는 파 트너십을 맺었고, 450개 이상의 게임과 서비스를 홍보해 왔다"(Grubb, 2014).

그러나 주요 플랫폼으로서 카카오톡의 최근 약점을 인정하는 것도 중요한 데, 많은 모바일 회사들이 카카오톡에 지불하는 높은 서비스 요금을 피하기 위 해 자체적인 플랫폼을 만들고/혹은 찾고 있기 때문이다. 카카오톡에 필적하는 위드 밴드With Band나 위드 아프리카 TVWith Africa TV 같은 플랫폼뿐만 아니라 아 이덴티티모바일Identity Mobile이 운영하고 컴투스와 셰프Chef가 만든 하이브Hive 를 포함한 가정용 게임 플랫폼은 카카오톡의 대체품으로 알려져 있다. 게다가 네이버가 개발한 위드 네이버With Naver는 적지 않은 성공을 거두었다(Ministry of

Culture, Sports and Tourism, 2015: 32). 결과적으로 최근 몇 년 사이에 플랫폼들은 새로운 모바일 게임과 그에 따른 게임 이용자들을 유치하기 위해 서로 경쟁하고 있다. 가까운 미래에 이러한 신규 플랫폼들이 성공할 것인지 점치는 것은 성급한 일일 것이다. 그러나 한 가지 확실한 것은 카카오톡이 서비스 요금을 내리기 위해 모바일 게임 회사들과 협력해야만 한다는 것인데, 새로운 게임 플랫폼들이 등장하게 된 가장 큰 이유 중 하나가 서비스 요금이기 때문이다. 그렇지 않으면 카카오톡은 최대의 모바일 게임 플랫폼이라는 위치를 잃게 될지도 모른다. 몇 년 전까지만 해도 한국에서 공전의 히트를 친 모바일 게임들은 모두 카카오톡 게임이었다. 그러나 구글 플레이 같은 해외 기반의 앱들이 한국 게임 시장을 공략하기 위한 전략을 수립한 만큼 이러한 현상은 더 이상 지속되기 어려울 것이다.

미드코어 RPG 문화로의 전향

한국 모바일 게임의 양적 증가는 새로운 변화를 만들어내고 있는데, 모바일 게임은 여성 중심의 캐주얼 게임 단계에서 중장년층의 모바일 롤 플레잉 단계로 진화했고 이에 따라 게임 장르도 캐주얼 게임에서 RPG로 변했다. 몇 년 전까지만 해도 캐주얼 게임은 주로 여성 플레이어들을 겨냥한 게임 장르였다. 그러나 최근 남성들이 주로 하는 게임은 RPG이며, 이는 스마트폰에서 하는 주요 온라인 게임이 되었다.

다른 여러 나라들과 마찬가지로 성별에 따른 게임 이용자 분석은 한국 게임 시장의 매우 흥미로운 경향을 보여준다. 한국에 아이폰이 출시되었던 2007년에 남성과 여성 이용자들은 모두 온라인 게임을 주로 플레이했다. 흥미롭게도 당시 여성 이용자들(83.4%)은 대부분 온라인 게임을 플레이했고, 남성 이용자들(73.3%)보다 약 10% 정도 많은 수치를 기록했다. 비록 당시 가장 유명한 게임이었던 온라인 RPG에서 남성(33.5%)과 여성(32.6%) 플레이어들 사이의 큰 차이점은 없었지만, 자신들이 두 번째로 선호하는 게임 장르로 온라인 캐주얼 게임을 선택한 비율은 남성 플레이어들(9%)보다 여성 플레이어들(18.3%)이 상당히 높았다(Ministry of Culture and Tourism, 2007: 333~335).

이러한 상황은 한국이 아이폰을 받아들이고 국내 스마트폰을 판매하기 시작한 2010년 직후까지도 계속되었다. 당시 모바일 게임은 아직 인기를 얻지 못했을 때로, 남성(72.4%)과 여성(73.5%) 플레이어들 모두 여전히 온라인 게임을 즐기고 있었다. 여성 이용자들의 모바일 게임 선호도만 2007년 4.7%에서 2010년 13.2%로 소폭 상승했을 뿐이었다. 그러나 비디오 게임 시장의 그림은 이때부터 급격하게 변화하기 시작했다.

성별로 따져봤을 때 2013년에는 전체적인 비율이 극감하긴 했지만, 남성 이용자들이 여전히 온라인 게임(51%)을 주로 플레이했다. 반면 여성 이용자들은 온라인 게임(25.9%)보다는 모바일 게임(45.9%)을 더 선호했다(Ministry of Culture, Sports and Tourism, 2013: 411). 손쉬운 작동법과 시간이나 장소에 구애받지 않는 자유로운 접근성, 그리고 사랑스러운 게임 캐릭터들은 여성 이용자들이 중요하게 생각하는 요소들이었고, 모바일 게임은 이러한 조건들을 충족시켜 주었다(*Korea Times*, 2012).

여러 학자는 여성 플레이어들이 모바일 게임을 주로 즐기는 반면, 남성 플레이어들은 온라인 게임을 선호한다고 주장한다. 휴대전화 자체가 여성 이용자들을 타깃팅하고 있듯이(Shade, 2007), 많은 모바일 게임 개발자들은 여성 위주의 모바일 게임을 만들고 있다.[1] 같은 맥락에서 옥혜령은 "대다수의 여성들이 온라인과 오프라인 게임 세상을 남성적 공간으로 바라보고 있으며, 이렇게 구조화된 세상에서 여성들은 사회적 규제나 압력을 느낀다"라고 주장한다(OK, 2011: 334). 즉, 여성 플레이어들은 모바일 게임을 더 편안하게 느낀다는 것이다. 존 반더호프John Vanderhoef 또한 하드코어 게임은 남성 중심의 장르가 되어가고 있는 반면에 캐주얼 게임은 여성화되고 있으며 "모바일 혹은 사회라는 개념은 이제 캐주얼 게임과 더 많이 연관되고 있다"라고 지적한다(Vanderhoef, 2013). 이와 더불어 스마트폰이나 태블릿은 캐주얼 게임을 플레이하는 주요 매체로 기능하고 있다

그러나 2010년대 한국 모바일 게임의 성장이 보여주듯이 이런 종류의 단순한 범주화는 훨씬 더 복잡한 비디오 게임 문화를 설명할 수 없다. 앞에서 논의했듯이 몇몇 사람들의 인식과는 달리 한국 여성 플레이어들은 MMORPG를 포함한 온라인 게임을 남성보다 더 즐기고 있었다(Ministry of Culture and Tourism, 2007). 한편, 선호 게임에서도 사실상 여성들과 동등한 숫자의 남성 이용자들이 모바일 게임으로 급속도로 전향했다. 이러한 변화의 주된 원인 중 하나는 모바일 RPG의 빠른 성장에 있으며, 이는 최근 몇 년 동안 두 번째 도약 – 중장년층 플레이어들에 의한 성장 – 을 만들어냈다.

예를 들어, 2013년 온라인 게임은 10~20대 초반(특히 24세 이하) 이용자들이 주를 이룬 반면, 모바일 게임은 30~40대 중장년층 그룹에서 플레이되었다. 이와 더불어 20대 후반(25세 이상) 이용자들 또한 온라인 게임보다 모바일 게임을 더 즐기고 있었다(Ministry of Culture, Sports and Tourism, 2013: 412). 이 같은 연령대의 사람들은 대부분 지하철이나 버스를 이용해 회사로 출퇴근해야 한다. 그들은 시간이 많이 소요되는 온라인 게임을 할 시간이 없기 때문에 스마트폰을 이용해 캐주얼 게임을 즐기곤 한다. 게다가 모바일 RPG가 인기를 얻으면서 남성 비디오 게임 이용자들은 온라인 게임에서 모바일 게임으로 이동하고 있다. 2015년 한국에서 가장 큰 게임 회사인 넥슨과 넷마블은 새로운 모바일 RPG 게임을 출시했다. 넥슨의 히트와 넷마블의 이데아가 바로 그것이다. 이전 모바일 게임들은 적은 예산을 가지고 짧은 시간 안에 개발되었지만, 이 모바일 게임 회사들은 새로운 모바일 RPG를 출시하기 위해 엄청난 양의 시간과 돈을 투자했다. 예컨대 넷마블은 이데아를 개발하는 데 3년이 걸렸고, 제작비는 한국 모바일 게임 역사상 가장 큰 예산인 1000만 달러 이상을 들였다(T. Yi, 2015).

남성 직장인을 포함한 30~40대 사람들이 모바일 게임 분야에서 가장 큰 소

비자 그룹이 되면서 한국 게임 개발자들은 그들만의 독특한 광고 마케팅 기술을 발전시켰다. 그들은 중년층 정상급 배우들의 마초 이미지를 활용해 30~40대 이용자들을 공략했는데, 이는 한국에서만 나타나는 독특한 접근법이다. 차승원, 황정민, 정우성, 이정재 그리고 하정우 같은 여러 남성 배우들은 2015년 출시된 모바일 RPG의 광고 모델이 되었다. 예컨대 차승원(45세)은 레이븐Raven의 모델이었고 하정우(37세)는 크로노 블레이드Chrono Blade의 얼굴이 되었다. 황정민(45세), 이정재(42세) 그리고 정우성(42세)은 각각 애스커Asker, 고스트 위드 로켓Ghost with Rocket, 그리고 난투Nantu의 모델이 되었다. 할리우드 배우인 이병헌(45세)은 이데아를, 장동건(43세)은 MU오리진MU Origin 광고를 찍었다. 물론 이러한 30~40대 정상급 배우들이 남성, 여성 소비자 모두를 끌어들일 수 있기 때문에 모바일 게임 회사와 광고 회사들이 그들을 선택한 것이었다(*Korea Times*, 2015).

모바일 게임은 게임 산업에만 국한되는 것이 아니라 방송 및 광고 산업과도 연계된다. TV 광고가 모바일 게임을 홍보하는 새로운 수단이 되었다는 사실은 모바일 게임이 더 이상 충성도 높은 몇몇 이용자들에게만 해당되는 것이 아니라 대중의 것이 되었음을 시사한다(Ministry of Culture, Sports and Tourism, 2015: 36). 그동안 중년층을 위한 문화 산업이 마땅히 존재하지 않았는데, 특히 중년 남성 이용자들이 한국 문화 산업에서 주요 소비자로 부상하고 있다.

KT 경제 연구소와 닐슨 코리아Nielsen Korea가 2014년 9월에 진행한 설문조사에 따르면 한국인은 스마트폰을 하루 평균 3시간 40분 정도 사용한다. 30~40대 이용자는 대부분 게임을 하는 데 이 시간을 소비하는 반면, 젊은 층은 메시지를 보내는 데 사용하고 있었다. 30~40대는 가장 게임을 자주 하는 연령층으로 30대는 평균 61분, 40대는 평균 52분을 소비하며 주로 스마트폰으로 플레이하지만, 이와 대조적으로 10~20대는 통화를 제일 많이 하고 그다음으로 게임을 한다. 이러한 데이터는 중년층 이용자들이 온라인 게임보다 모바일 게임을 더 즐겨 플레이한다는 사실을 입증한다. 이와 같은 인구통계학적 특징은 다음과 같이 설명될 수 있다. 즉, "어렸을 적 비디오 게임을 플레이했던 최초의 세대는 현재 30대 후반이나 40대 초반에 접어들었는데, 그들은 예전만큼 시간을 쏟을 수는 없지만 이러한 상황에서도 비디오 게임을 경험하고자 한다"(Juul, 2010: 147).

모바일 게임이라는 새로운 영역에 여성 이용자들만 존재하는 것은 아니다. 과거 모바일 게임은 여성 이용자들에게 전통적인 게임 공간에 내재된 남성 중심적 질서로부터 부분적인 자유를 제공했다(Jeon, 2007; Ok, 2011: 334에서 재인용). 그러나 여성이 모바일 게임 영역에서 여전히 주류를 차지하고 있는 미국과 달리 한국 남성 및 여성 플레이어들은 현재 거의 동일한 수로 존재하는데, 이는 한국 게임 시장의 43%를 차지하는 RPG 및 액션 어드벤처 게임들이 미국보다 훨씬 많기 때문이다(Usher, 2014). 모바일 게임 영역에서 여성 플레이어들은 한시적으로 주류를 차지했었지만, 그 후 한국 모바일 게임 영역은 급격한 변화를 겪었다.

상대적으로 많은 남성 이용자들이 하드코어 RPG를 선호하며 지속적으로 온라인 게임을 플레이하고 있었기 때문에 이에 발맞춰 모바일 게임 회사들은 스마트폰용 RPG를 개발하기 시작했다. 그 결과 미드코어 게임은 투자자와 개발자의 이목을 끄는 종목이 되었다. 우리가 통상 '캐주얼' 그리고 '하드코어'라고 부르는 게임 사이에는 항상 다양한 게임이 존재해 왔는데, 몰입 경험과 캐주얼 게임 플레이를 혼합시킨 것을 미드코어 게임이라 부른다. 게임 플레이어의 관점에서 봤을 때 미드코어 게임은 캐주얼 게임보다는 더 깊은 몰입감을 제공하지만, 코어 게임만큼의 시간이 소모되지는 않는다. 미드코어 게임의 가능성은 코어 게임을 플레이하던 사람들이 가정과 직장이 생기기 시작하면서 이전만큼 게임에 몰입할 시간이 없다는 사실에서 기인한다. 또한 잠재적인 미드코어 게임 플레이어 집단에는 더 깊은 몰입감을 원하는 캐주얼 게임 플레이어들도 포함된다(Warman, 2012). 따라서 모바일 게임 시장에서 젠더의 역할을 예측하기란 상당히 어렵다. 확실한 점은 과거 여성 이용자들이 장악했던 모바일 게임 분야의 주된 이용자가 30대 남성과 여성 모두가 될 것이란 것뿐이다. 예스퍼 율Jesper Juul과 리처드슨이 제안하듯이 "하드코어와 캐주얼 게임 이용자에 대한 고정관념은 종종 플레이 양식들이 갖는 복합성과 다양성을 단순화시키며 … 다양한 연령층을 가로지르는 캐주얼 게임의 최근 성장과 인기"를 간과한다(Juul, 2010; Richardson, 2012: 143). 더욱이 모바일 게임 설계자들은 모든 성별과 연령을 겨냥한 미드코어 모바일 RPG를 개발하고 있다. 결론적으로 모바일 게임에서 성별 기반의 장르 구분은 현대의 게임 세상에서, 적어도 한국에서는 더 이상 유용하지 않다.

모바일 게임 문화를 향한 움직임

폭발적인 스마트폰 이용 증가로 최근 몇 년 동안 모바일 게임이 온라인 게임을 대체하게 되면서 정책가들, 게임 개발자들, 기업들 그리고 게임 이용자들은 이 두 가지 비디오 게임 플랫폼의 미래에 대해 숙고하고 있다. 이들이 예의주시하는 사항은 과연 전통적으로 강세를 보였던 온라인 게임에서 모바일 게임으로의 변화가 사람들의 게임 습관 또한 변화시킬 것인가다. 중년층뿐만 아니라 10~20대 게임 이용자들을 포함한 대다수의 한국인들이 온라인 게임에서 모바일 게임으로 이동하고 있기 때문에 이러한 질문은 합리적으로 고려되어야 할 사항이다.

한국 비디오 게임 시장의 잠재적 변화를 판단하기 위해 고려해야 할 핵심 사항들이 다양하게 존재하지만, 여기서는 두 가지 중요 이슈들을 설명함으로써 비디오 게임 문화의 연속성과 변화에 대해 논의하고 싶다. 그중 하나는 온라인 게임과 모바일 게임의 특성을 각각 "하드코어 온라인 게임" 그리고 "캐주얼 모바일 게임"으로 정의하는 문제다. 다른 하나는 게임 기업들의 역할에 관한 것이다.

비디오 게임 영역의 대표적 장르인 MMORPG는 하드코어로 구분된다. "하드코어 플레이어에 대한 고정관념이 존재하는데, 공상과학 소설이나 좀비, 판타지 소설을 좋아하고 수많은 비디오 게임을 플레이하는 그들은 게임을 하는데 엄청난 시간과 자원을 소비하며 어려운 게임을 즐거할 것이라고 여겨진다"(Juul, 2010: 8). 이와 대조적으로 모바일 게임은 주로 캐주얼 게임을 뜻한다. "캐주얼 모바일 게임은 최대 5분 정도의 간헐적인 집중력만 요구하는 모드, 휴대전화 중심의 게임 장르, 단발적으로 기껏해야 5분 정도 플레이하는 캐주얼 플레이어들, 그리고 모바일 게임 산업의 핵심 시장으로 종종 특징지어진다"(Richardson, 2012: 143). 율은 다음과 같이 지적한다.

> 캐주얼 게임은 새로운 플레이어들을 모색 중이며 그 새로운 플레이어들은 '캐주얼 플레이어'라고 불린다. … 캐주얼 플레이어와 캐주얼 게임이라는 개념은 조금 더 전통적인 비디오 게임인 하드코어 게임과 그것을 플레이하는 하드코어 플레이어라는 말의 반대말로 2000년 정도에 대중화되었다. 캐주얼 플레이어들은 통상적으로 하드코어 플레이어들과 정반대의 특성들로 묘사된다. … 캐주얼 플레이어에 대한 고정관념은 하드코어 플레이어에 대한 이미지와 완전히 반대된다. 즉, 이들은 밝고 유쾌한 스토리를 선호하고 몇 개의 비디오 게임만 플레이하며 비디오 게임을 하는 데 적은 시간과 자원을 사용하기 바라고 어려운 게임을 싫어한다고 여겨진다(Juul, 2010: 8).

"캐주얼 게임"이라는 산업적 분류는 다양한 게임 장르를 포괄한다. 캔디크러시사가Candy Crush Saga, 워드위드프랜즈Words with Friends 그리고 솔리테르Solitaire 같은 디지털 퍼즐, 낱말 및 카드 게임뿐만 아니라 디너대쉬Diner Dash와 팜빌Farmville 같이 많은 시간이 소요되는 소셜 게임들도 여기에 포함된다. 이토록 상반된 게임들은 기본적으로 몇 개의 공통점을 공유한다. 바로 이 게임들은 모두 "단순한 그래픽과 메커니즘을 가지고 있으며, 브라우저나 앱을 기반으로 하고, 플레이하는 데 무료 혹은 적은 비용이 들어간다. 하지만 이보다 더 중요하게 캐주얼 게임들은 5~10분 정도의 짧은 시간 내에서만 플레이하도록 설계된다"(Anable, 2013).

논란의 여지가 있겠지만 많은 사람들은 편리성 ― 한국의 독특한 사회문화적 환경에서 플레이어들은 플레이 방법을 숙지하지 않아도 게임을 취미 삼아 즐길 수 있다 ― 때문에 온라인 게임보다 모바일 게임을 더 선호한다. 이와 같은 맥락에서 우리의 인터뷰 대상자 중 한 명이었던 여성 직장인(24)은 "그래픽이 훌륭하거나 아름답고 흥미로운 스토리를 가진 게임을 선호한다"라고 말했다. 이런 종류의 게임은 주로 PC에서만 실행되기 때문에 그녀는 이동 중에도 할 수 있는 스마트폰 게임을 평상시 즐겨하고 있었다.

한편 변화하는 게임 이용자들의 문화적 패턴은 게임 산업에도 영향을 끼친다. 이미 언급했듯이 대형 스크린을 가진 스마트폰이 급속도로 성장하면서 넷마블, 넥슨 그리고 위메이드 같은 모바일 게임 회사들은 전통적인 캐주얼 게임과 더불어 RPG를 개발했다. 율이 지적하듯이 "하드코어 RPG는 막대한 양의 개발비를 필요로 하기 때문에 상당히 비경제적이다. 이보다 더 작은 범위를 가진 캐주얼 게임들은 통상적으로 하드코어 게임보다 개발비가 적게 든다"(Juul, 2010: 148). 그럼에도 불구하고 스마트폰 이용이 일상화되면서 모바일 게임 회사들은 미드코어 모바일 RPG를 만들기 시작했다. 모바일 게임 회사들은 자본과 게임의 안정성을 확보하기 위해 외국 게임 회사들과 함께 작업한다. 예를 들어 중국의 텐센트는 CJ게임즈의 지분 28%를 5억 달러에 인수하겠다는 계획을 공표하며 모바일 게임에 대한 의지를 강화했다. 텐센트와 라인Line Corp. 또한 2014년 11월 한국 모바일 게임 개발사 네시삼십삼분에 1억 달러를 공동 투자했다(Bischoff, 2014). 스마트폰 모바일 게임의 빠른 성장 덕분에 대다수의 외국 게임 회사들은 그들의 투자 종목을 온라인에서 모바일 게임으로, 특히 최근에는 모바일 RPG로 바꾸고 있다.

게다가 외국 모바일 개발사 및 제공사들은 한국이 글로벌 게임 기업들을 위한 테스트 베드이기 때문에 한국 모바일 게임 시장을 공략하고 있다. 예를 들어 핀란드의 슈퍼셀Supercell은 전 세계적으로 성공한 모바일 게임인 클래시 오브 클랜을 한국 시장에서 성공시키기 위해 2014년과 2015년 대대적인 전략을 수립했다. 슈퍼셀은 2014년 6월 클래시 오브 클랜을 한국에 출시할 때 광고비로만 2000만 달러를 사용할 것이라 발표했고 그만큼을 실제로 지불했다(Shin, 2014). 이 게임은 2014년 10월 구글 플레이에서 최고의 모바일 게임으로 선정되었으며, 이는 2015년 1월 첫째 주까지 계속되었다. 한국 인터넷 디지털 엔터테인먼트 협회의 김성곤 대표는 "만약 어떤 회사가 세계에서 가장 온라인화되어 있고 경쟁이 심한 한국 시장에서 성공한다면 다른 나라에서도 성공할 확률이 높다"라고 말했다(Shin, 2014).

최근 이러한 변화들은 모바일 게임을 여성 중심의 캐주얼 게임으로 인식하는 기존 관념에 질문을 던졌고(Richardson, 2012), 캐주얼 게임의 성장은 게임이 플레이어의 삶에 적합한지에 대한 관점을 바꿔놓았다(Juul, 2015). 온라인과 모바일 게임의 주요 특징들이 다르기 때문에 온라인 게임 이용자에서 모바일 게임 이용자로의 변화 전체를 이해하기는 쉽지 않다. 그러나 거의 20년 동안 온라인 게임에 영향을 받아온 한국의 독특한 사회문화적 비디오 게임 환경 안에서 온라인 게임과 모바일 게임이 상호작용한다는 사실 하나는 명확하다.

결론

이 장은 스마트폰 시대 모바일 게임의 성장에 대해 분석했다. 한국은 21세기 초부터 온라인 게임으로 유명했던 만큼 한국의 모바일 게임은 상대적으로 늦게 시작되었지만, 스마트폰 이용 증가와 함께 국내 시장 점유율에서 놀라운 성장을 경험했다. 스마트폰으로의 전환이 모바일 게임을 성장시킨 것인데, 특히 최근 스마트폰 기술의 발전은 모바일 RPG 성장에 크게 공헌했다. 비록 아직까지는 온라인 게임의 인기와 견줄 만한 정도는 아니지만, 스마트폰 스크린의 크기와 앱이 급속도로 발전하면서 모바일 게임은 많은 한국인들에게 중요한 대중문화 실천이 되고 있다. 한국은 여러 가지의 독특한 특징들을 바탕으로 모바일 게임을 발전시켰는데, 공동체를 강조하는 문화나 도시생활 그리고 스마트폰이나 앱과 같은 뉴미디어의 빠른 수용이 바로 그 예다. 다시 말해 한국 모바일 게임은 특정한 사회문화적 환경과 분리해서 이해될 수 없다.

마셜 매클루언Marshall McLuhan의 주장대로, 기술 혁신이 반드시 인간 사회에 완전히 새로운 요소들을 창조해내는 것은 아니지만, 기존의 인간 기능들을 가속화시키고 확장시키며 결국엔 새로운 라이프스타일(일과 여가)을 만들어낼지도 모른다(McLuhan, 1994). 이러한 가속화를 경험한 그 어떤 나라도 한국보다 더 집약적이고 분명하게 겪지는 않았다. 우리의 연구가 보여주듯이 모바일 게임은 특정한 사회문화적 환경의 한 부분으로 발전한다. 모바일 게임은 기술 이용에 대한 공동의 사회적 구성을 통해 한국이란 네트워크화된 사회를 변혁시켰다(Jin, Chee and Kim, 2015: 427).

정리하자면 한국 모바일 게임 시장의 향후 추세를 파악하기 위해서는 좀 더 시간이 필요하지만, 전 세계적으로 빠르게 성장한 스마트폰과 앱에 있어서는 이미 새로운 챕터가 시작되었다. 한국은 온라인 게임에서 모바일 게임 중심으로 디지털 게임 산업의 변화를 경험했고, 이는 디지털 게임에 내재된 청년문화 또한 바꿔놓았다.

스마트폰의 재해석

카카오톡과 청년문화

스마트랜드 코리아에서 스마트폰 앱은 국내 ICT 이용자들에게 편리한 플랫폼을 제공해 왔다. 그중에서도 카카오톡은 스마트폰 이용자들, 특히 젊은 이용자들에게 상당한 영향력을 행사하며 사람들의 일상생활을 변화시키는 데 핵심적인 역할을 수행하고 있다. 앞서 논의했듯이 스마트폰의 기능이나 이동성뿐만 아니라 놀이성 때문에 사람들의 일상은 인터넷보다 스마트폰에 더 의존적이며, 대부분의 한국 스마트폰 이용자들은 가장 중요한 최신 앱으로 카카오톡을 사용한다. 카카오톡은 단기간에 일상생활의 한 부분이 되었다. 카카오톡은 효과적으로 텍스트 메시지를 대체했으며, 많은 한국인들은 카카오톡 때문에 스마트폰을 사용한다. 일례로 사람들은 종종 "이메일 보내" 혹은 "메시지 보내"라는 말 대신 "카톡해"라고 말한다. 스마트폰 무료 앱으로 2010년 출시된 카카오톡은 삽시간에 큰 인기를 얻었으며, 페이스북과 트위터를 가볍게 제치고 한국 최고의 소셜 네크워킹 서비스 및 인기 있는 모바일 게임 제공자가 되었다(E. Choi, 2013). 스마트폰이 이용자들을 서로 연결시키고 정보나 뉴스 및 콘텐츠를 공유시키듯이(Humphreys, 2013), 많은 한국인들에게 스마트폰 속 카카오톡은 가장 중요한 – 없으면 살 수 없는 – 사회적 매개체다. 카카오톡은 실제로 "메시지 앱이 단순한 채팅 이상의 것이 될 수 있는 세상을 보여주었으며, 게임을 포함한 모든 종류의 수익성 높은 서비스뿐만 아니라 쿠폰이나 스티커 같은 가상의 상품을 파는 플랫폼으로 기능한다"(Mac, 2015). 그 결과 카카오톡은 "일상적 삶의 영역과 사람들의 커뮤니케이션 실천들, 인간관계들 및 사회적 경험"에 막대한 영향을 미치고 있다(Linke, 2013: 33). 제7장에서 논의했듯이 카카오톡은 모바일 게임 성장에 핵심적인 원동력이었다. 다시 말해 카카오톡은 스마트폰의 진화가 어떻게 국내의 상황을 재구성하는지 확실하게 보여주었다. 특별히 한국 청년들이 카카오톡이나 여타의 모바일 앱에 몰두하는 상황은 스마트폰이 그들의 도시생활에 상징적 그리고 물질적 자원이 되었음을 시사한다.

하나의 플랫폼으로 등장한 카카오톡은 우리로 하여금 어떻게 이 앱이 한국이라는 특정한 사회경제적 그리고 문화적 배경에 스며들게 되었는지, 그리고 어떻게 젊은 ICT 이용자들이 사회문화적 활동에 몰두하게 되었는지 탐구하게 만든다. 이 장은 한국 청년들의 카카오톡 이용을 일례로 들면서 스마트폰 및 앱과 함께 등장한 현지화된 미디어 환경을 분석한다. 이는 한국의 특정한 사회문화적 환경에 의해 구성되고, 그에 내재된 미디어 지형의 한 부분을 "카카오톡 지형"으로 분석하는 작업이다. 같은 맥락에서 이 장은 스마트폰이나 카카오톡의 빠른 확산 뒤에 숨어 있는 사회경제적 과정에 이용자들이 참여하는 방식에도 주의를 기울인다.

청년문화에서 스마트폰 이해하기

전 세계 청년들 사이에서 획기적으로 일어난 스마트폰 매개의 커뮤니케이션을 목도하면서 여러 학자들은 "스마트폰 열풍"에 대한 실증적인 문화 분석을 실시했다. 청년들의 모바일 기술 활용에 대한 기존 연구들은 빠르게 성장하는 스마트폰 연구 분야에 크게 기여했다. 그러나 불과 몇 년 전까지만 해도 새로운 기술이란 관점에서 스마트폰을 실증적으로 분석한 연구가 부족했기 때문에 스마트폰을 수렴 및 발산의 매개체로 연구하는 데 어려움을 겪었다(Watkins, Hjorth and Koskinen, 2012). 스티브 존Steve Jones과 그의 동료들이 지적하듯이 "모바일 매체 및 커뮤니케이션의 계보는 휴대전화 연구로 거슬러 올라갈 수 있다. 최초의 분석은 휴대전화가 사회적으로 배포되기 시작한 1990년대 초반에 시작되었다"(Jones et al., 2013: 3). 스마트폰에 대한 분석이 시작된 지 채 10년이 되지 않았지만, 짧은 역사에도 불구하고 스마트폰은 지역적으로 다양화된 생산, 소비, 그리고 상상이 발현되는 사회적 공간을 창조해냄으로써 다양한 실천들 — 특히 커뮤니케이션과 놀이 — 이 수렴되는 미디어 플랫폼을 제공하고 있으며, 이는 학자들의 이목을 집중시키고 있다.

스마트폰과 카카오톡을 문화 비평의 관점에서 이해하기 위해서는 각각의 특성을 파악하는 것이 중요하며, 무엇보다 스마트폰을 기술의 단일한 형식이 아니라 서로 다른 미디어 기술들의 융합으로 보는 것이 적절하다. 스마트폰은 다양한 상품과 서비스 및 문화적 실천들의 입구이며, 특별히 수십만 개의 앱을 성장시키고 있다(Christensen and Prax, 2012). 따라서 만약 우리가 기술의 한 측면에만 집중한다면 스마트폰의 사회적 그리고 문화적 의미들을 탐구하기 어려울 것이다. 이러한 관점에서 제이슨 윌슨Jason Wilson과 그의 동료들은 "모바일 연구"와 "게임 연구" 사이의 대화를 이끌어냄으로써 스마트폰을 커뮤니케이션 및 게임하기의 기술로 고려할 필요가 있다고 주장한다(Wilson et al., 2011). 이러한 프레임은 증대된 소통적 사회성("모바일 연구")은 물론 하나의 내러티브 형식으로 놀이 실천 및 정체성("게임 연구")을 설명한다는 점에서 청년들의 스마트폰 사용이 갖는 문화적 중요성을 이해하는 데 큰 도움이 될 것이다.

먼저 청년문화에서 스마트폰이나 카카오톡이 갖는 소통적 역할은 모바일 기술을 개인화 및 사회화하는 문화적 형식으로 과감하게 다루는 모바일 연구에 의해 분석될 수 있다. 이러한 관점에서 보자면 스마트폰은 청년들이 자신의 정체성을 표현하고 타인들과 어울리며 공론장에 참여하는 수단으로 간주될 수 있다. 한편 휴대전화의 미학적 측면은 청년들이 표현주의적이고 개인주의적인 라이프스타일을 추구하며 지배적인 사회 질서에 저항한다는 점에서 찾을 수 있다(Ling and Yttri, 2002; McVeigh, 2003; Ito and Okabe, 2005; Katz and Sugiyama, 2006; Hjorth, 2009; Linke, 2013). 다시 말해 청년들 사이의 모바일로 매개된, 상당히 개인화된 소통 방식은 지배적인 문화 규범에 도전한다는 상징적 의미를 갖는다. 휴대전화의 이동성 및 직접성은 지속적인 연결을 위한 공간을 만들 수 있는데, 이것은 결국 "일상생활에서 공간적으로 분리된 가족 구성원들과 지인들 사이의 사회적 교류를 증가시킨다. 그러나 이와 동시에 스마트폰은 모바일 커뮤니케이션의 형식과 범위를 재구성하면서 모바일 커뮤니케이션을 온라인 사회 공간까지 확장시키고, 그 결과 사람들의 사회성이 갖는 조건들을 재구성한다"(D. Lee, 2013: 271).

다른 한편으로 휴대전화는 사회성을 촉진시키고 사회적 자본을 강화하며 정치적 행동을 동원한다(Ling and Yttri, 2002; Hjorth, 2009; Ok, 2011; Qui and Kim, 2010). 휴대전화는 기존의 미시적 네트워크를 강화하며(K. Yoon, 2003), 청년들이 획득할 수 있는 사회적 그리고 문화적 자원들을 통해 새롭고 느슨한 유대관계들을 만들어낸다(Yuan, 2012). 게다가 21세기 초반에 있었던 한국 청년들의 대규모 반정부 집회가 보여주듯이(Ok, 2011; Qiu and Kim, 2010), 휴대전화는 청년들의 정치 운동 참여를 촉진한다. 모바일 연구들은 모바일 기술에 의존적인 청년들이 타인들과 상당히 유연한 유대감을 형성하며 "스마트 몹smart mobs"을 가능하게 한다고 주장한다(Rheingold, 2002). "이러한 관점은 점점 더 많은 수의 평범한 청년들이 모바일 기술로 자신들의 감정을 표현하기 위해 '놀이, 패러디, 유머, 위트 그리고 캐리커처'를 이용한다는 사실을 일깨워주며, 청년을 하위문화 집단으로 보는 집단적이고 고정된 개념에 도전한다"(Ok, 2011: 328).

한편 청년들에게 있어 스마트폰 및 카카오톡의 놀이적 측면은 게임 연구를 통해 분석될 수 있다. 지난 20년 동안 게임 문화연구는 게임의 텍스트적 특성이나 게임의 유희적 측면을 연구해 왔다. 초기의 게임 연구 혹은 "내러톨로지narratology" 연구는 게임을 하나의 텍스트로 "해독하기" 위해 내러티브 분석을 이용했지만(Wolf, 2002), 모바일 게임과 RPG 및 "캐주얼" 플레이어들의 등장은 내러톨로지 접근의 효용성을 떨어뜨렸다. 따라서 인류학적 방법론 기반의 능동적 수용자 연구와 공명하며, 게임을 수행 및 놀이로 연구하는 또 다른 접근법, 즉 "루돌로지ludology"가 등장하게 되었다(Juul, 2005). 게임의 형식과 상호성은 점점 더 다양해지고 이전보다 이동성 및 일상성이 더욱 강화되고 있기 때문에 플레이어와 그들이 어떻게 플레이하는가는 반드시 파악되어야 한다. 특히 RPG의 유희적 경험은 스마트폰으로 매개된 청년문화를 이해하는 핵심 요소인데, 이는 다른 플레이어들과의 협업, 다른 캐릭터들에 대한 인지 그리고 RPG 스토리텔링을 통한 사회 참여가 스마트폰 이용자들에게 훨씬 더 쉽게 수용되기 때문이다(Call, Whitlock and Voorhees, 2012). 스마트폰은 게임의 이동성과 놀이를 강화하는 동시에 다중접속, 도시건설, 모바일 위치 기반 및 하이브리드 리얼리티 게임 등 다양한 장르의 게임을 가능하게 만들었다(Silva and Hjorth, 2009). 게다가 스마트폰의 미디어 지형은 한곳에 머물러 있던 온라인 게임 실천을 도시에 사는 청년들을 중심으로 이동적이고 캐주얼한 실천으로 바꾸고 있다(Jin, Chee and Kim, 2015).

모바일 연구와 게임 연구의 접합은 청년문화에서 스마트폰과 카카오톡이 갖는 함의를 연구하는 데 도움이 될 수 있다. 그러나 스마트폰의 소통적 측면과 놀이적 측면을 결합하는 방식에 천착한 연구는 많지 않다. 실증적 연구의 부족은 스마트폰 문화 분석에 또 다른 문제 ― 지역의 다양성 측면을 간과한다는 ― 를 발생시키는 것으로 보인다. 최근 들어 스마트폰 미디어 지형에 대한 연구는 매체 간 융합이라는 관점에서 연구되고 있지만(Goggin, 2010; Sinckars and Vonderau, 2012 참고), 스마트폰 문화의 현지성을 맥락화해 실증적으로 분석한 연구(Hjorth, Burgess and Richardson, 2012 참고)는 미비한 수준이다. 그나마 최근 몇몇 스마트폰 연구가 지역적 맥락을 "글로벌" 기술이 소비되고 전파되는 장소 정도로 언급하고 있지만, 현지의 스마트폰 미디어 지형이 갖는 생산적 측면은 여전히 간과되고 있다. 그 결과 일상생활 속 스마트 기술의 폭발적인 유입에도 불구하고, 우리는 특정 지역의 스마트 미디어 환경이 갖는 생산적 측면이 어떻게 현지 소비자들의 기술 이용 방식과 결합되는지에 대해 거의 알지 못한다. 따라서 우리는 스마트폰이 청년문화에 어떤 의미를 갖는지 포괄적으로 이해하기 위해 스마트 미디어가 어떻게 생산되고 이용되는지, 그리고 현지 상황에 따라 어떻게 재정의되는지를 실증적으로 연구해야 한다. 이렇게 다면적인 이론적 틀을 통해 한국 청년들의 카카오톡 사용에 있어 스마트폰이 수행한 역할에 대해 새로운 논쟁이 대두될 것이라 기대한다.

스마트폰 지형에 대한 사회경제적 관점들

애플이라는 브랜드가 글로벌한 스마트폰 시장을 개장한 동시에 장악해 왔다는 사실은 애플의 아이폰이 지난 몇 년 동안 글로벌한 "스마트폰 열풍"을 이끌었다는 것으로 증명된다. 그러나 계속해서 다양한 스마트폰 단말기, 기술 인프라, 규제 및 이용이 서로 다른 지역적 맥락에서 등장하고 있기 때문에 스마트폰에 대한 담론을 아이폰으로 한정할 수 없다(Sinckars and Vonderau, 2012). 비록 초창기에는 아이폰이 스마트폰의 초안을 마련했지만 수년에 걸쳐 스마트폰은 계속해서 현지화되었다. 이러한 맥락에서 한국 스마트폰 산업과 문화는 스마트폰이 현지에서 활용되고, 산업 및 고객들에 의해 정의되는 방식을 보여주는 흥미로운 사례다.

이전 장에서 살펴봤듯이 피처폰에서 스마트폰으로의 고객 이동은 한국에서 두드러지게 나타났다. 여기에 기여한 여러 요소들이 있지만 한국의 열광적인 스마트폰 소비는 국내의 모바일 미디어 지형과 열성적인 ICT 고객들 그리고 앞서 논의했던 호의적인 정부 정책에 대한 고려 없이는 설명될 수 없다. 그중 무엇보다도 고속 데이터 서비스의 적시 도입과 최첨단 스마트폰 하드웨어의 생산은 국내 시장을 활성화하는 데 크게 기여했다. LG U+나 SKT 같은 한국의 이동통신사들은 LTE, 그다음으로는 LTE-A라고 알려져 있는 빠른 데이터 서비스를 앞다퉈 제공했으며, 이는 스마트폰 네트워크의 편승효과를 낳았다(S. Yoon, 2014b).[1] 또한 향상된 데이터 서비스를 통해 국가를 "무선화"하는 것 외에도 국내 휴대전화 제조사들의 연구, 개발 및 홍보가 국내 시장 확장 요인들로 작용했다.

한국 스마트폰 산업의 확장을 사회경제학적 관점에서 보자면 스마트폰은 적어도 휴대전화 혹은 휴대 인터넷으로 대부분 정의되고 시장화된 반면, 기술의 놀이적 측면 및 콘텐츠는 소수의 국내 대기업에 의해 통제되는 국내 시장에서 제대로 홍보되지 못했다. 창의적인 스마트 미디어 콘텐츠의 부족은 IT 산업에 대한 정부의 접근 방식과 관련이 있다. 광복 67주년을 기념한 연설에서 이명박(2008~2013) 대통령은 "미래의 스마트 사회에서 창의성은 가장 큰 성장 동력이자 경쟁력의 자원"이라고 말하며, 친기업적인 IT 정책을 통한 스마트 사회 건설을 비전으로 제시했다(Presidential Speeches, 2012).

그러나 소수의 국내 대기업이 장악한 스마트폰 시장의 빠른 확장은 IT에 능통한 젊은 엔지니어들이나 소비자들에 의해 성장하는 창의적이고 참여적인 문화 경제에 호의적일 필요가 없었다. 대기업들은 전자 엔터테인먼트 혹은 게임 플레이의 새로운 장으로 스마트폰의 가능성을 탐구하기보다는 하나의 상품으로 전자통신에 집중했다. 비호의적인 미디어 환경에도 불구하고 예외적으로 몇몇 벤처 기업들은 특정한 현지 상황에 맞춰 카카오톡 같은 스마트폰 앱을 성공시켰고, 이는 새로운 사용자 기반을 만들어냈다. 카카오톡은 초기 한국 스마트폰 시장에서 팽배했던 관점, 즉 스마트폰을 그저 휴대전화 혹은 인터넷 회사의 한 형태로 바라보던 관점이 어떻게 흔들리게 되었고, "말하기"뿐만 아니라 "놀이하기"의 플랫폼으로 재정의되었는지 잘 보여주는 대표적인 사례다.

한편 한국 스마트폰 시장의 경이로운 성장은 새로운 기술의 놀이적 측면을 열정적으로 수용하고 활용하는 소비자 없이는 불가능했다는 사실 또한 염두에 두어야 한다. 광대역 확장 사례를 통해 논의했듯이(Jin, 2010: 28), "한국은 소비자 테스트를 직접 하기 위해 새롭게 출시된 디지털 기기를 사고자 하는 '얼리어답터'들로 가득 차 있다". 또한 한국인들은 타인보다 뒤처지는 것에 상당히 신경을 많이 쓰는 것으로 알려져 있으며(Ward, 2004), 청년들은 또래집단의 기기 소유 규범을 따르기를 원한다. 더욱이 스마트폰이 이끄는 미디어 지형은 청년들 사이의 고도로 이동적이고 유동적인 커뮤니케이션을 가능하게 만들었다. 여타의 기존 미디어 플랫폼들은 스마트폰 터치스크린 속에서 재구성되고 재정의되고 있다. 그러나 스마트폰의 초기 성장 단계에서 스마트폰은 이전 역할을 뛰어넘을 수 있는 놀이적인 소셜 미디어라기보다는 대부분 그저 업그레이드된 휴대전화 정도로만 여겨졌다.

카카오톡 지형의 등장

스마트폰은 사람들의 일상 문화에서 중요한 부분을 차지하게 되었고, 제5장에서 언급했듯이 지난 몇 년 동안 한국은 급격한 앱 경제의 성장을 목격했다. 가상의 기기 플랫폼인 카카오톡은 특별히 스마트폰으로 매개된 청년문화가 등장하는 데 중대한 역할을 수행했다. 인터뷰이들이 계속해서 말했듯이 카카오톡은 한국인들이 2G폰을 스마트폰으로 바꾼 주요한 이유 중 하나다. 2015년 1월에 직접 실행한 설문조사에 따르면 참여자들이 스마트폰을 사용하는 가장 큰 이유는 카카오톡이나 다른 앱들을 사용하기(70.9%) 위해서였고, 그다음으로는 뉴스나 정보 검색하기(15.8%), 모바일 게임하기(6.2%), 트위터 및 모바일로 페이스북 접속하기(3.3%), 멀티미디어 사용하기(3.2%) 그리고 이외의 다른 이유들(0.6%)이 있었다(〈그림 8-1〉 참조). 이러한 수치들이 증명하듯이 한국인들은 나이에 상관없이 주로 카카오톡 때문에 스마트폰을 사용하는데, 그 이유는 카카오

〈그림 8-1〉 스마트폰을 사용하는 이유(2015)

(단위: %)

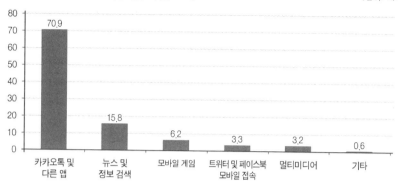

톡이 한국 스마트폰 이용자들에게 반드시 가지고 있어야 할 앱이기 때문이다.

카카오톡은 이용자들에게 다양한 무료 앱에 접근할 수 있는 기회를 제공하며 단순한 메신저 기능을 보완한다. 카카오톡은 참여자 수의 제한이나 등록 및 로그인 절차 없이 단순히 이용자의 휴대전화 번호만 입력하면 일대일 혹은 그룹 채팅을 할 수 있도록 설계되었다. 다시 말해 카카오톡은 스마트폰의 작은 화면과 이동 중에 자주 사용된다는 조건을 성공적으로 충족시켰다. 카카오톡의 인터페이스는 소비자의 기대보다 더 단순했지만 커뮤니케이션 기능은 정교했고 편리했다. 메시지 교환은 말풍선 모양으로 하나씩 화면에 보이며, 그룹 대화를 가능하게 한 최초의 모바일 메신저 또한 카카오톡이었다.

2010년 3월에 출시된 이래 이용자 수는 급격하게 증가했고(E. Choi, 2013; Chŏg Po-ra. 2013), 카카오톡의 성장은 인스턴트 메시지 서비스 시장에서 삼성을 몰아냈다. 카카오톡의 가입자 수가 급증하자 2014년 11월 삼성은 자신들의 인스턴트 모바일 메신저 서비스였던 챗온을 종료하기로 비공식적으로 결정했다. 챗온 또한 삼성 갤럭시의 인기 덕분에 1억 명의 글로벌 이용자를 보유하고 있었다. 그러나 한국에서는 카카오톡, 일본은 라인, 미국은 왓츠앱이 인기를 끌며 사람들은 더 이상 챗온을 사용하지 않았다(*Dong-a Ilbo*, 2014). 삼성에 의해 만들어지고 운영되는 삼성 소프트웨어가 혁신적인 소프트웨어의 장악력을 이겨

순위	앱	하루 평균 접속자 수	하루 평균 접속 시간(분)
1	카카오톡	50	46.42
2	다음 카페	23	66.08
3	카카오 스토리	21	29.18
4	페이스북	19	41.15
5	네이버	16	34.25
6	크롬	13	30.35
7	네이버 카페	12	21.55
8	아프리카 TV	8	38.39
9	카카오톡 애니팡	6	43.51
10	카카오톡 쿠키런	5	25.51
11	네이버 웹툰	5	20.43
12	유튜브	4	30.35

내지 못했다는 사실은 많은 통신 전문가들 및 스마트폰 이용자들에게 상당히 충격적인 뉴스로 다가왔다. 이는 벤처 자본과 개인이 가진 혁신적인 아이디어가 고객들의 필요를 충족시키기만 한다면 미래에는 초국적 기업과의 경쟁에서도 이길 수 있다는 점을 시사한다.

다음에 나올 수치는 사실상 한국에서 스마트폰을 사용하는 거의 모든 사람들이 카카오톡을 사용 중이며 심지어 해외 사용자들의 숫자도 점점 많아지고 있다는 것을 보여준다. 2014년 3월 기준, 스마트폰 이용자들은 하루 평균 50번씩 카카오톡에 접속하며 매일 46.42분을 소비하는데, 이는 2012년 43분이었던 최고 기록을 갱신한 수치다(Yonhap News, 2012; Pak and Kim, 2014). 다음 카페가 66.08분이라는 최고 접속 기록을 보유한 것에 비해, 다음 카페의 사용자 수는 적은 편이다(〈표 8-1〉 참조).² 한국 고등학생 및 대학생을 상대로 진행한 2012년 설문조사에서 카카오톡 이용자 중 56.9%가 매일 2시간 이상 이 앱을 사용한다는 결과가 보여주듯이 카카오톡의 핵심 이용자 집단은 청년층이다(Yi Chang-ho,

Sŏg Yun-suk and Chŏg Nag-wŏ, 2012: 89).

특히 한국 청년들은 카카오톡의 다양한 기능 중에서도 메신저 기능을 자주 사용하는 경향을 보인다. 인터뷰에서 많은 응답자들은 카카오톡의 인기를 메신저 기능의 편리성과 용이성으로 설명했다. 한 대학원생(28세)은 전화나 이메일보다 카카오톡을 사용해 친구들과 약속을 잡는 것이 훨씬 더 수월하다고 대답했다. 한 여대생(23세)은 다음과 같이 말했다.

카카오톡은 온라인 메신저 기능 (그래서 파일을 보내거나 받을 수 있고 그룹 채팅도 가능하고) 그리고 기본적인 문자 기능을 다 제공하기 때문에 편리해요. 따로 또 접속을 하거나 로그인할 필요가 없기 때문에 (다른 메신저 앱보다) 훨씬 편리해요.

물론 이것이 한국 스마트폰 이용자들이 다른 메신저 앱 이용 없이 카카오톡만 배타적으로 사용한다는 것을 의미하진 않는다. 젊은 이용자들은 다양한 앱과 소셜 게임들을 설치하고, 둘러보고, 플레이하거나 삭제하는데, 이에 대한 24세 남성의 설명은 다음과 같다.

제가 스마트폰으로 하는 거의 대부분의 활동이 인터넷과 연결되요. 제일 많이 하는 것은 카카오톡과 페이스북이고, 그다음으로는 네이버나 네이트 같은 포털 사이트를 통해 기사를 읽고, 그다음으로는 이메일을 확인하거나 보내요.

다양한 국내외의 스마트폰 앱은 한국 고객을 유치하기 위해 서로 경쟁하고 있지만, 로컬 앱인 카카오톡은 국내 시장의 주도권을 잡았다.

카카오톡의 경이로운 성장에는 다양한 원인이 있다. 무엇보다 카카오톡은 시의적절하게 스마트폰 이용자들의 새로운 욕구와 맞아떨어졌다(Huh, 2011). 한 24세 인터뷰이가 지적했듯이 "카카오톡의 유행은 기술적 우수함에서 비롯된 것이 아니라 그저 선발자의 혜택을 얻은 것뿐이었다". 실제로 카카오톡은 선발자로서 폭넓은 이용자 기반을 얻는 데 성공했고, 그 결과 국내 스마트폰 앱 시장을 장악하게 되었다. 이러한 측면에서 본다면 카카오톡은 페이스북, 스카이프, 네이트온 그리고 싸이월드 같은 국내외의 소셜 메신저 기업들과 견줄 만한데, 기존 메신저들은 상대적으로 정주하는 PC용 서비스로 개발되었다가 훗날 스마트폰 중심의 새로운 미디어 환경에 맞게 개선되었다. 특히 사용자가 작은 화면의 인터페이스에 적응해야 하는 "다운사이징 경험"이 이 과정에 수반되었다. 11~20인치 스크린에 표시되었던 시각적 요소들은 작은 터치스크린에 맞춰 최소화되면서 시각적 그리고 상호작용적인 세부 사항이 제거되었다. 그러나 카카오톡은 애초에 스마트폰 중심의 인터페이스를 갖추고 있었기 때문에 상대적으로 이러한 다운사이징 경험을 거치지 않아도 되었다.

게다가 카카오톡과 관련된 앱 중 하나인 카카오 스토리의 이름과 특징이 보여주듯이 카카오톡은 스토리텔링 및 게임 플레이라는 측면에서 모바일 메신저의 개념과 실천을 재정의함으로써 인스턴트 모바일 메시지 서비스를 빠르게 유행시켰다. 카카오 스토리는 카카오톡 사용자들을 위해 2012년 출시된 사진 공유 소셜 네트워크로, 사람들은 카카오 스토리를 통해 사진으로 자신의 삶을 공유한다. 카카오 스토리는 서비스 시작 5개월 만에 SNS 시장에 진입했으며 페이스북 및 트위터와 경쟁하며 단시간 내에 국내 시장에서 가장 인기 있는 모바일 SNS 중 하나로 성장했다. 실제로 카카오톡에 이어 카카오 스토리도 사용하고 있었던 많은 응답자들은 스마트폰을 통해 일상을 기록하고 자신이 무엇을 하고 어디에 있는지 마이크로 네트워크micronetwork 멤버들이 읽고 상상해 주기를 바라는 성향을 가지고 있었다. 스마트폰을 통한 스토리텔링이라는 미디어 경험은 종종 휴대전화 카메라로 찍은 사진과 귀여운 이모티콘으로 구성된다. 누군가의 일상생활이 카카오톡 친구들이 상상하는 드라마 혹은 여행이 되는 것이다. 이러한 관점에서 보자면 카카오톡은 이전의 국내 소셜 네트워크 사이트들 – 특히 싸이월드 – 의 전략들, 즉 사적인 메시지가 서술되고 스토리들이 마이크로 네트워크상의 가상공간(방)에서 전시되는 방식을 개조한 것으로 볼수 있다(Hjorth, 2007b).

카카오톡 지형의 등장은 스마트폰이 출시된 이래로 한국에서 가장 주목할 만한 미디어 현상 중 하나가 되었다. 국내 특정 소셜 앱인 카카오톡은 한국 IT 산업이 스마트폰 시장의 글로벌한 확장에 반응하던 시기에 등장했다. 한국 시장에서 비의도적으로 개발된 초창기 스마트폰 앱 중 하나인 카카오톡은 게임 플레이와 스토리텔링을 전화기에 접합시키며 스마트폰을 재정의하는 촉매제로 기능했다.

"말하기" 공간으로서의 카카오톡 지형

스마트폰과 그것을 둘러싼 국내 미디어 지형, 혹은 카카오톡 지형은 젊은 한국인들이 제한된 시간적·공간적·물질적 그리고 문화적 자원들을 관리하고 협상할 수 있는 환경을 조성했다. 스마트폰은 청년들이 자신들의 일상을 조직하는 "미시조정microcoordination" 혹은 "미묘한 도구적 조정"에 광범위하게 사용된다 (Ling and Yttri, 2002). 설문조사에서도 스마트폰은 이용자들이 일상적인 스케줄과 소셜 네트워크를 관리하는 데 필수적인 도구라고 나타났다. 삼성에서 일하는 25세 여성 직장인은 다음과 같이 언급했다.

> 저는 회사에서 만든 스마트폰 앱으로 통근 버스 시간표나 회사 점심 메뉴를 확인하고 회사에 대해 업데이트된 정보들을 얻어요. 또 모바일 뱅킹 서비스나 티몬(소셜 쇼핑) 앱도 자주 사용해요.

미시조정을 위한 특별 기능을 가진 다양한 스마트폰 앱 중에서도 카카오톡은 젊은 사람들의 도시생활 리듬에 가장 적합한 것으로 보인다. 한국 청년들의 카카오톡 사용은 사회생활 및 도시 공간에 대한 관리를 중심으로 이루어진다. 청년들은 한편으로 그들의 마이크로 네크워크와 강한 유대감을 유지하거나 타인과 어울리기 바라지만, 또 한편으로는 상당히 개인화된 기술을 바탕으로 스마트폰을 통해 자신만의 시간과 공간을 만들고 싶어 한다. 물론 20대 후반의 한 남성 프로그래머가 설명했듯이 카카오톡 같이 무료로 사람들과 소통할 수 있는 앱을 사용하면 많은 돈을 절약할 수 있기 때문에 피처폰에서 스마트폰으로 바꾸는 경우도 존재한다. 그러나 모바일 게임을 포함한 무료 및 유료 앱 모두가 다양하게 다운로드되고 있기 때문에 "절약"은 한국인들에게 큰 이슈는 아니다. 대신 카카오톡은 독특한 말하기 공간을 제공하며, 이는 놀이 공간으로도 기능한다.

첫째, 카카오톡과 스마트폰의 발흥은 젊은 한국인들이 면대면 커뮤니케이션을 협상하는 과정의 일부다. 요르트가 지적했듯이 스마트폰의 적절성은 "본질적으로 면대면 사회 자본을 유지하는 것과 연결되어 있다"(Hjorth, 2011b: 123). 이러한 경향은 카카오톡의 개인 및 그룹 채팅 기능을 적극적으로 사용하는 한국 청년들 사이에서 명확하게 드러난다. 특별히 그룹 채팅은 대다수의 인터뷰이 사이에서 이 앱의 가장 중요한 특징으로 꼽혔다. 24시간 동안 스마트폰이 없다면 어떨 것 같냐는 질문에 한 25세 남성은 "카카오톡 그룹 채팅방이 나 없이 계속될 것을 알기 때문에 친구로부터 소식을 들을 수 없어 상당히 불안할 것 같다"라고 말했다.

카카오톡의 그룹 채팅 기능은 청년들에게 소속감을 항상 느끼게 하기 때문에 소외되고 배제되는 것에 대한 불안감을 상당히 줄여주는 것으로 보인다. 한 25세 여성이 말했듯이 "카카오톡은 그룹 채팅방에서 다른 그룹 멤버들과 어울리게 해주는 중요한 수단이다". 실제로 대부분의 응답자들에게 기존 마이크로 네트워크 친구를 관리하는 일은 스마트폰을 구입한 가장 중요한 동기였다(H. G. Lee, 2011). '연줄' 혹은 '정'으로 알려진 정서적 네트워크에 소속되는 것의 중요성을 인정하기 때문에 한국인들은 모바일 기술을 열성적으로 수용하는 경향이 있다(K. Yoon, 2003; H. G. Lee, 2011). 더불어 카카오톡 지형에서는 조화로운 소통이 유지된다. 이전 연구들이 밝혔듯이 동아시아인들은 면대면 상호작용에서 발생할 수 있는 갈등을 피하기 위해 모바일 커뮤니케이션을 사용하는 경향이 있다(Yuan, 2012 참고).

둘째, 스마트폰과 카카오톡은 청년들로 하여금 도시 환경을 자신들에게 맞추도록 만든다. 초기 모바일 미디어 연구자들이 예견했듯이 스마트폰은 비밀번호 보호나 특정 이메일 및 전화를 걸러주는 필터링 서비스를 통해 커뮤니케이션 기술을 개인화된 방식으로 활용하게 만들었다(Kohiyama, 2005: 70~71). 그러나 스마트폰의 개인화는 청년들이 제한된 공간적·시간적·물질적 그리고 상징적 자원을 다루는 사회문화적 맥락을 고려한 결과이지 단순히 이용자 개인의 욕망을 반영한 것은 아니다. 미즈코 이토Mizuko Ito와 다이스케 오카베Daisuke Okabe의 일본 연구와 유사하게 한국의 인구 고밀도 도시는 청년들에게 사적인 공간을 거의 허락하지 않는다(Ito and Okabe, 2005). 청년들은 또한 대학 입시 경쟁을 거친 후에도 좋은 스펙을 쌓아야 하기 때문에 여가 시간을 충분히 갖지 못한다. 따라서 스마트폰의 다양한 앱과 편리한 스케줄 관리 기능은 한국 젊은 이들에게 실용적이고 상징적인 도움을 제공하는데(H. G. Lee, 2011), 이 또한 미시조정이라고 불리는 것이다(Ling and Yttri, 2002).

게다가 개인화된 기술로 스마트폰을 젊게 사용하는 것은 한국 청년들 사이에서 눈에 띄게 증가하고 있는 "혼족" 라이프스타일과 관련 있는 것으로 보인다. 고학력 청년 노동 시장이 빠르게 신자유주의화되면서 지난 몇 년간 한국 청년들의 취업 전망은 상당히 악화되었다. 그 결과 대다수의 한국 청년들은 졸업과 동시에 취업 및 결혼을 미루고 있는 상황이다. 한국 청년들 사이에서 "나홀로족"이라고 불리는 새로운 집단은 면대면보다는 거리감 있고 매개된 커뮤니케이션을 원하는 것으로 보인다(H. G. Lee, 2011). 최근 연구에서 상당히 개인화된 라이프스타일을 추구하고 있었던 젊은 응답자들은 스마트폰을 사회화를 위한 도구가 아닌 명확하게 사적인 기술로 묘사했다. 그들에 따르면 다른 형태의 ICT와 비교했을 때 스마트폰은 확실히 개인화된 기술인데, 그 이유는 스마트폰이 이용자로 하여금 방송 미디어 콘텐츠에 접속하게 하고/혹은 가상의 커뮤니케이션을 증가시키기 때문이다. 서울에 거주하는 27세 대학원생은 "스마트폰에서 사생활과 관련된 주제를 알아내는 것은 불가능하다"라고 말하며 스마트폰의 주요 기능이 사생활 보호라고 주장했다. 그러나 스마트폰을 사생활 보호를 위한 효과적 수단으로 여기는 사람들은 스마트폰과 카카오톡에서 개인 정보가 유출될 가능성을 인지하지 못하고 있다. 여타의 소셜 앱과 마찬가지로 카카오톡은 이용자의 사적인 메시지와 스토리를 메인 서버에 저장하기 때문에 다른 사람이 특정 인물의 개인 메시지에 접속하거나 추적할 가능성이 있는데, 카카오톡 메시지가 범죄 증거물로 채택된 최근 범죄사건 조사가 이를 증명한다(Yi and Yi, 2012).

스마트폰의 개인화는 청년들이 방송 미디어를 "압축"하는 행위에서도 관찰된다. 그들은 푹(MBC), 고릴라(SBS), K(KBS)와 같은 방송국 앱을 깔아서 스마트폰을 개인화된 TV로 사용한다. 이러한 앱은 스마트폰에서 TV 프로그램을 제공하는데, 그 결과 TV 시청이란 개념도 변화하고 있다. 이와 관련해 25세 남학생은 다음과 같이 언급한다.

> TV 보는 걸 많이 좋아하진 않지만 한두 개 정도의 프로그램은 고정으로 봐요. 그 몇 개의 프로그램을 보기 위해 혼자 볼 TV를 사는 건 부담스럽죠. 대신 제가 좋아하는 TV 프로그램을 방송국 앱을 통해 스마트폰으로 봐요. 모든 프로그램을 무료로 그리고 실시간으로 볼 수 있죠.

TV는 보통 집의 정중앙인 거실에 있었기 때문에 전통적으로 TV 시청은 모든 가족 구성원들의 필수 경험이었다(Silverstone and Hirsch, 1992). 그러나 이제 TV 시청은 더 이상 공동체적이거나 앉아서 하는 경험이 아닌 물리적으로 공존하는 다른 시청자와의 상호작용 없이 언제 어디서나 이루어지는 경험이다.

홍미롭게도 몇몇 응답자들은 스마트폰과 카카오톡을 가상의 커뮤니케이션 수단이라고 여기고 있었는데, 그들은 스마트폰이 단순히 공허한 대화와 상당히 나르시시즘적인 자기표현을 하게 만든다고 믿고 있었다. 최근 친구들과 동료들의 압박으로 피처폰에서 스마트폰으로 바꿔야 했던 26세 여성 응답자는 스마트폰이 사람들을 "의미 없고", "소모적인" 대화를 하게 만든다고 언급했다.

> 사람들은 너무 자주 현재 자신이 뭘 하고 있는지 소셜 미디어에 올려요. 카카오톡 그룹 채팅도 너무 많이 하고요. 어디를 가든 계속해서 채팅을 하는데 정작 대화에는 핵심이 없고 자기들 말만 계속해요. 심지어 사람들이 직접 만나고 있는 자리에서도 그래요.

카카오톡에 대해 어느 정도 회의적인 관점을 가지고 있었던 몇몇 응답자들에게 앱은 일상생활의 리듬을 방해하고 면대면 관계에 부정적인 영향을 끼치는 것이었다.

인스턴트 모바일 메신저 문화의 급격한 성장으로 사람들의 커뮤니케이션 방법은 이메일 중심의 상대적으로 정형화된 커뮤니케이션에서 인스턴트 모바일 메신저 중심의 비정형화된 채팅으로 바뀌었다. 여러 응답자들은 어떤 일이나 이슈를 다룰 때 반드시 서면으로 작성해야 하는 이메일보다 가볍지만 더 급한 일들을 훨씬 편리하게 처리할 수 있는 카카오톡을 선호한다고 말했다. 그들은 데스크톱 PC 앞에 앉아 항상 로그인하고 이메일을 확인할 수 없기 때문에 이메일이 아닌 카카오톡 같은 인스턴트 모바일 프로그램을 통해 집에서도 일하고 있었다. 그 결과 한국인들의 이메일 사용은 급격하게 감소하고 있다. 한국 인터넷 진흥원의 인터넷 사용에 대한 연간보고서(Korea Internet and Security Agency, 2014: 9)에 따르면 6세 이상의 인터넷 사용자 중 59.3%는 2014년 한 해 동안 이메일을 사용했는데, 이 수치는 2011년 85.7%에서 하락한 것이었다. 이메일 이용자의 비율은 매년 하락하고 있어 2011년에는 85.7%, 2012년에는

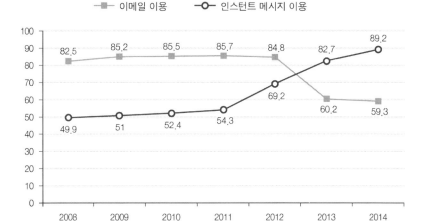

〈그림 8-2〉 이메일 vs. 인스턴트 메시지 이용의 변화   (단위: %)

자료: Korea Internet and Security Agency(2013; 2014).

84.8%, 2013년에는 60.2%를 기록했는데, 이는 사람들이 이메일보다 인스턴트 모바일 메신저 프로그램을 통한 비형식적 커뮤니케이션을 선호하기 때문이다 (Korea Internet and Security Agency, 2013; 2014).

이러한 추세는 이메일 이용자 수가 계속해서 증가하고 있는 미국과 상당히 대조된다. 미국 컨설팅 회사인 이마케터eMarketer에 따르면 인터넷 사용자 중에서 이메일 이용자가 차지하는 비율은 2012년 88.7%, 2013년 89%를 기록했다 (eMarketer, 2013). 이마케터는 이 수치를 2017년 90.4%로 예측한다. 이와 반대로 한국의 이메일 사용은 스마트폰 시대에 접어들어 변화하는 사회기술적 환경에 근본적으로 영향을 받고 있다.

그러나 스마트폰으로 매개된 커뮤니케이션에 대한 몇몇 회의적인 시각에도 불구하고 응답자들은 전반적으로 겉보기에 상반되지만 겹쳐지는 2개의 측면 ― 사회화와 개인화라는 측면 ― 으로 스마트폰을 인식하고 있었다. 기술은 개인에 의해 사용되지만 사회에 의해 구성된다는 점을 고려한다면(Silverstone and Hirsch, 1992) 스마트폰은 이용자들에 의해 개인화되는 동시에 사회화된 미디어 기술로 볼 수 있다. 이러한 관점은 스마트폰의 개인화 측면이 최근 뉴미디어 연구에서 지나치게 강조되었음을 시사하며, 기술의 현지화에 대한 면밀한 관찰은 조금 더 복잡한 이용자 개입의 측면을 드러낸다는 것을 알 수 있다.

"놀이" 공간으로서의 카카오톡 지형

카카오톡은 2012년 말 기준, 하루 평균 1000만 명이 플레이하는 한국에서 가장 인기 있는 퍼즐 게임인 애니팡을 포함해 수많은 모바일 소셜 게임에 접속할 수 있는 게이트웨이 역할을 해왔다(M. Cho, 2012). 그동안 온라인 게임을 플레이하지 않았던 청년들 또한 캐주얼 및 모바일 게임에 입문하게 되었다. 이러한 측면에서 본다면 카카오톡 지형은 화려한 게임 스킬과 플레이에 본능적으로 익숙할 것이라는 청년에 대한 고정관념을 위협한다. 또한 모바일 기술에 대한 연구들이 청년과 기술의 친밀성 및 청년들의 하위문화적 본능을 지나치게 강조해 왔다는 사실도 간과해서는 안 된다. 말하자면 "모바일 청년"에 대한 근본주의적 신화 ― 선천적으로 기술 친화적이고 정치적으로 자유주의적 성향을 갖는다 ― 가 계속해서 생산되고 있다(Tapscott, 1998 참고). 이러한 고정관념을 뛰어넘기 위해 청년들의 미디어 실천이 반드시 "지나친" 것만은 아니며 점점 더 일상생활의 한 부분이 되어가고 있다는 사실을 인식할 필요가 있다. 특별히 카카오톡 지형은 새로운 모바일 미디어 환경에 "평범한" 청년들이 참여하게 되는 방식을 드러낸다는 점에서 흥미롭다. 카카오톡은 재미있고 시각적이며 개방된 인터페이스를 이용해 모바일 메신저 및 소셜 네트워킹 서비스를 발전시킴으로써 점점 더 많은 수의 평범한 ICT 이용자를 모바일 게임으로 끌어들이고 있다.

카카오톡 지형에서 발견되는 역동적인 모바일 게임 문화는 한국의 커뮤니티 중심 플레이 패턴과 국가의 높은 도시화 비율이 결합된 결과일 것이다. 한국 게이머들의 독특함으로 평가되는 커뮤니티 중심의 게임 플레이는 대다수의 카카오톡 이용자 사이에서도 발견된다(Jin, 2010). 흥미롭게도 상당히 개인화되고 맞춤화된 게임 환경을 제공하는 모바일 게임은 PC방 중심의 온라인 게임 문화를 가진 한국에서 완전히 개인화되지 못했다.

도시 공간은 스마트폰을 통한 청년들의 문화적 실천에 의해 재정의되며, 여기서 정서와 데이터 교환은 게임 플레이와 혼합된다. 다시 말해서 재조정된 도시 공간에서 모바일 게임하기는 일상적 소통의 한 부분이 되는 반면, 텍스트 메시지 보내기는 게임 플레이의 한 형식이 된다. 놀이적 메신저 및 다양한 소셜 게임의 관문으로서 카카오톡의 경이로운 성장은 청년들을 터치스크린 위 다양한 "스마트" 텍스팅 실천으로 이끌었으며, 이는 새로운 형식의 기술을 "알맞게 이용하기 위한 사회적 투쟁"을 암시한다(Ito and Okabe, 2005: 132). 지배적인 커뮤니케이션 규범에 대한 순응과 개인성의 추구 사이를 오가면서 청년들은 면대면 소통에 내포된 권력 관계를 완화시킨다. 특히 한국 청년들은 한국어 안에 내재되어 있는 엄격한 나이 및 권력 위계를 줄여줄 수 있는 디지털 매개의 서면 커뮤니케이션으로부터 일종의 혜택을 얻고 있는지도 모른다(Herring, 2003). 즉, 전통적인 언어 지형과 타협하면서 청년들은 일상적 소통을 다의적이고 개방된 텍스트로 변형시킬 수 있는 "기호학적 민주주의"를 실현하고 있는 것이다(Fiske, 1987).

청년들이 스마트폰 텍스팅 실천에 참여하는 것은 감각적이고 놀이적인 경험을 포함하는 것이기 때문에 2G폰의 텍스트 메시징과 구분될 수 있다. 텍스트 중심의 2G폰에서 키패드를 누르는 경험과 비교했을 때 세련되고 놀이적인 스마트폰은 젊은 이용자들에게 친밀하고 상호적인 감정과 재미를 제공하는 것으로 보인다. 예를 들어 대전에 거주하는 25세 여성 응답자는 다른 ICT 형식과 스마트폰을 비교하면서 스마트폰의 감각적인 측면을 다음과 같이 강조했다.

저는 아이패드로 앵그리 버드를 플레이하고 터치로 입력하는 걸 좋아해요. 스마트폰 게임은 터치를 통해 감각적인 즐거움을 줘요. 스마트폰과 PC로 카트라이더를 플레이해봤는데, PC보다 스마트폰으로 플레이하는 게 더 재미있었어요.

스마트 미디어 경험이 다른 미디어 기술의 경험과 구분되는 지점은 비단 하드웨어뿐만 아니라 소프트웨어 앱이나 인터페이스도 포함한다. 25세 남성은 ICT 간 인터페이스가 갖는 다양성에 대해 인식하고 있었다.

게임을 할 때 (어디서 플레이하는지에 따라) 느낌이 완전히 달라요. 스마트폰으로 모바일 게임을 하면 비디오 게임을 할 때의 느낌과 비슷해요. 스마트폰 게임은 터치를 사용하기 때문에 키패드 버튼을 사용할 때랑 또 다른 느낌을 줘요. … 제 생각에는 터치가 제일 큰 차이점인 것 같아요.

미디어 연구자들과 카카오톡 개발자들이 동의했듯이 앱의 놀라운 성장은 스마트폰 이용자가 "친구 목록"에 있는 누구와도 쉽게 메시지와 데이터를 주고받을 수 있게 만든 개방형 인터페이스에 적지 않은 빚을 지고 있다(Huh, 2011). 또한 카카오톡은 자체의 시각화된 인터페이스를 통해 다양한 이모티콘, 기호, 이미지 및 비디오 파일을 편리하게 무료로 교환하게 만든다. 특별히 카카오톡의 스토리텔링 앱인 카카오 스토리는 세 가지 종류의 귀여운 이모티콘으로 친구들과 이용자의 감정을 계속해서 표현하고 공유하게 한다. 실제로 많은 응답자들은 카카오톡이나 카카오 스토리를 통해 정기적으로 자신들의 스토리를 올리고 친구들의 이야기를 읽고 있었다. 한 25세 남성은 "카카오톡 같은 스마트폰 메신저 프로그램은 친구들이 올린 사진이나 코멘트를 보여주면서 직접 물어볼 필요 없이 친구들이 오늘 무엇을 했는지 알게 해줘요"라고 말했다.

카카오톡 지형은 어떻게 게임 플레이, 텍스팅, 그리고 스토리텔링이 융합되고, 그것이 스마트폰을 통해 놀이적 소통의 경험으로 실천되는지 보여준다. 카카오톡의 중요성은 젊은 이용자들이 게임과 메시지 기능을 함께 사용할 수 있으며, 그 결과 휴대용 전화기와 모바일 게임의 경계를 무너뜨리는 지원성에 있다. 삼성 갤럭시5 및 노트뿐만 아니라 애플 아이폰6 및 플러스가 증명하듯이 터치스크린의 크기가 커지면서 스마트폰 제조사들은 계속해서 커다란 스크린이 내장된 하드웨어를 개발 중에 있는데, 이는 사람들이 새로운 스마트폰을 선택할 때 가장 중요한 특징 중 하나로 시각성을 고려하기 때문이다.

결론

스마트 미디어의 기술적 수렴 및 문화적 발산을 탐구함으로써 이 장은 모바일 미디어 연구에서 강조되고 있지만 여전히 간과되는 문화적 그리고 기술적 형식으로서의 스마트폰을 이해해보려 했다(Watkins, Hjorth and Koskinen, 2012). 사회경제적 관점에서 보자면 카카오톡 지형은 국내 스마트폰 산업의 경이로운 성장이 만들어낸 뜻밖의 결과물이다. 카카오톡 지형은 스마트폰이 어떻게 사회경제적 구조와 주체의 접합을 통해 현지화되는지를 보여준다. 국내 IT 대기업은 특히 아이폰의 등장에 반응하며 모바일 통신을 위한 고도로 집중된 기반 시설을 한국에 설립했다.

그러나 한국 IT 기업들이 주도한 국내 스마트 미디어 시장의 놀라운 성장에도 불구하고, 젊은 ICT 이용자들이 카카오톡 같은 창의적인 국내 앱을 사용하기 전까지 스마트폰은 단순한 휴대전화기로 여겨졌다. 카카오톡 이용자들은 전화, 이야기 및 게임 플레이의 도구로 스마트폰을 상상하기 시작했고, 결과적으로 카카오톡은 스마트 미디어 기술이 국내에 맞게 재맥락화되는 길을 열어주었다. 특별히 카카오톡 지형에 한국 청년들이 참여하면서 한때 대중적이고 젊은 소통 수단이었던 텍스트 메시징은 "적절한" 도시의 의사소통 방식으로 활기를 되찾게 되었고, 이와 동시에 모바일, 캐주얼, 그리고 일상적 문화 실천으로서의 소셜 게임을 위한 새로운 문을 열었다. 청년들의 카카오톡 이용은 휴대전화와 게임의 혼합뿐만 아니라 커뮤니케이션이 계속해서 문자적 그리고 시각적으로 매개되고 더 나아가 놀이성을 갖게 된다는 것을 보여준다. 면대면 커뮤니케이션은 카카오톡 지형에서 놀이적 행위로 변형된다. 문자 그대로 음성적 교환 형태가 아닌 디지털화된, 시각화된 그리고 매개된 커뮤니케이션 방식을 지칭하는 카카오"톡"은 대화를 더욱 사회화하고 맞춤화하는 동시에 즐겁게 만든다. 카카오톡이 한국어의 위계적 질서를 유연화할 가능성은 스마트폰의 등장으로 청년들이 지배적인 사회적·물질적 그리고 상징적 권력과 협상할 수 있는 자원을 얻었다는 사실에서 기인한다. 이러한 측면에서 카카오톡 지형에 대한 청년들의 참여는 그들이 유용한 자원을 수용하고 재배치했다는 점에서 "하위문화 브리콜라주bricolage"로 해석될 수 있다(Clarke, 1976).

또한 이 장은 전 세계적인 인기에도 불구하고 스마트 미디어 기술이 상당히 현지화되고 있다는 사실을 제시했다. 카카오톡 지형은 서로 다른 미디어 기술들이 어떻게 스마트폰 플랫폼 안에서 수렴되는 동시에 다양한 지역적 맥락에 따라 다르게 나타나는지 명확하게 보여준다. 다양한 온라인 서비스 및 앱의 개방된 게이트웨이로서 카카오톡은 계속되는 미디어 융합에 대응했고 더 나아가 이를 자극했다. 모든 스마트폰 사용자들에게 메시지 서비스를 제공하는 카카오톡은 새로운 형태의 소셜 미디어나 게임 플랫폼을 찾고 있었던 많은 국내 이용자들의 관심을 끌며 2G폰을 바꾸게 만들었다. 카카오톡의 경이로운 국내 성장은 헨리 젠킨스Henry Jenkins의 주장 — 미디어 이용자가 새로운 유행을 좇아 이동하는 실천은 미디어 융합의 주된 원인이 된다 — 과 공명한다(Jenkins, 2006). 카카오톡 지형은 국가의 빠른 근대화를 구현하는 새로운 기술이 커뮤니티 중심의 현지 소통 방식은 물론 도시 공간과 절충되면서 융합 및 분산된 현실을 잘 보여준다.

Chapter 9

스마트랜드 코리아를 넘어서

21세기 초반 스마트폰은 사회를 매개하는 가장 중요한 신기술 중 하나가 되었다. TV, 전화기, 인터넷 등 현대사회에 등장한 경이로운 뉴미디어 기술은 여럿 존재했다. 그중에서도 기술과 일상생활을 융합하는 스마트폰은 그 영향력이 가장 크다고 볼 수는 없어도 가장 중요한 기술 중 하나인 것은 분명하다. 오늘날의 스마트폰 이용자들은 최초의 스마트폰이 어떻게 생겼는지 상상도 못할 테지만, 고작 20년 전에 발명되었다는 사실을 상기해본다면 스마트폰의 역사는 그리 길지 않다. 1994년 무게 18온스, 약 899달러에 달하던 육중한 IBM 사이먼에서 현재의 매끄럽고 깃털처럼 가벼우며 저렴한 스마트폰에 이르기까지 스마트폰은 지난 20년 동안 고무적인 발전을 거듭해 왔다(Harjani, 2014). 2014년 런던 과학박물관London Science Museum이 최초의 스마트폰이었던 IBM 사이먼의 탄생 20주기를 기념하며 다음과 같이 말했다.

아마도 당신은 이것을 사용하지 않았거나 심지어 들어본 적도 없을 테지만, 현재 20살이 된 IBM 사이먼은 세계 최초의 스마트폰이며, 글을 쓰거나 그림을 그리고 연락처 및 달력을 관리할 뿐만 아니라 팩스도 보낼 수 있었다 — 심지어 앱도 존재했다. 이것은 휴대전화와 PC를 최초로 결합한 장비였고, 그런 이유에서 런던 과학박물관은 사이먼의 20번째 생일을 기념하기 위해 1992년 BBC 라디오의 첫 방송과 최초의 디지털 TV 및 800개가 넘는 혁신적인 기술과 함께 사이먼을 새로운 정보화 시대 전시회에 놓을 예정이다(*Independent*, 2014).

오늘날 거의 모든 사람들은 스마트폰을 사용하고 있거나 봤거나 적어도 이에 대해 들어봤으며, 짧은 기간 동안 이루어낸 스마트폰의 극적인 발전은 경제 및 문화를 포함해 사람들의 일상에 상당한 영향을 끼쳤다. 불과 몇 년 전까지만 해도 사람들은 다른 사람들과의 의사소통을 위해 모바일 피처폰을 사용했다. 그러나 "스마트폰은 커뮤니케이션의 지형을 뒤바꿔놓았다. 커뮤니케이션을 개인화함으로써 우리는 (그리고 그들이) 언제 어디에 있든 가장 가까운 사회적 영역에 닿을 수 있다"(Ling, 2012: 157~158). 이제 스마트폰은 하루 24시간 동안 사람들이 곁에 두는 물건이며 사람들의 몸에서 떨어질 수 없는 확장물처럼 되었다. 스마트폰은 공간과 커뮤니케이션의 관계만을 강조하는 것이 아니라 "시공간을 가로지르는 사회적 관계들"까지 발전시켰다(Jensen, 2013: 26). 다시 말해 터치스크린을 탑재한 스마트폰은 PC일 뿐만 아니라 이메일, 디지털 카메라, GPS에 이르는 필수 기능들을 융합한 소셜 네트워크이며, 스마트폰과 앱은 우리의 디지털 경제와 문화를 발전시키는 데 있어 핵심적인 기능을 수행한다.

스마트폰의 확산은 애플이 최초의 아이폰을 글로벌 시장에 선보인 2007년부터 전 세계적으로 나타났다. 스마트폰은 매개된 소통의 사회적 환경을 근본적으로 재배열했고 유용한 것에서 필수적인 것으로, 지금은 당연한 것으로 받아들여지고 있다. 스마트폰은 우리가 일상을 조정하는 방식을 바꿔놓았으며 사업 및 상업 또한 변화시켰다. 앱 경제는 지금도 성장하고 있으며, 모바일 게임은 점점 더 많은 인기를 얻고 있고, 카카오톡은 필수품이 되었다. 이 모든 변화는 스마트폰의 보급 덕분에 가능해졌다. 브로드밴드나 온라인 게임 같은 여타의 많은 최신 기술과 더불어 한국은 이제 스마트폰 기술과 문화의 중심부 중 하나가 되었다. 이 모든 현상은 불과 몇 년 전까지만 해도 알려지지 않았던 기술에 의해 일어났다(Ling, 2012).

이 책은 독특한 정보기술 정책 및 신자유주의적 통신 정책들의 한가운데 있었던 보호조치, IT 대기업들의 치열한 경쟁, 그리고 열정적인 IT 소비자 등 여러 핵심 이슈를 통해 한국에서 최근 등장한 스마트폰 및 그와 관련된 문화를 탐구했다. 특히 지금까지 연구에서 경시되었던 주제, 즉 모바일 게임 및 카카오톡 같은 스마트폰 앱의 등장으로 현지화된 지형을 살펴봤다. 또한 이 책은 스마트폰의 경이로운 성공뿐만 아니라 스마트폰의 발전에서 사회적 환경이 갖는 중요성도 강조했다. 이를 위해 스마트폰의 등장을 한국 ICT에 내재된 모바일 기술 및 전반적인 통신 산업의 성장 안에 위치시켰다.

이와 더불어 최근 세계화의 상징 중 하나로 스마트폰의 중요성이 대두되었기 때문에 이 책은 신자유주의적 세계화 시대에 현지 기술들과 문화들이 갖는 역할을 밝히려고 했다. 서구 국가나 애플 같은 서구 기반의 초국적 기업들을 포함한 여러 글로벌 행위자들은 특별히 스마트폰 초기 단계에서 중요한 역할을 수행했다. 따라서 이 책은 현지 스마트폰의 등장이 세계화 이론의 윤곽을 바꿔놓았는지 파악하기 위해 글로벌과 로컬 힘 사이의 권력 투쟁을 비판적으로 분석했다.

이 책에서는 현지화된 스마트폰 지형을 포괄적으로 이해하기 위해 3개의 주요 연구 영역들 ― 스마트폰의 혁신과 진화, 정치경제학적 관점에서 본 디지털 경제, 그리고 한국 스마트폰 맥락에서 본 청년을 포함한 사람들의 문화 ― 이 수렴되었다. 기술은 고립된 연구대상이 아니라는 점을 고려한다면 스마트랜드 코리아에 대한 논의는 반드시 다양한 관점에서 다루어져야 한다. 필자는 한국 스마트폰 이용이 갖는 사회문화적 특수성을 기반으로 스마트폰의 성장이 정의되어야 한다고 강조했다. 이러한 전체론적 접근은 스마트랜드 코리아 현상의 출현 속에서 서로 연결되는데, 그 주요 특징들은 다음과 같이 요약될 수 있다.

첫째, 필자는 한국이 애플 아이폰의 충격에서 벗어나 단시간 내에 스마트폰 왕국으로 변화된 바로 그 지점에서 스마트폰의 성장을 둘러싼 여러 차원들을 발견했다. 먼저 한국 정부는 독특한 모바일 통신 정책을 발전시켰다. 신자유주의적 세계화 속에서 작은 정부를 강조하면서도 한국 정부는 국가 주도의 발전주의를 실현시켰다. "기술적 변화들이 경제 및 규제 조건들을 돕거나 방해할 수 있기" 때문에 통신의 한 부분으로 스마트폰 산업의 윤곽을 결정짓는 가장 중요한 요소 중 하나가 바로 정부의 호의적인 정책이다(Havens and Lotz, 2012: 49). 미국 정부 및 초국적 기업들이 외부에서 행사하는 신자유주의 압력과 통신 기업 및 서비스 제공업체가 내부에서 취하는 비즈니스 이익은 한국 정부에 상당한 규제 완화와 자유화 조치를 취하도록 요구했다. 그러나 한국에서 아이폰 출시가 지연된 사례가 보여주듯이 정부는 계속해서 조력자와 규제자 역할을 동시에 유지했다. 한국의 스마트폰 기술 및 그와 관련된 정책 이슈들은 신자유주의적 통신 정책들뿐만 아니라 국내 통신 시스템의 지속적인 성장의 일환으로 한국 정부의 발전주의 또한 반영했다. 많은 국가에서 신자유주의적 세계화는 환영받고 있지만, 한국의 스마트폰 부문에서만큼은 국가의 주도적인 역할이 여전히 중요하게 남아 있다.

둘째, 필자는 스마트폰과 세계화의 관련성을 탐구하며 세계화 이슈에 대한 기존 지식들에 새로운 관점을 덧붙였다. 2009년 한국의 아이폰 수용부터 글로벌 시장에서 삼성 갤럭시의 최근 성장에 이르기까지 스마트폰 시대에 세계화를 둘러싼 이론적 질문을 다루며, 이 책은 이동성과 연결성을 기반으로 한 세계화가 실상은 자본의 권력 이동을 의미하며 현지 국가들로 하여금 새로운 세계적 시스템과 동맹을 맺거나 통합하게 만든다는 것을 보여주었다. 이광석이 주장하듯이 작은 나라들의 생존은 자본의 글로벌한 전자 도관에 의존적일 수밖에 없으며, 같은 맥락에서 한국 스마트폰의 성장도 우리가 지역적인 것을 새로운 글로벌 네트워크의 역동적인 한 부분으로 파악하며 필사적으로 밝혀낸 이 전자 제국의 보편적 구조 안에 위치시킬 수 있다(Lee, 2008).

셋째, 필자는 앱 경제의 등장은 기반시설뿐만 아니라 소프트웨어에 의존하며, 스마트폰의 진화는 결국 한국 소프트웨어 시장에 영향을 끼쳤다는 사실을 밝혔다. 스마트폰과 앱 서비스의 여러 핵심 측면들과 그것들의 함의를 포함해 한국 특유의 사회경제적 맥락 안에서 스마트폰과 앱의 빠른 성장을 분석한 후, 이 책은 한국이 스마트폰과 앱에 있어 세계 최고의 실험실 ─ 어떻게 앱 경제가 진화할 수 있는지에 대한 해답을 찾는 곳 ─ 이 되었다고 결론 내렸다. 다시 말해 이 책은 기술을 특정한 형식의 지식과 사회적 실천에 의해 역사적으로 구성되는 사회경제적 결과물로 파악했다.

넷째, 필자는 스마트폰 기술들과의 연관성을 논의하며 정보 격차에 대한 새로운 관점을 제공했다. 실증적인 설문조사를 기반으로 새로운 기술에 대한 접근 및 이용과 관련된 전통적 격차는 물론 스마트폰 격차를 이해할 수 있는 새로운 시각 ─ 이중 격차 ─ 을 발전시켰다. 특별히 스마트폰 영역에서의 정보 격차는 사회 통합적인 관점에서 이해될 수 있는데, 이는 스마트폰 격차가 장비를 가진 사람과 갖지 못한 사람 사이의 차이라는 전통적 이분법만을 가지고는 분석될 수 없기 때문이다. 스마트폰 격차를 연구하는 학자들은 스마트폰 사용자들이 새로운 기기의 지위 및 이용으로부터 혜택을 얻는 방식에 주목해야 한다.

마지막으로 필자는 한국 고유의 모바일 문화라는 맥락 안에서 스마트폰 문화가 형성되었다고 결론지었다. 한국 스마트폰 성장에 기여한 몇몇 사회경제적 요소들을 통해 2개의 주요 영역 ─ 모바일 게임과 카카오톡 ─ 에 집중하면서 스마트폰의 빠른 성장을 둘러싼 사회문화적 환경이 모바일 게임 및 스마트폰과 연관된 청년문화를 성장시켰다는 사실을 입증했다. 여타의 이용 문화와 국가적 상황에서 발견될 수 있는 것들과 비교했을 때 스마트폰의 보편적 사용은 한편으로 한국 모바일 게임의 발전을 이끌었다. 스마트폰 이용자들은 모바일 게임이 급격하게 확산되고 성장하는 과정에서 자신들이 가진 조건이 변화한다는 사실을 인식했다. 다른 한편으로 카카오톡이라는 국내 앱 플랫폼에 대한 한국 청년들의 참여를 구체적인 예로 들어, 이 책은 스마트폰과 앱의 등장으로 현지화된 미디어 환경이 특정한 사회문화적 환경에 의해 구성되고 그것에 포함된 미디어 지형의 한 형식으로 "카카오톡 지형"을 창조했다는 사실을 밝혔다. 다시 말해, 스마트폰 이용자들은 스마트폰과 카카오톡의 빠른 사회경제적 확산에 기여했다.

결과적으로 스마트폰에 대한 사람들의 높은 충성심 덕분에 스마트랜드 코리아는 전 세계의 모바일 전문가들 및 정책가들에게 독특한 테스트 베드가 되었다. 새로운 기술에 대한 한국인들의 수용은 빠르며, 스마트폰 이용은 훨씬 광범위하고, 앱에 대한 의존도 또한 다른 나라 사람들보다 높다. 그러나 스마트랜드 코리아가 감동과 재미로만 가득 찬 디즈니랜드 같은 이상적인 곳은 아니며, 스마트폰 격차를 포함한 여러 가지 사회 문제들이 혼재되어 있다. 한국은 자신들의 디지털 경제를 앱 경제로 빠르게 전환시켰지만, 미국 기반의 운영체제들이 여전히 주된 플레이어로 최고 수익을 얻는다. 스마트폰을 즐겨 사용하면서 우리 자신이 스마트폰과 맺는 관계를 구성하는 정치 및 경제 체계들을 간과해서는 안 된다(White, 2014). 사람들의 일상생활은 스마트폰의 진화와 보편적인 이용에 따라 계속해서 변화하는 사회경제적 그리고 문화적 환경에 의해 영향을 받을 것이기 때문에 스마트랜드의 다음 움직임을 이해하는 것이 중요하다.

스마트랜드 코리아는 두 가지 측면에서 새로운 도전에 계속 부딪힐 것이다. 한쪽에선 스마트폰으로 사람들이 할 수 있는 일이 미래에 더 많아질 텐데, 사람들의 일상뿐 아니라 경제 그리고 문화 영역에서 나타날 새로운 변화들은 이미 존재한다. 이에 대해 CNN은 다음과 같이 보도했다.

모바일 기계의 판매는 여전히 성장 중이지만 빠르게 그 속도가 줄고 있다. 기술 산업은 어떤 것이 다음 전환점이 될 것인지 빠르게 파악 중이며, 대기업들은 작고 착용 가능한 장비들, 즉 운동 측정기, 스마트 안경, 스마트 시계 그리고 센서가 장착되어 지그재그로 당신의 내장을 통과하며 데이터를 수집하는 의류 등에 큰 기대를 걸고 있다. 그러나 대부분의 착용 가능한 장비들은 스마트폰을 대체하기 위한 것이 아니다. 대신에 이 장비들은 주된 모바일 장비로부터 유용한 데이터를 축적하거나 알람을 연계하는 위성 기기로 작동한다. 만약 이러한 기기들에 스크린이 있다면 모바일 앱의 단순화된 버전을 표시할 수 있다(CNN, 2014).

게다가 모바일 기기들은 자신들의 주인이 누구이며 어디에 있는지 파악하는 기능을 가지게 될 것이고, 이러한 장비들은 신원과 장소 및 맥락을 파악하고, 휘어지는 스크린과 향상된 배터리 수명을 갖추고 있을 것이다.

적지 않은 기업이 이미 앞서 나가고 있다. 예컨대 삼성은 "사물 인터넷Internet of Things: IoT"을 통해 스마트홈이라고 알려진 새로운 프로젝트를 발표했다. 이 프로젝트는 냉장고와 세탁기, TV, 카메라 폰, 시계 및 그 이상의 것들을 연결할 것이며, 사람들은 자신의 스마트폰 그리고/혹은 착용 가능한 장비들을 통해 가전제품을 통제할 수 있을 것이다(Siegal, 2014). 2015년 1월 한국 정부는 새로운 성장 동력을 육성하기 위해 IoT 및 기타 소프트웨어 프로젝트의 발전을 위한 923억 달러의 융자금을 제공할 것이라 밝혔다. 정부는 이러한 국가 재정 계획들이 5세대 모바일 네트워크와 생의학, 태양 및 연료 전지, 바이오 에너지, 그리고 나노 반도체 및 센서 기술에 도움을 줄 것이라 말했다(S. Yoon, 2015). 스마트홈 시장은 2014~2019년에 연평균 19%씩 성장할 것이기 때문에(Yi Chin-myŏg, 2014) 앱 경제의 주된 부분이 될 것이다. 따라서 초국적 기업들은 다시 한번 선두주자가 되기 위해 막대한 자원을 투자하지 않을 수 없다. 이는 향후 몇 년 동안 스마트폰이 가장 중요한 최신 디지털 플랫폼이 될 것을 의미하며, 현재의 스마트폰 형태에 새로운 몇 가지 기능들이 추가될 것이 명확하다.

또 다른 한편에선 스마트랜드 코리아 또한 사회 통합의 새로운 형태들을 발전시키기 위해 정책자들과 연구자들을 모을 텐데, 그 이유는 갈수록 새로운 기능을 즐겨 사용하는 헤비 유저heavy users들과 기본 기능만 사용하는 일반 사용자들 사이의 격차가 커질 것이고, 그에 따라 그들의 경제 및 문화적 삶에서도 차이가 증가하는 스마트폰 격차의 새로운 형태들이 생겨날 것이기 때문이다. 특별히 중산층은 소득 스펙트럼에서 상위를 차지하는 사람들과의 격차가 계속 벌어지고 있다. 소득 수준이 낮은 사람들은 새로운 스마트폰이나 앱을 이용할 수 없고 결국 불평등의 심화로 이어지기 때문에 이것은 한국 사회가 직면한 심각한 위험이다. 또한 대다수의 앱 개발자들은 성공 가능성을 높이기 위해 구글 플레이나 애플 스토어를 이용하고 있기 때문에 중국이나 한국의 신생 기업들이 그 둘을 대체할 수 있는 글로벌한 운영체제 및 앱을 개발하지 않는 이상 미국 기반의 운영체제 제공업체들과 소프트웨어 스타트업들의 장악력은 앞으로도 계속될 것이다.

정리하자면 스마트폰과 관련된 주제들, 즉 미디어-ICT 이슈들을 다룰 때는 지역적 맥락을 고려하는 새로운 관점들을 발전시켜야 하며, 여기에는 반드시 스마트폰 문화는 물론 스마트폰 및 앱 경제의 성장에 대한 섬세하고 다층적인 이해가 수반되어야 한다. 불과 몇 년 전까지만 해도 모바일 커뮤니케이션에 대한 학문적 논의들은 북미나 유럽식 모델을 주로 따랐으며, 다른 지역들 및 국가들의 특수성은 생략되는 경향이 많았다(McLelland, 2007; Tai and Zeng, 2011). 그러나 스마트폰과 앱의 빠른 성장으로 공식적으로 경시되었던 지역들은 더 이상 간과할 수 없는 대상이 되었다. 왜냐하면 이 책에서 논의한 스마트랜드 코리아가 로컬 지형의 중요성을 증명했기 때문이다.

또한 다양한 이해관계와 문화들이 어떻게 충돌하고 미시적인 수준에서 혼성되는지, 그리고 현지 사람들은 어떻게 자신들의 놀이성을 발전시켜나가는지 이해하는 것이 중요하다. 이 책이 보여주듯이 우리가 찾은 전체론적인 접근 방식은 분석적 장점을 갖는다. 다시 말해 "큰 그림을 정확하게 파악하는 일은 문화연구로 하여금 현지의 수용자 및 소비자를 연구할 때 구조적인 권력 문제에 주목하게 만드는 반면, 문화적 전환은 정치경제학적 연구들로 하여금 인간의 창의성을 간과하고 미시적이고 일상적 수준에서의 실증적 증거들이 부족하다는 비판을 피하게 해줄지 모른다"(Shi, 2011: 151).

마지막으로 우리는 1990년대 초반 이래로 글로벌 모바일 시스템의 주요 기능들이 어떻게 재구성되고 초국적이 되었는지, 즉 글로벌 모바일 시스템의 변화가 어떻게 전 세계적인 정치경제적 변화 및 그에 따른 기술적 문화라는 더 큰 맥락 안에서 이해될 수 있는지 생각해봐야 한다. 이와 같은 맥락에서 필자는 스마트폰 시스템 안에서 사회문화적 그리고 정치경제적 변화를 경험한 한국에 대한 이 연구가 가까운 미래에 필연적으로 변화될 글로벌 모바일 시스템의 더 폭넓은 흐름을 읽는 데 도움이 되기를 희망한다.

Part 1 혁신과 모바일 커뮤니케이션

제1장 스마트랜드 코리아의 등장

1   카카오톡은 친구 수의 제한이나 등록 혹은 로그인 없이도 사용자가 휴대전화 번호만 입력하면 일대일이나 그룹 채팅을 할 수 있는 서비스를 제공한다.

2   라인은 네이버의 일본 자회사에 의해 제작되어 2011년 출시되었다.

3   이토가 주장했듯이 모바일 기술에 대한 일본의 열성적인 관심은 이제 유행을 선도하는 대중문화의 한 부분이 되었다(Ito and Daisuke, 2005: overview). 연구자들은 케이타이의 변화를 비즈니스 수단에서부터 소통이나 놀이를 위한 개인적 도구에 이르기까지 다룬다. 이 책에서는 모바일 커뮤니케이션의 등장, 혼합, 그리고 수용을 사회적 실천과 제도라는 넓은 범위에서 언급한다.

4   필자는 스마트폰 영역 안에 존재하는 글로벌 및 로컬 동력들의 중요한 결합을 강조하기 때문에 몇몇 장은 하나 혹은 두 가지의 이론적 틀을 사용하는데, 특히 세계화 이론을 주로 활용할 것이다.

제2장 스마트폰 기술의 진화: 휴대전화에 스마트함을 더하다

1   이 장은 주로 인쇄물에서 얻어진 다양한 자료들을 검토한다. 연간보고서와 정보 공개물 같은 문서들은 중요한 정보를 제공한다. 기업의 기록물을 포함한 기업 자료 또한 산업에 대한 세부적인 데이터를 제공한다는 점에서 중요하다. 그러나 사이먼을 개발한 IBM은 사이먼에 대한 기록물을 가지고 있지 않았다. 1990~1995년까지의 기업 보관소에는 사이먼이란 단어가 등장하지 않는다. 2006년 벨사우스가 AT&T에 합병된 이래 AT&T 보관소는 사이먼에 대한 정보를 가진 유일한 기관이지만 그 정보가 매우 한정적이다. 한편 업계지 또한 스마트폰 기술의 발전과 연관된 모바일 및 컴퓨터 산업을 분석하기 위한 기본적인 자료로 기능한다. 특별히 이번 사례에서 업계지는 다른 곳에서 구할 수 없는 중요한 데이터를 제공하며 중요한 자료로 활용되었다. 비록 몇몇 업계지는 기업에서 제공한 보도자료를 그대로 인용하며 기업 활동에 대한 부정확하고 피상적인 정보를 반영하지만, 전반적으로 미디어 산업의 역사적 성취에 대한 세부적인 묘사들을 제공한다.

2   필립 브레이Philip Brey가 적절히 언급했듯이 "사회구성론이란 개념은 종종 트레버 핀치Trevor Pinch와 바이커 그리고 바이커의 연구로 시작된 기술의 사회구성론 같은 영향력 있는 접근법과 콜린스 및 울가의 연구를 포함한 많은 수의 비슷한 접근법들을 지칭하기 위해 좁은 의미에서 사용된다(Brey, 1997: 4; Pinch and Bijker, 1984; Bijker, 1987). 넓은 의미에서 보면 이 용어는 사회형성론

이라 불리는 접근법(MacKenzie and Wajcman, 1999; MacKenzie, 1990)을 포함하며, 브뤼노 라 투르Bruno Latour, 미셸 칼롱Michel Callon, 존 로John Law 및 그들의 동료들이 주창한 행위자 네트워크 접근법 또한 포함한다." 이 장에서는 주로 기술의 사회구성론에 대한 넓은 정의를 사용한다.

3 제네시스의 경우 기본 단말기의 유통 가격은 350달러였고 카트리지 가격은 29.95~49.94달러였으며 모듈은 약 250달러였다. 이와 대조적으로 터치어마틱 1600의 가격은 149.95달러였다.

4 1978년 모토로라의 다이나택이 첫 무선 전화기이며, 이는 마틴 쿠퍼Martin Cooper와 그의 팀이 개발했다(FCC, 2005; Zheng and Ni, 2006: 32).

5 에버렛 로저스Everett Rogers의 혁신 확산 이론에 따르면 혁신적인 기술의 성공적인 확산에는 여러 단계가 존재한다(Rogers, 1983: 5). 혁신의 확산은 "혁신이 시간의 흐름에 따라 사회 체계의 구성원들 사이에서 특정한 채널을 통해 소통되는 과정"을 뜻한다. 로저스가 지적하듯이 확산은 "메시지가 새로운 아이디어로 고려된다는 점에서 특별한 형식의 소통이며, 소통은 상호이해에 도달하기 위해 참여자들이 서로 정보를 만들고 공유하는 과정을 말한다". 이 과정은 4가지의 단계로 설명될 수 있다. 즉, ① 혁신, ② 특정한 채널을 통한 소통, ③ 시간의 흐름, ④ 사회 구성원들 사이에서의 확산이 그것이다(Rodgers, 1983: 10~11). 그러나 IBM 사이먼은 성공적인 실패로 간주될 수 있다. 기술적인 돌파구를 만들었다는 점에서는 성공이지만 의미 있는 수용, 즉 "가능한 최고의 단계까지 혁신을 최대한 활용"하지 못했다는 점에서 실패다(Rogers, 2003: 177). 따라서 로저스의 혁신 확산 이론을 바탕으로 혁신의 초기 단계를 이해할 때는 사회구성론자들의 관점을 활용해 그 시대의 사회경제적 환경이라는 맥락 안에서 혁신 과정과 초기 성장에 기여한 주된 행위자들을 살펴보는 것이 중요하다.

6 당시 제조업체들은 통신장비 시장을 한 단계 더 성장시키려 고군분투하고 있었다. 그들이 구사한 가장 흔한 방식은 커뮤니케이션을 최첨단의 이동 가능한 기술로 도약시키는 것, 바로 PDA였다. 당시 뉴턴과 매직 캡Magic Cap 운영체제를 각각 사용하던 마르코Marco와 엔보이Envoy를 포함해 많은 제품들이 출시되었다. 대부분의 제품들은 2년 이내에 생산이 중단되었다. 또한 대부분의 제품들은 커다란 화면에 노트북과 같은 유용성을 지니고 있었다. 기본적으로 그들은 (라디오) 모뎀과 결합된 PDA였다.

7 벨이 전화기를 발명한 후 처음 몇 년 동안은 전화기의 주요 사용자가 회사였다. 예컨대 1876년 미국은 3000개의 전화기를 보유하고 있었는데, 이들은 모두 벨 시스템의 소유물이었다. 1893년 미국이 26만 6000개의 전화기를 보유했을 때도 벨 시스템은 대부분을 소유하고 있었다(U.S. Department of Commerce, 1975).

8 스톡홀름 스마트폰 팀은 스톡홀름/시스타 지부의 스마트폰 개발 부서에서 일했던 소니 에릭슨 개발자들이 모인 그룹이었다.

9 과거 ― 더 짧지만 "뉴턴이나 "주머Zoomer" 만큼 기억하기 쉽지도 않은 ― Eo PC라고 알려진 AT&T Eo의 PC440은 펜 기반의 이동 가능한 컴퓨터여서 서류를 작성하고 데이터를 저장하며 팩스를 주고받거나 전자메일을 확인하고 주변에 전화기가 없을 때 전화를 해야 하는 직장인 및 관리자 사이에서 큰 인기를 얻었다(Lewis, 1993). 이것의 가장 큰 매력은 무선 커뮤니케이션과 컴퓨팅의 결합이었다. AT&T Eo 컴퓨터는 뉴턴이나 주머가 약속한 모든 것, 즉 팩스를 보내거나 이메일을 받는

등의 작업을 모두 할 수 있었다. 마이크로소프트 또한 윈도우를 기반으로 한 자사의 펜-소프트웨어 표준을 제시했다(Lewis, 1993). AT&T에 인수된 Eo는 사이먼보다 작고 저렴한 모듈의 스마트한 무선 전화기를 개발하고 있었다. AT&T는 최대의 셀룰러 오퍼레이터였던 맥카우 셀룰러 커뮤니케이션즈McCaw Cellular Communications를 사들였고, 새로운 Eo와 연결될 수 있는 무선 전화의 넓은 광선을 얻었다. 그러나 Eo가 가지고 있던 것에 비해 부족했고, AT&T는 더 이상의 투자를 하지 않았다(Johnson, 1994). 이와 거의 같은 시기에 애플은 1993년 애플 뉴턴 메시지패드 출시를 앞두고 광고비에만 300만 달러 이상을 투자했다. 애플은 제품을 향상시키기 위해 노력 중이었지만, 아직까지 스마트폰을 선보이진 않고 있었다.

10 무선 인터넷은 일본을 제외한 세계 모든 나라에서 실패했다. 미국과 유럽의 휴대전화 이용자들이 인터넷을 이용하기 위해 따라야 했던 무선응용통신규약WAP은 "WAP은 쓰레기다WAP is crap"라는 말로 기억될 만하다. 그러나 최소한의 기대를 가지고 1999년 2월 출시된 아이모드는 2500만 명 이상의 구독자 ─ 일본 인구의 1/5 ─ 를 끌어들였다. 인터넷은 사람들이 보는 광고에서 전혀 언급되지 않았다. 대신 아이모드의 i는 정보를 뜻하며, 이 로고 ─ 크고 양식화된 I ─ 는 지하철이나 공항에 설치된 안내 부스를 상징했다. 일본이 영어로 된 상품명에 열광한다는 사실은 도코모라는 회사명에서도 나타난다. 광고는 머리글자를 활용해 "모바일 네트워크를 통해 대화하세요Do communications over the mobile network"라고 적었지만, 도코모는 일본어이기도 하다. 이는 "모든 곳"을 뜻한다(Rose, 2001).

11 조개 모양의 케이스 안에는 치클릿 QWERTY 키보드가 장착되어 있었고, 주요 기능들을 위한 기능키와 스크린에는 프로그램화된 버튼들도 구비되어 있었다.

12 이 커뮤니케이터는 8MB의 메모리와 33MHz의 프로세서를 장착한 모바일 동력실이었다. 이러한 결합은 노키아의 GEOS 운영체제(훗날 심비안 OS의 조상 격)에서 운용되었고, 데스크톱 PC에서의 마이크로소프트 오피스 파일들을 읽거나 편집할 수 있는 한 묶음의 비즈니스 프로그램들을 가능하게 만들었다. 스크린은 640×200 픽셀의 고해상도를 가진 흑백 LCD였다. 이렇게 길고 얇은 스크린은 모바일 장비에서 처음으로 그래픽 웹 브라우저를 제공하기 위해 고안되었다.

Part 2 스마트폰 시스템의 정치경제학

제3장 이동통신 시스템의 신자유주의적 전환

1 1996년 중반까지 한국은 FDI를 농산물, 출판, 공공재(발전 및 수도), 교통, 통신, 은행, 보험, 방송 및 법률 서비스를 포함한 120개의 카테고리에서 배제시켰다. 그러나 1998년 중반 한국 정부는 FDI를 유치하기 위해 「외국인투자촉진법」을 시행했다(U.S. Department of Commerce, 1999). 2000년 6월 라디오 및 TV 방송을 포함한 4개의 분야에서만 FDI 제재가 이루어졌고, 케이블 방송 (33%까지), 무선통신 및 전화기, 그리고 통신사 활동(25%까지)을 포함한 17개의 분야가 FDI에 부분적으로 개방되었다(Ministry of Finance and Economy of Korea, 2003; Jin, 2011).

2   무선통신 기기에 대한 전 세계적 수요가 증가하고 새로운 통신 기술들이 등장하면서 모바일 커뮤
    니케이션의 중요성은 1980년대 처음으로 공론화되었다. 통신 산업에서 일어나는 변화에 대응하
    기 위해 한국 정부는 1984년 KT의 자회사인 한국이동통신서비스(SKT의 전신)를 설립했다. 초창
    기에 한국이동통신서비스는 아날로그 셀룰러 서비스 기술을 바탕으로 도시에서 자동차 전화 서
    비스를 제공했다(Korea Trade Investment Promotion Agency n.d.).

3   KT는 공기업이었지만 정보통신부는 이에 대한 허가권을 통해 KT를 통제했고 CDMA 기술을 보
    호했다. "정부에게 CDMA 디지털 기술 표준은 이동통신 산업을 통제할 수 있는 수단이자 외국 기
    업이 국내 시장에 진입하는 것을 막는 도구가 될 수 있었다"(Jho, 2007:130).

4   9개의 새로운 성장 동력은 이동통신, 디지털 TV, 홈 네트워크 및 디지털 콘텐츠를 포함해 정부가
    주목하기로 한 다양한 핵심 영역들을 포괄했다.

5   배철기는 한국통신위원회 위원과의 인터뷰를 통해 정부가 국내 휴대전화 제조업을 보호하기 위
    해 WIPI 철폐를 지연시켰다는 사실을 밝혔다(Bae, 2014). 해당 위원은 다음과 같이 말했다. "만
    약 우리가 2007년에 WIPI를 폐기하고 아이폰의 시장 출시를 허가했다면 삼성이 갤럭시를 성공시
    킬 수 있었을까요? 우리는 삼성에게 아이폰 같은 스마트폰을 개발하기 위해 얼마의 시간이 필요
    한지 물어봤고 삼성은 9개월 정도가 걸린다고 대답했습니다. 삼성이 스마트폰 시대에 대비할 수
    있었던 데에는 정부의 역할이 컸습니다. 이것이 한국에 컨트롤 타워가 필요한 이유입니다."

6   2009년까지 삼성과 LG는 자국의 이점을 누리며 국내 모바일 시장의 85% 이상을 차지했다. 그러
    나 2010년 11월 말에는 둘을 합친 국내 시장 점유율이 61%까지 하락했다. 홈 경기장에서 예상을
    뛰어넘는 애플의 인기를 목격한 삼성전자는 안드로이드를 내장한 갤럭시S 스마트폰을 내세우며
    애플의 신흥 라이벌인 구글과의 유대를 강화했다. 노키아와 삼성에 이어 세 번째로 큰 휴대전화
    제조업체였던 LG전자는 휴대전화 사업에서 기록적인 손실을 낸 모바일 사업 팀의 최고 경영자와
    책임자를 교체했다(*Yonhap News*, 2010).

제4장 이동통신, 세계화 그리고 기술 헤게모니

1   애플이 다른 나라에 아이폰을 처음 출시했을 때 한 나라에 하나의 파트너만 선택했다. 예컨대 애
    플은 2007년 독일에 진출하면서 최대 네트워크 제공사였던 티모빌T-Mobile을 아이폰의 독점 업체
    로 선정했다. 이와 같은 맥락에서 애플은 영국의 아이폰 독점 업체로 최대의 무선통신사였던 오
    투O2를 선택했다.

2   인터넷의 역사라는 관점에서 볼 때 한국에는 세 가지의 주요한 출발점이 존재했다. 첫 번째는
    1982년 한국전자기술연구소KIET와 서울대가 SDN을 통해 연결되었을 때였고, 두 번째는 1986년
    한국이 .kr이라는 국가 도메인을 등록했을 때이고, 마지막은 1990년에 미국 하와이와 한국 사이
    의 글로벌한 연결이 시작된 시기였다. 연구의 목적에 따라 다르지만 이 책은 도메인이 등록된
    1986년을 한국 인터넷 역사의 시작점으로 고려한다(Yi Hyŏg-gyŏg, 2014 참고).

3   외주화는 값싼 노동력 및 정부 보조금이란 이점을 누리기 위해 생산의 특정 요소를 해외 어딘가
    에서 완성시키는 과정을 뜻한다. 일반적으로 최대의 노동력과 최소의 창의력을 요구하는 생산의

특정 부분만 외주화된다(Harvens and Lotz, 2012: 238~240).

제5장 디지털 플랫폼 시대의 앱 경제

1 이 용어는 예전에는 단순하게 인터넷 만화라고 알려진 것을 지칭하기 위해 2003년쯤 한국에서 만들어졌다. 웹툰의 국내 시장은 2013년 기준 1억 5100만 달러까지 빠르게 성장했으며, 웹툰을 읽는 것은 많은 사람들의 주된 활동 중 하나가 되었다(S. Kim, 2014).

2 "앱과 모바일 웹 사이트 모두는 스마트폰(아이폰, 안드로이드, 그리고 블랙베리)이나 태블릿 같은 휴대용 장비를 통해 접속된다. 모바일 웹 사이트는 인터넷(모바일의 경우 와이파이나 3G 혹은 4G 네트워크)을 통해 연결되고 접속되는 브라우저 기반의 HTML 페이지로 구성된다는 점에서 여타의 웹 사이트와 유사하다. 모바일 웹 사이트가 표준 웹 사이트와 구별되는 가장 큰 특징은 전자가 더 작은 소형의 디스플레이와 터치스크린 인터페이스를 위해 설계된다는 점이다. 다른 웹 사이트와 마찬가지로 모바일 웹 사이트는 텍스트 콘텐츠와 데이터, 이미지 그리고 비디오를 전시할 수 있다. 또한 모바일 웹 사이트는 (전화를 걸기 위해) 클릭하거나 위치 기반의 지도 보기 등 모바일 맞춤 기능도 수행할 수 있다. 앱은 단순히 브라우저를 제공한다기보다 모바일 기기에 다운로드 및 설치할 수 있는 실질적인 응용프로그램이다. 이용자들은 주어진 운영체제에 맞는 앱을 찾거나 다운로드하기 위해 애플의 앱 스토어, 안드로이드 마켓 혹은 블랙베리 앱 월드 같은 특정 포털에 방문한다. "앱은 웹 사이트와 유사한 방식으로 인터넷으로부터 콘텐츠 및 데이터를 끌어오거나 혹은 "콘텐츠를 다운로드함으로써 인터넷 연결 없이 그것을 볼 수 있도록" 만들지도 모른다(Summerfield, 2014).

3 카카오는 2014년 10월 한국증권거래소에 이름을 올렸고, 카카오의 설립자 김범수는 한국에서 재산이 가장 많은 10인 중 한 사람이 되었다(Mac, 2014).

4 카카오톡은 2014년 10월 국정감사 때문에 한시적인 어려움을 겪었다. 검찰은 2014년 9월 카카오톡에 대한 수사를 끝낸다고 발표했는데, 이는 박근혜 대통령이 자신에 대한 모욕이 불편하며 거짓 소문이 사회를 분열시켰다고 말한 다음이었다. "이 사건으로 카카오톡 이용자들은 당황했고, 이전에는 거의 알지 못했던 독일 텔레그램에 대한 관심이 급상승하게 되었다. 리서치 회사인 랜키닷컴Rankey.com은 2014년 10월 1일에만 61만 명의 한국 스마트폰 이용자들이 텔레그램을 방문했고, 이 수치는 국정감사가 공표되기 이전인 9월 14일에 비해 40배 이상 증가한 것이라고 밝혔다." 2014년 10월 3일 기준, 텔레그램은 애플 앱 스토어에서 가장 많이 다운로드한 무료 앱이 되었다. 구글 스토어에는 텔레그램이 카카오톡 다음으로 가장 많이 다운로드한 무료 커뮤니케이션 앱으로 기록되었다. 한국 이용자들은 텔레그램에 후기를 남기면서 자신이 카카오톡을 떠나 "망명"했다고 썼다. "이번 소동은 최첨단 창의 경제를 이룩하려는 정부의 야망을 꺾으면서 소셜 미디어에 대한 신중한 수용 혹은 한국 이용자들의 해외 서비스로의 이탈을 초래했다"(*Associated Press*, 2014). 이 사건은 이용자들이 안정감을 갖지 못하면 언제든지 주요 메신저 앱을 바꿀 의지가 있으며, 그만큼 인스턴트 모바일 메신저 앱 시장이 유동적이라는 것을 증명했다.

5 인앱구매 모델에서 애플은 판매액의 30%, 개발자는 70%를 받는다. (앱 개발자들을 위한) 애플 가이드라인에 따르면 "인앱구매는 당신의 iOS 및 OS X 앱의 다양한 비즈니스 모델을 지원하기 위

한 융통성을 제공합니다(Apple, 2014). 당신은 인앱구매로 당신의 구매자들에게 추가적인 디지털 콘텐츠, 기능, 서비스 그리고 심지어 이용료도 당신의 유료 혹은 무료 앱 안에서 제공할 수 있습니다. 예를 들어 당신은 인앱구매를 통해 다음과 같은 것을 판매할 수 있습니다. 디지털 책 및 사진, 부가적인 게임 레벨, 턴바이턴turn-by-turn 지도 서비스에 대한 접속, 그리고 디지털 잡지나 뉴스레터 구독하기 등. 인앱구매는 스토어 키트Store Kit 프레임워크를 통해 당신의 앱에서 실행됩니다".

6   스마트폰 운영체제 시장이 무너지면서 안드로이드는 전 세계에서 가장 큰 부분을 차지하게 되었고, 이는 한국에서도 마찬가지다. 한국은 글로벌 시장에서 스마트폰을 판매하는 주요국 중 하나지만, 제조업체들 중 어느 곳도 자체적인 운영체제를 가지고 있지 않다. 과거 안드로이드는 한국 시장의 6%만을 차지했었지만, 2013년 12월 그 수치가 93%로 치솟아 올랐다. 삼성과 LG, 그리고 팬택Pantech이 안드로이드를 내장한 스마트폰에 집중했기 때문에 2013년 한국은 90% 이상의 수치를 기록한 유일한 국가가 되었다.

제6장 스마트폰 시대, 정보 격차에서 디지털 포용까지

1   IDI를 이루는 3개의 카테고리는 다음과 같다. ① 접근성 하부지수: 이것은 ICT 준비성을 측정하며, 5개의 기반시설과 접근 지표들을 포괄한다(유선 전화 사용, 휴대전화 사용, 인터넷 사용자당 국제 인터넷 대역폭, 컴퓨터를 보유한 가정의 수, 그리고 인터넷 접속이 가능한 가정의 수), ② 이용도 하부지수: 이것은 ICT 집약성을 측정하며, 3개의 ICT 집약성과 이용 지표를 포괄한다(인터넷 사용자들, 유무선 브로드밴드 사용, 그리고 무선 브로드밴드 사용), ③ 활용력 하부지수: 이것은 필수적인 입력 지표로 ICT 능력 및 활용을 측정한다. ICT 활용력에 대한 데이터 부재로 이것은 3개의 대략적인 지표들(성인 문맹률, 중고등학교 입학률, 그리고 대학교 입학률)을 사용하며, 이러한 이유에서 다른 두 하부지수보다 IDI를 계산할 때 이 하부지수의 비중을 낮게 고려한다.

2   예를 들어, 스마트폰 불링Smartphone Bullying은 한국 학교에서 일어나는 새로운 형태의 집단 괴롭힘이다. 가해자들은 피해자에게 한 달에 100달러가 넘는 요금제에 가입하도록 강요한다. 가해자들은 이렇게 비싼 요금제를 감당할 수 없기 때문에 피해자의 스마트폰 데이터에 접속한 후 서비스를 즐긴다. 과거의 집단 괴롭힘은 이렇게 직접적으로 새로운 기술과 연관되지 않았지만 현재는 스마트폰의 성장과 직결된다. 스마트폰에 따른 정보 격차는 경제적 불평등을 초래했을 뿐만 아니라 사이버불링도 만들어냈다.

Part 3   스마트폰과 청년문화

제7장 스마트폰으로 변화된 모바일 게임 문화

1   레슬리 쉐이드Leslie Shade가 지적하듯이 "휴대전화는 점점 더 여성 및 10대 여학생의 관심을 끌기 위해 설계되고 상품화되고 있다. 새로운 기능이나 액세서리(벨소리, 배경화면, 케이스, 폰 카메

라, 무선 시너지)를 만들어내거나 고급 패션 디자이너의 브랜드를 차용한 폰을 통해 휴대전화 디자인은 확실히 여성화되고 있다(Shade, 2007: 179).

제8장 스마트폰의 재해석: 카카오톡과 청년문화

1 SKT, LG U+, 그리고 KT 같은 한국의 주요 이동통신사들은 2011년 LTE 네트워크를 출시했다. LTE에서 LTE-A(2013)로, 그리고 또 다시 3밴드 LTE(2014)를 선보이면서 한국의 무선통신 서비스 제공업체들은 더 발전된 LTE 서비스를 계속해서 제공하고 있다. 이것들의 가장 큰 차이점은 속도다. 이동통신사들의 서비스 플랜에 따르면 1GB 크기의 시각적 이미지를 다운로드하려면 LTE에서는 110초가 걸리지만, LTE-A에서는 37초가 소요되며, 3밴드 LTE에서는 고작 28초밖에 걸리지 않는다(*Wireless*, 2015).

2 예를 들어 1만 명의 이용자들이 카카오톡에서 1만 시간을 소비한다면 그것의 평균 이용시간은 한 시간이지만, 1000명의 이용자들이 다음 카페에서 2000시간을 소비한다면 평균 이용시간은 2시간밖에 되지 않는다.

참고문헌

Abeele, Mariek M. P. Vanden. 2016. "Mobile Youth Culture: A Conceptual Development." *Mobile Media and Communication*, 4(1), pp.85~101.

Acuna, Abel. 2013. "Why Is Mobile Gaming So Popular in South Korea?" *Venture Beat.* http://venturebeat.com/2013/10/19/why-is-mobile-gaming-so-popular-in-southkorea/. Accessed June 1, 2014.

AFP. 2014. "Smartphone Sales Top a Billion, Samsung Remains Biggest Vendor." January 29. http://www.thestar.com.my/business/business-news/2014/01/29/smartphonesales-top-a-billion-samsung-remains-worlds-biggest-vendor-saw-growth-of-429-last-year/. Accessed June 4, 2016.

Agar, Jon. 2003. *Constant Touch: A Global History of the Mobile Phone.* Duxford, Cambridge: Icon Books.

Amsden, Alice. 1989. *Asia's Next Giant: South Korea and Late Industrialization.* New York: Oxford University Press.

Anable, Aubrey. 2013. "Casual Games, Time Management, and the Work of Affect." *Journal of Gender, New Media and Technology*, 2. http://adanewmedia.org/2013/06/issue2-anable/. Accessed November 21, 2015.

An Hyo-mun and Ku Ki-sŏg. 2014. "Hwich'ŏg kŏi nŭ naebigeisŏ, chŏggŭ esŏ, saranamŭkka" (Could the Navigation Industry Survive in the Jungle). *Auto Times*, April 30. http://auto times.hankyung.com/apps/news.sub_view?popup=0&nid=01&c1=01&c2=&c3=&nkey=201404291433331. Accessed June 2, 2014.

App Annie. 2014. *App Annie Index: Market Q3 2014.* Market Research Report.

Appadurai, Arjun. 1996. *Modernity at Large: Cultural Dimensions of Globalization.* Minneapolis: University of Minnesota Press.

Apple. 2007a. "Apple and T-Mobile Announce Exclusive Partnership for iPhone in Germany." Press release. September 19.

_____. 2007b. "Apple Chooses O2 as Exclusive Carrier for iPhone in UK." Press release. September 18.

_____. 2007c. "Apple Chooses Cingular as Exclusive US Carrier for Its Revolutionary iPhone." Press Release. January 9.

_____. 2014. "Getting Started with In-App Purchase on iOS and OS X." https://developer.apple.com/in-app-purchase/In-App-Purchase-Guidelines.pdf. Accessed February 6, 2015.

_____. 2015. "Creating Jobs through Innovation." January 8. http://www.apple.com/about/job-creation/. Accessed November 21, 2015.

Asian Correspondent. 2010. "Why Has Google Failed in Korea?" April 29. http://asian
correspondent.com/2010/04/why-has-google-failed-in-korea/. Accessed December 7, 2015.

Associated Press. 2013. "Smartphone Wars: Samsung Profit Soars as Galaxy Outsells iPhone
for 4th Straight Quarter." January 25.

_____. 2014. "S. Korea Rumor Crackdown Threatens Popular Message App Kakao Talk,
Growing Tech Industry Star." October 5.

AT&T Archives. 2011. "Testing the First Public Cell Phone Network." http://techchannel.
att.com/play-video.cfm/2011/6/13/AT&T-Archives-AMPS:-coming-of-age. Accessed
January 5, 2014.

_____. 2013. "Advanced Mobile Phone Service (AMPS)." AT&T Archives. http://tech
channel.att.com/play-video.cfm/2014/2/3/ATT-Archives-Advanced-Mobile-Phone-Serv
ice-AMPS. Accessed January 5, 2014.

Bae, Cheol Gi. 2014. "The Transformation of Korean Wireless Telecommunications Policy:
The State, Transnational Forces, Businesses, and Networked Users." Dissertation.
University of Illinois.

Baek, B. Y. 2013. "Pushing the Restart Button." *Korea Times*, December 31.

Baguley, Richard. 2013. "The Gadget We Miss: The Nokia 9000 Communicator. Nokia's
First Smartphone was a Ground-Breaking Gadget for the Traveler." August 1. https://
medium.com/people-gadgets/ef8e8c7047ae. Accessed February 5, 2014.

Bainbridge, Jane. 2013. "Last-Mover Advantage: When Brands Should Avoid Taking the
Lead." *Campaign*, January 24. http://www.marketingmagazine.co.uk/article/1167648/l
ast-mover-advantage-when-brands-avoid-taking-lead#6izPc3OSPdTCOFG4.99. Accessed
March 1, 2014.

Behrooz. 2012. "Smartphones: Interaction Technology Design in Context." http://itdicsmu.
blogspot.ca/2013/01/smartphones.html. Accessed February 2, 2015.

BellSouth-IBM Simon. 1994. "Retro Computing Reviewer — ellSouth IBM Simon." http://
www.retrocom.com/bellsouth_ibm_simon.htm. Accessed February 6, 2014.

Benkler, Yochai. 2006. *The Wealth of Networks: How Social Production Transforms
Markets and Freedom*. New Haven: Yale University Press.

Bijker, Wiebe, Thomas Hughes and Trevor Pinch. 2012. *The Social Construction of
Technological Systems*. Anniversary edition. Cambridge, MA: MIT Press.

Bischoff, Paul. 2014. "Korean Mobile Game Maker 4:33 Creative Lab Attracts Big
Investment from Tencent and Line." *Game in Asia*, November 13. https://www.tech
inasia.com/korean-mobile-game-maker-433-creative-lab-attracts-big-investment-tencent
-line/. Accessed January 6, 2015.

Bolin, Goran. 2012. "Personal Media in the Digital Economy." In elle Sinckars and Patrick
Vonderau(ed.). *Moving Data: The iPhone and the Future of Media*, pp.91~103. New
York: Columbia University Press.

Boston Globe. 2014. "History of the Cellphone." January 9, A10.

boyd, danah. 2011. "Social Network Sites as Networked Publics: Affordances, Dynamics, and Implications." In Zizi Papacharissi(ed.). *A Networked Self: Identity, Community, and Culture on Social Network Sites*, pp.39~58. London: Routledge.

Boyd-Barrett, Oliver. 2006. "Cyberspace, globalization and empire." *Global Media and Communication*, 2(1), pp.21~41.

Boyd-Barrett, Oliver and S. Xie. 2008. "Al-Jazeera, Phoenix Satellite Television and the Return of the State: Case Studies in Market Liberalization, Public Sphere and Media Imperialism." *International Journal of Communication*, 2, pp.206~222.

Bradner, Erin. 2011. "Are You an Innovation Giant?" July 11. http://dux.typepad.com/dux/2011/07/are-you-an-innovation-giant-.html. Accessed March 1, 2014.

Brey, Philip. 1997. "Social Constructivism for Philosophers of Technology: A Shopper's Guide." *Society for Philosophy and Technology*, 2(3-4). http://www.utwente.nl/bms/wijsb/organization/brey/Publicaties_Brey/Brey_1997_Social-Constructivism_PoT.pdf. Accessed March 3, 2014.

Brownell, Claire. 2015. "CRTC Relaxes Content Rules to Help Canadian TV Broadcasters Compete with Digital Media. *Financial Post*, March 12. http://business.financialpost.com/fp-tech-desk/crtc-relaxes-quotas-on-canadian-content-for-tv-broadcasters?__lsa=6 127-5edd. Accessed June 6, 2016.

Business Services Industry. 1993. "Bellsouth, IBM Unveil Personal Communicator Phone." *Mobile Phone News*, 8, pp.1~3.

Call, Joshua, Katie Whitlock and Gerald Voorhees. 2012. "From Dungeons to Digital Denizens." In Gerala Voorhees, Joshua Call and Katie Whitlock(ed.). *Dungeons, Dragons, and Digital Denizens: The Digital Role-Playing Game*, pp.11~24. London: Continuum.

Campbell, Scott and Tracy Russo. 2003. "The Social Construction of Mobile Telephony: An Application of the Social Influence Model to Perceptions and Uses of Mobile Phones within Personal Communication Networks." *Communication Monographs*, 70(4), pp.317~334.

Cammaerts, Bart, Leo Van Audenhove, Gert Nulens and Caroline Pauwels(eds.). 2003. *Beyond the Digital Divide: Reducing Exclusion and Fostering Inclusion*. Brussels: VUB Press.

Caoli, Eric. 2011. "This Week in Korean Online Gaming News: From NCsoft to Mobile Game Ratings." *Gamasutra*, July 8. http://gamasutra.com/view/news/35753/This_Week_In_Korean_Online_Gaming_News_From_NCsoft_To_Mobile_Game_Ratings.php. Accessed May 1, 2014.

Castells, Manuel. 1996. *The Information Age: Economy, Society and Culture*. Vol. 1: *The Rise of the Network Society*. Oxford: Blackwell.

_____. 1997. *The Information Age: Economy, Society and Culture*. Vol. 2: *The Power of Identity*. Oxford: Blackwell.

_____. 2000. *The information ageeconomy, society and culture. Volume 1: The rise of the network society*. Oxford: Blackwell.

_____. 2001. *The Internet Galaxy: Reflections on the Internet, Business, and Society.* New York: Oxford University Press.

_____. 2007. "Communication, Power and Counter-power in the Network Society." *International Journal of Communication*, 1, pp.238~266.

_____. 2009. *Communication Power.* London: Oxford University Press.

_____. 2010. *The Rise of the Network Society*, 2nd ed. Oxford: Wiley-Blackwell.

Center for Innovation Management Studies. 2013. "The Simon Personal Communicator." http://cims.ncsu.edu/the-simon-personal-communicator/. Accessed May 1, 2014.

Chae, H. M. 1997. "Info Superhighway to Be Laid by 2010." *Korea Times*, July 29, p.8.

Chambers, John. 2013. "Transforming I.T. for the Application Economy." *Cisco Blog*, November 6. http://blogs.cisco.com/news/transforming-i-t-for-the-application-economy/. Accessed March 3, 2014.

Chan, Dean. 2008. "Convergence, Connectivity, and the Case of Japanese Mobile Gaming." *Games and Culture*, 3(1), pp.13~25.

Chandler, Daniel. 1996. "Shaping and Being shaped: Engaging with Media." *Computer-Mediated Communication Magazine*, 3(2). http://www.december.com/cmc/mag/1996/feb/chandler.html. Accessed January 2014.

Chang Yun-hŭ. 2015. "Mobail mesinjŏ 'k'ak'aot'ok' ch'ŏha" (Kakao Talk Monopolizes the Mobile Messenger Market). *Nyusisŭ(Newsis)*, May 10. http://www.newsis.com/ar_detail/view.html?ar_id=NISX20150510_0013652118&cID=10402&pID=10400. Accessed November 26, 2015.

Cheng, Chih-Wen. 2012. "The System and Self-reference of the App Economy: The Case of Angry Birds." *Westminster Papers in Communication and Culture*, 9(1), pp.47~66.

Cheng, Jonathan. 2014. "South Korean Startup Woowa Brothers Attracts $36 Million in Funding Round." *Wall Street Journal*, November 26. http://online.wsj.com/articles/south-korea-startup-woowa-brothers-attracts-36-million-in-funding-round-1417037590?tesla. Accessed November 30, 2014.

Chin, Dae-Jin and Myung-Hwan Rim. 2006. "IT839 Strategy: The Korean Challenge toward a Ubiquitous World." *IEEE Communications Magazine*, April, pp.32~38.

Chircu, Alina and Vijay Mahajan. 2009. "Perspective: Revisiting the Digital Divide. An Analysis of Mobile Technology Depth and Service Breadth in the BRIC Countries." *Journal of Product Innovation Management*, 26(4), pp.455~466.

Cho, Jin-seo. 2007. "KTF in Talks to Sell iPhone in Korea." *Korea Times*, August 23. http://koreatimes.co.kr/www/news/tech/2007/08/129_8832.html.

Cho Kwang-min. 2014. "Net mabŭ, 'monsŭŏkiltŭigi' kiltŭsisŭ'em ŏteit'ŭ" (Netmarble Updates Monster Taming System). *Keim Tonga*, January 21. http://game.donga. com/71657/. Accessed April 2, 2015.

Cho, Mu-hyun. 2012. "Player of Puzzle Game Ani Pang Tops 20 Mil." *Korea Times*, October 12. http://www.koreatimes.co.kr/www/news/tech/2013/01/133_122101.html. Accessed March 3, 2013.

Choi, Eunjeong. 2013. "Kakao Talk, a Mobile Social Platform Pioneer." *SERI Quarterly*, 6(1), pp.62~69.

Choi, You Lee. 2015. "Google Turns Over the Rank in the Mobile Search Engine Sector." *Hankyung Economic Daily*, May 28. http://www.hankyung.com/news/app/newsview. php?aid=201505279023g. Accessed August 6, 2016.

Chŏg Po-ra. 2013. "K'ak'aot'ok kaipcha 1 ŏ myŏg tolp'a" (Kakao Talk Users Passed 100 Million). *Pŭlot'ŏ*. http://www.bloter.net/archives/157860. Accessed December 15, 2013.

Cho-sunIlbo. 2003. "SKT Speed Up in the Mobile Phone Service Market." July 31, p.24.

Christensen, Christian and Patrick Prax. 2012. "Assemblage, Adaptation and Apps: Smartphones and Mobile Gaming." *Continuum*, 26(5), pp.731~739.

Clarke, John. 1976. "Style." In Stuart Hall and Tony Jefferson, 2nd ed. *Resistance through Rituals: Youth Subcultures in Post-war Britain*, pp.147~161. London: Routledge.

CNN. 2013. "10 Things South Korea Does Better Than Anywhere Else." November 27. http://www.cnn.com/2013/11/27/travel/10-things-south-korea-does-best/

_____. 2014. "Smartphones Are Fading: Wearables Are Next." March 19. http://money. cnn.com/2014/03/19/technology/mobile/wearable-devices/. Accessed May 2, 2014.

Communities Dominate Brands. 2015. "Smartphone Wars: Q3 Scorecard-All Market Shares, Top 10 Brands, OS Platforms, Installed Base." October 30. http://communi-ties-dom inate.blogs.com/brands/2015/10/smartphone-wars-q3-scorecard-all-market-shares-top-10-brands-os-platforms-installed-base.html.

Compaine, Benjamin(ed.). 2001. *The Digital Divide: Facing a Crisis or Creating a Myth?*. Cambridge, MA: MIT Press.

Computerworld. 1983. "Features Enhanced Voice: Baby Bell Offers Smart Phones." January 31, p.47.

ComScore. 2014. "ComScore Reports August 2014 US Smartphone Subscriber Market Share." October 7. http://www.comscore.com/Insights/Market-Rankings/comScore-Re ports-August-2014-US-Smartphone-Subscriber-Market-Share

Conabree, D. 2001. "Ericsson Introduces the New R380e." *Mobile Magazine*, September 25. http://www.mobilemag.com/2001/09/25/ericsson-introduces-the-new-r380e. Accessed February 25, 2015.

Connelly, C. 2012. "Apple Not the First to Get Smart." *Advertiser*, November 23.

Couvering, Elizabeth Van. 2012. "Search Engines in Practice: Structure and Culture in Technical Development." In Goran Bolin(ed.). *Cultural Technologies: The Shaping of Culture in Media and Society*, pp.118~132. London: Routledge.

Crawley, Dan. 2014. "Google Play Downloads Are 60% Higher Than on iOS App Store, but Apple Still Rules on Revenue." *Gamesbeat*, October 15. http://venturebeat.com/2014/ 10/15/google-play-downloads-60-percent/. Accessed February 15, 2015.

Curran, James and Myung-Jin Park(eds.). 2000. *De-westernizing Media Studies*. London: Routledge.

Cutler, Kim-Mai. 2013. "Behind South Korea's Big $65M. Mobile Gaming Merger."

Techcrunch, October 7. http://techcrunch.com/2013/10/07/behind-south-koreasbig-65 m-mobile-gaming-merger/. Accessed March 23, 2014.

Daliot-Bul, Michal. 2007. "Japan's Mobile Technoculture: The Production of a Cellular Playscape and Its Cultural Implications." *Media, Culture and Society*, 29(6), pp.954~971.

Damouni, Nadia, Nicole Leske and Gerry Shih. 2014. "Lenovo to Buy Google's Motorola in China's Largest Tech Deal." *Reuters*, January 29. http://www.reuters.com/article/2014 /01/29/us-google-lenovo-idUSBREA0S1YN20140129. Accessed February 2, 2014.

Demont-Heinrich, Christof. 2008. "The Death of Cultural Imperialism — and Power Too?" *International Communication Gazette*, 70(5), pp.378~394.

Daubs, Michael S. and Vincent Manzerolle. 2016. "App-centric Mobile Media and Commoditization: Implications for the Future of the Open Web." *Mobile Media and Communication*, 4(1), pp.52~68.

DiMaggio, Paul, Eszter Hargittai, Russell Neuman and John Robinson. 2001. "Social Implications of the Internet." *Annual Review of Sociology*, 27, pp.307~336.

Dyer-Witheford, Nick. 2014. "App Worker." In Paul Miller and Svitlana Matviyenko(ed.). *The Imaginary App*, pp.127~141. Cambridge, MA: MIT Press.

Distimo. 2013. "2013 Year in Review." December.

Dong-a Ilbo(Tonga ilbo). 2014. "Samsŏg mobail mesinjŏ'Ch'aedon' sŏisŭchongnyo" (Sam sung Electronic Co. Ends Its Mobile Messenger Business ChatOn). November 24. http://news.donga.com/Main/3/all/20141124/68131968/1. Accessed May 1, 2015.

Dou, Eva. 2013. "Apple Shifts Supply Chain Away from Foxconn to Pegatron." *Wall Street Journal*, May 29. http://online.wsj.com/news/articles/SB1000142412788732385580457851112734340726. Accessed December 4, 2014.

Dredge, Stuart. 2013. "Clash of Clans Is 2013's Most Lucrative Gaming App, Data Shows." *Guardian*, December 18. http://www.theguardian.com/technology/2013/dec/18/android-ios-app-revenues-research. Accessed November 2, 2014.

du Gay, Paul, Stuart Hall, Linda Janes, Hugh Markay and Keith Negus. 1997. *Doing Cultural Studies: The Story of the Sony Walkman*. London: Sage.

Dunnewijk, Theo and Staffan Hulten. 2005. "A Brief History of Mobile Phones in Europe." *Telematics and Informatics*, 27, pp.164~179.

Economist. 2014. "Daum and Kakao Talk Merge: Getting the Message." May 31. http://www.economist.com/news/business/21603035-latest-tie-up-between-messagingapps-nd-broader-online-firms-getting-message. Accessed June 8, 2014.

Electronics and Telecommunications Research Institute. 2001. *Report on the Composition and Operation of Wireless Internet Standardization Forum*. Daejeon: ETRI.

EMarketer. 2013. "With Mature US Online Population, Small Gains for Email, Search Usage." March 4. http://www.emarketer.com/Article/With-Mature-US-Online-Population-Small-Gains-Email-Search-Usage/1009704#sthash.7f8HHumE.dpuf

Engel, Joel S. 2008. "The Early History of Cellular Telephone." *IEEE Communication Magazine*, August, pp.27~29.

Federal Communications Commission(FCC). 2005. "The Quality That Made Radio Popular." http://transition.fcc.gov/omd/history/radio/quality.html.

Fehske, Albrecht, Gerhard Fettweis, Jens Malmodin and Gergely Biczok. 2011. "The Global Footprint of Mobile Communications: The Ecological and Economic Perspective." *IEEE Communications Magazine*, 49(8), pp.55~62.

Fingas, Jon. 2013. "Strategy Analytics: Android Claimed 70 Percent of World Smartphone Share in Q4 201229 January." Strategy Analytics. Press release.

Fischer, Claude. 1992. *America Calling: A Social History of the Telephone to 1940.* Berkeley: University of California Press.

Fiske, John. 1987. *Television Culture.* London: Routledge.

Flanagin, Andrew, Craig Flanagin and Jon Flanagin. 2010. "Technical Code and the Social Construction of the Internet." *New Media and Society*, 12(2), pp.179~196.

Forbes. 2007. "SK Telecom Acquiring Control of Hanaro for $1.2B." December 3. http://www.forbes.com/2007/12/03/sk-hanaro-telecom-markets-equity-cx_vk_1203markets2.html. Accessed February 14, 2014.

Fortunati, Leopoldina. 2012. "Mobile Communication and the Fourth Communicative Revolution." In Chu, Rodney, Leopoldina Fortunati, Pui-lam Law and Shanhua Yang (ed.). *Mobile Communication and Greater China*, pp.49~63. London: Routledge.

Frenkiel, Richard. 2010. "Creating Cellular: A History of the AMPS Project (1971-1983)." *IEEE Communications Magazine*, September, pp.14~24.

Friedman, Milton. 2002. *Capitalism and Freedom.* Fortieth Anniversary Edition. Chicago: University of Chicago Press.

Friedman, Thomas. 2005. *The World Is Flat: A Brief History of the 21st Century.* New York: Farrar, Straus and Giroux.

Frier, Sarah. 2014. "Facebook $22 Billion WhatsApp Deal Buys $10 Million on Sales." *Bloomberg*, October 30. http://www.bloomberg.com/news/2014-10-28/facebook-s-22-billion-whatsapp-deal-buys-10-million-in-sales.html. Accessed December 1, 2014.

Fuchs, Christian. 2014. *Social Media: A Critical Introduction.* London: Sage.

Garcia de la Garza, Alejandro. 2013. "From Utopia to Dystopia: Technology, Society and What We Can Do about it." *Open Security*, December 20. https://www.opendemoc-racy.net/opensecurity/alejandro-garcia-de-la-garza/from-utopia-to-dystopia-technology-society-and-what-we-can. Accessed December 27, 2013.

Giddens, Anthony. 1999. "Runaway World: 1999 Reith Lecture: Globalization." http://www.bbc.co.uk/radio4/reith1999/lecture1.shtml.

Gillespie, Tarleton. 2010. "The Politics of Platforms." New Media and Society, 12(3), pp.347~364.

Goff, David. 2013. "A History of the Social Media Industries." In Alan Albarran(ed.). *The Social Media Industries*, pp.16~45. London: Routledge.

Goggin, Gerald. 2007. "Introduction: Mobile Phone Cultures." *Continuum*, 21(2), pp.133~135.

_____. 2009. "Adapting the Mobile Phone: The iPhone and Its Consumption." *Continuum*, 23(2), pp.231~244.

_____. 2011a. "Ubiquitous Apps: Politics of Openness in Global Mobile Cultures." *Digital Creativity*, 22(3), pp.148~159.

_____. 2011b. *Global Mobile Media*. London: Sage.

Goldman, David. 2015. "This Is the Apple of China." CNN Money. January 5. http://money.cnn.com/2015/01/05/technology/mobile/xiaomi-china-apple/index.htmliid=HP_LN. Accessed February 3, 2015.

Goldsmith, Jack and Tim Wu. 2006. *Who Controls the Internet: Illusion of a Borderless World*. New York: Oxford University Press.

Gomery, Douglas. 1996. "The Hollywood Studio System." In Geoffrey Nowell-Smith(ed.). *The Oxford History of World Cinema*, pp.43~52. New York: Oxford University Press.

Gonzalez, Jorge. 2000. "Cultural Fronts: Towards a Dialogical Understanding of Contemporary cultures." In James Lull(ed.). *Culture in the Communication Age*, pp.106~131. New York: Routledge.

Google. 2006. "Google to Acquire YouTube for $1.65 Billion in Stock." Press release. October 9.

_____. 2014. "Development Distribution Agreement." https://play.google.com/about/developer-distribution-agreement.html. Accessed March 2, 2015.

Gunkel, David. 2003. "Second Thoughts: Toward a Critique of the Digital Divide." *New Media and Society*, 5(4), pp.499~522.

Grubb, Jeff. 2014. "Game-Distribution Platform (and Messaging App) Kakao Has Driven 500 Million Downloads on iOS and Android." *VentureBeat*. May 14. http://venturebeat.com/2014/05/14/game-distribution-platform-and-messaging-app-kakao-hasdriven-500-million-downloads-on-ios-and-android/. Accessed February 23, 2015.

Ha, Peter. 2010. "All-Time 100 Gadgets." Time. October 25. http://content.time.com/time/specials/packages/article/0,28804,2023689_2023708_2023604,00.html. Accessed February 24, 2014.

Halevy, R. 2009. The History of RIM & the BlackBerry Smartphone, Part 3: The Evolution Of Color. March 16. Research in Motion first released its GSM BlackBerry 6210 in 2003, and later released the Blackberry 7730. Accessed June 4, 2016.

Hardt, Michael and Antonio Negri. 2000. *Empire*. Cambridge, MA: Harvard University Press.

Hargittai, Eszter and Su Jung Kim. 2012. "The Prevalence of Smartphone Use among a Wired Group of Young Adults." Working paper, Northwestern University. http://www.ipr.northwestern.edu/publications/papers/2011/ipr-wp-11-01.html. Accessed October 24, 2015.

Harjani, Ansuya. 2014. "What's the Future of Smartphones? Think Personal Assistant." CNBC. April 3. http://www.cnbc.com/id/101521265

Hart-Landsberg, Martin. 1993. *The Rush to Development: Economic Change and Political*

Struggle in South Korea. New York: Monthly Review Press.

_____. 2013. *Capitalist Globalization: Consequences, Resistance, and Alternatives.* New York: Monthly Review Press.

Harvey, David. 2007. "In What Ways Is the New Imperialism Realty New." *Historical Materialism*, 15(3), pp.57~70.

Havens, Timothy and Amanda Lotz. 2012. *Understanding Media Industries.* New York: Oxford University Press.

Hartung, Adam. 2014. "Three Smart Lessons from Facebook's Purchase of WhatsApp." *Financial Times*, February 24. http://www.forbes.com/sites/adamhartung/2014/02/24/zuckerbergs-3-smart-leadership-lessons-from-facebook-buying-whatsapp/

Heo, Uk and Sunwoong Kim. 2000. "Financial Crisis in South Korea: Failure of the Government-Led Development Paradigm." Asian Survey, 40(3), pp.492~507.

Herring, Susan C. 2003. "Computer-Mediated Discourse." In Deborah Tannen, Deborah Shiffrin, and Heidi Hamilton(ed.) *Handbook of Discourse Analysis*, pp.612~634. Oxford: Wiley-Blackwell.

Hjorth, Larissa. 2006. "Playing at Being Mobile: Gaming and Cute Culture in South Korea." Fibreculture Journal 8. http://eight.fibreculturejournal.org/fcj-052-playingat-being-mobile-gaming-and-cute-culture-in-south-korea/. Accessed March 4, 2015.

_____. 2007a. "The Game of Being Mobile: One Media History of Gaming and Mobile Technologies in Asia-Pacific." *Convergence*, 13(4), pp.212~221.

_____. 2007b. "Home and Away: A Case Study of the Use of Cyworld Mini-hompy by Korean Students Studying in Australia." *Asian Studies Review*, 31(4), pp.397~407.

_____. 2009. *Mobile Media in the Asia-Pacific: Gender and the Art of Being Mobile.* London: Routledge.

_____. 2011a. "Mobile@game Cultures: The Place of Urban Mobile Gaming." *Convergence*, 17(4), pp.357~371.

_____. 2011b. *Games and Gaming: An Introduction to New Media.* Oxford: Berg.

_____. 2012. "iPersonal: A Case Study of the Politics of the Personal." In Larissa Hjorth, Jean Burgess and Ingrid Richardson(ed.). *Studying Mobile Media: Cultural Technologies, Mobile Communication, and the iPhone*, pp.190~212. London: Routledge.

_____, Jean Burgess and Ingrid Richardson(eds.). 2012. *Studying Mobile Media: Cultural Technologies, Mobile Communication, and the iPhone.* London: Routledge.

_____ and Dean Chan. 2009. "Locating the Game: Gaming Cultures in/and the Asia-Pacific." In Larissa Hjorth and Dean Chan(ed.). *Gaming Cultures and Place in Asia-Pacific*, pp.1~14. New York: Routledge.

Hopfner, Jonathan. 2010. KoreanGiants Struggle to Crack Smartphone Market. New York Times. 10 November.https://www.nytimes.com/2010/11/11/business/global/11iht-sk-phone.html

Horwitz, Robert. 1986. "For Whom the Bell Tolls: Causes and Consequences of the AT&T Divestiture." *Critical Studies in Mass Communication*, 3(2), pp.119~154.

Hozy, B. 1985. "Integrated Voice Data Terminals: Telephone and More at Touch of Dial." *Financial Post*, February 2, S3.

Hughes, Thomas. 1994. "Technological Momentum." In Merritt Roe Smith and Leo Marx(ed.). *Does Technology Drive History: The Dilemma of Technological Determinism*, pp.99~113. Cambridge, MA: MIT Press.

Huh, J. K. 2011. "Interview with Jae Bum Lee of Kakao Inc." *Hankook Ilbo*, February 10, p.17.

Humphreys, Lee. 2013. "Mobile Social Media: Future Challenges and Opportunities." *Mobile Media and Communication*, 1(1), pp.20~25.

Hung, Quoc. 2009. "Samsung Opens US$700 Million Phone Plant." Saigon Times. October 30. http://english.thesaigontimes.vn/7173/Samsung-opens-US$700-millionphone-plant.html. Accessed June 6, 2016.

Husted, B. 1991. "Business Report: On Technology; Civil War Care Was Hard to Swallow." *Atlanta Journal and Constitution*, October 31, p.2.

Hwang, J. H. 2008. "Government's Plan to Review Mandatory Policy for WIPI Igniting Debate." *Korea IT News*, August 28. http://english.etnews.com/communication/2389925_1300.html.

Hwang, You Sun and Namkee Park. 2013. "Digital Divide in Social Networking Sites." *International Journal of Mobile Communications*, 11(5), pp.446~464.

IBM Corporate Archives. N.d. *1990-1995 IBM Highlights*. Armonk, NY: IBM.

Im Wŏ-gi. 2013. "Hanguk ŭ sŭʼatʼŭŏ sijŭ 2-(1) Sŏdei Tʼojŭ Aenipʼang kŭihu." *Intʼŏet Insaidŭ*, April 9. http://limwonki.com/571

Independent. 2009. "iPhone's Debut in S. Korea Means Paradigm Shift." November 27. http://www.independent.co.uk/life-style/gadgets-and-tech/news/iphones-debutin-skorea-means-paradigm-shift-1830631.html.

_____. 2014. "Smartphone at 20: IBM Simon Becomes Museum Exhibit." August 16. http://www.independent.co.uk/life-style/gadgets-and-tech/news/the-smartphone-at-20-ibm-simon-becomes-museum-exhibit-9673528.html. Accessed October 2, 2014.

International Data Corporation. 2010. "Nokia Owned the Global Smartphone Space in 2009." Press release, February 5.

_____. 2012. "Worldwide Mobile Phone Market Maintains Its Growth Trajectory." Press release, February 1.

_____. 2013. "Strong Demand for Smartphones and Heated Vendor Competition Characterize the Worldwide Mobile Phone Market at the End of 2012." Press release, January 24.

_____. 2014a. Worldwide Mobile Phone Tracker. January 27. http://www.idc.com/tracker/showproductinfo.jsp?prod_id=37. Accessed December 1, 2015.

_____. 2014b. "Smartphone Vendor Market Share, Q2 2014." http://www.idc.com/prodserv/smartphone-market-share.jsp. Accessed December 1, 2015.

_____. 2016. "Smartphone Shipments Flat for the First Time; Samsung Widens Lead over

Apple in Q1 2016." http://venturebeat.com/2016/04/27/idc-smartphone-shipments-flat-for-the-first-time-samsung-widens-lead-over-apple-in-q1-2016/. Accessed June 2, 2016.

Internet Trend. 2014. "Market Share of Search Engines." http://www.internettrend.co.kr/trendForward.tsp

International Telecommunication Union. 2013. *Measuring the Information Society*. Geneva: ITU.

Ito, Mizuko and Daisuke Okabe. 2005. "Intimate Connections: Contextualizing Japanese Youth and Mobile Messaging." In R. Harper, L. Palen and A. Taylor(ed.). *The Inside Text: Social, Cultural and Design Perspectives on SMS*, pp.127~145. Berlin: Springer-Verlag.

Ito, Mizuko, Daisuke Okabe and Misa Matsuda. 2005. *Personal, Portable, Pedestrian: Mobile Phones in Japanese Life*. Cambridge, MA: MIT Press.

Iwabuchi, Koichi. 2010. "De-westernization and the Governance of Global Cultural Connectivity: A Dialogic Approach to East Asian Media cultures." *Postcolonial Studies*, 13(4), pp.403~419.

Jenkins, Henry. 2006. *Convergence Culture: Where Old and New Media Collide*. New York: New York University Press.

Jenkins, Henry, 2Sam Ford and Joshua Green. 2013. *Spreadable Media: Creating Value and Meaning in a Networked Culture*. New York: New York University Press.

Jensen, Klaus Bruhn. 2013. "What's Mobile in Mobile Communication." *Mobile Media and Communication*, 1(1), pp.26~31.

Jho, Whasun. 2007. "Global Political Economy of Technology Standardization: A Case of the Korean Mobile Telecommunications Market." *Telecommunications Policy*, 31, pp.124~138.

Jho, Whasun. 2013. *Building Telecom Markets: Evolution of Governance in the Korean Mobile Telecommunication Market*. Berlin: Springer.

Ji, Pan and Marko Skoric. 2013. "Gender and Social Resources: Digital Divides of Social Network Sites and Mobile Phone Use in Singapore." *Chinese Journal of Communication*, 6(2), pp.221~239.

Jin, Dal Yong. 2007. "Reinterpretation of Cultural Imperialism: Emerging Domestic Market vs. Continuing U.S. Dominance." *Media, Culture and Society*, 29(5), pp.753~771.

_____. 2010. *Korea's Online Gaming Empire*. Cambridge, MA: MIT Press.

_____. 2011. *Hands on/Hands off: The Korean State and the Market Liberalization of the Communication Industry*. New York: Hampton Press.

_____. 2014. "Construction of the App Economy in the Networked Korean Society." In Paul Miller and Svitlana Matviyenko(ed.). *The Imaginary App*, pp.163~178. Cambridge, MA: MIT Press.

_____. 2015. *Digital Platforms, Imperialism and Political Culture*. London: Routledge.

_____. 2016. *New Korean Wave: Transnational Popular Culture in the Age of Social Media*. Urbana: University of Illinois Press.

Jin, Dal Yong and Dong-Hoo Lee. 2012. "The Birth of East Asia: Cultural Regionalization through Co-production Strategies." *Spectator*, 32(2), pp.26~40.

Jin, Dal Yong, Florence Chee and Seah Kim. 2015. "Transformative Mobile Game Culture: Socio-cultural Analysis of the Korean Mobile Gaming in the Smartphone Era." *International Journal of Cultural Studies*, 18(4), pp.413~429.

Jin, Dal Yong and Kyong Yoon. 2016. "Re-imagining smartphones in local mediascape: a cultural analysis of young KaKao Talk users." *Convergence: The International Journal of Research into New MediaTechnologies*, 22(5), pp.510~523.

Jin, Hyun-joo. 2008a. "Apple, Nokia Eye Korean Market." *Korea Herald*, August 21.

_____. 2008b. "Korea Removes Hurdle for iPhone Sale." *Korea Herald*, December 11.

Johnson, Bradley and K. Fitzgerald. 1994. "BellSouth Puts Smarts in Simon Cellular Phone." *Advertising Age*, February 7, p.8.

Jones, Steve, Veronika Karnowski, Richard Ling and Thilo von Pape. 2013. "Welcome to Mobile Media and Communication." *Mobile Media and Communication*, 1(1), pp.3~7.

Jung, Man-Won. 2010. "South Korea's Future in Mobile and Wireless." *Asia-Pacific III*. pp.8~9.

Juul, Jesper(ed.). 2005. "Where the Action Is." *Game Studies*, 5(1). http://www.game studies.org/0501/. Accessed March 20, 2013.

_____. 2010. *A Casual Revolution: Reinventing Video Games and Their Players*. Cambridge, MA: MIT Press.

Ju Ŭ-a. 2014. "Kukŭ ŭ 'twit'ongsu ttaerigi', it'ongsa ŭ chasŭgjabak" (Google Proposed a New Plan in App Service Fees). *Business Post*, January 17. http://www.businesspost. co.kr/news/articleView.html?idxno=217. Accessed March 23, 2014.

Kane, Yukari and Ben Worthen. 2010. "As iPhone Goes Global, App Makers Follow." *Wall Street Journal*, April 29. http://online.wsj.com/news/articles/SB1000142405274870364 8304575212461802126530. Accessed September 29, 2013.

Katz, James and Satomi Sugiyama. 2006. "Mobile Phones as Fashion Statements: Evidence from Student Surveys in the US and Japan." *New Media and Society*, 8(2), pp.321~337.

Kerner, Sean. 2013. "Chambers: Get Ready for the App Economy Now." Internetnews.com, October 3. http://www.internetnews.com/infra/chambers-get-ready-for-theapp-econo my-now.html. Accessed April 25, 2014.

Kim Chae-sŏ. 2014. "Aip'on-6 ch'ulsi 'D-1' ⋯ it'ong 3-sa 300-man 'aip'onppa' chapki chŏ jaeng" (iPhone Sale D-1:Three Wireless Telecommunications Service Providers Try to Catch 3 Million Apple Mania). *Hangyŏe Sinmun*. October 31. http://www.hani. co.kr/arti/economy/it/662019.html. Accessed November 28, 2014.

Kim, D. H. 2002. "Korea Becomes Global Leader in Broadband Internet." *Korea Times*, November 6.

Kim, Gwangseok. 2011. "iPhone Effect: A Critical Analysis of Discourses on Science and Technology in South Korea." Paper presented at the International Communication Association Conference, Boston, MA, May 25.

Kim Ho-gi, Sin Ki-uk, Go Dong-hyŏ and Yi Sŭg-hun. 2011. "Sŭat'ŭ'on sidae ŭ mobail tibaidŭb" (Mobile Divide in the Age of Smartphone). KT Kyŏgje Kyŏgyŏg Yŏ'guso (KT Business and Economics Research Center). http://www.digieco.co.kr/KTFront/index.action. Accessed March 26, 2014.

Kim, Hyung-eun. 2011. "Big Bang of Mobile Games." *Joongang Daily*, March 17. http://koreajoongangdaily.joins.com/news/article/article.aspx?aid=2936279

Kim, Pyungho. 2011. "The Apple iPhone Shock in Korea." *Information Society*, 27(4), pp.261~268.

Kim Sang-yun. 2014 "'Aenip'ang2 ŭ him': Sŏdei T'ojŭsarang ch'oedae silchŏ"(The Power of Anypang 2 — undayToz Enjoyed the Historical Growth). *Jungang Ilbo*(*Joongang Daily*), May 8. http://news.joins.com/article/14623525. Accessed June 7, 2016.

Kim Suk. 2014. "Kungnae wept'un sanŏ i hallyu chisok e mich'inŭ yŏghyang"(The Influence of the Domestic Webtoon Market to the Continuation of the Korean Wave). *K'ok'a p'ok'ŏsŭ*(KOCCA Focus), 86. Seoul: Han'guk k'ont'ench'ŭchinhŭgwŏ(Korea Creative Content Agency).

Kim, Sung-Young. 2012. "The Politics of Technological Upgrading in South Korea: How Government and Business Challenged the Might of Qualcomm." *New Political Economy*, 17(3), pp.293~312.

Kim, T. G. 2004. "Korea, US Compromise over Internet platform." *Korea Times*, April 23.

Kim, Tong-hyung. 2004. "UN Denounces Korea's Internet Platform." *Korea Times*, February 26.

_____. 2008. "Goodbye WIPI, Hello iPhone." *Korea Times*, December 10. http://www.koreatimes.co.kr/www/news/tech/2012/04/133_35873.html. Accessed November 15, 2013.

_____. 2009a. "KT-KTF Merger Given Green Light." *Korea Times*, March 18.

_____. 2009b. "iPhone Has Samsung, LG Sweating." *Korea Times*, December 2. http://koreatimes.co.kr/www/news/biz/2009/12/602_56574.html. Accessed March 1, 2014.

Kim Yang-jin. 2014. "Kugŭ, kungnae mobail kŏsaek sijang kŭsok chamsik"(Mobile Search Engine in Korea). *Sŏl Sinmun*, March 8.

Kim, Yun Tae. 1999. "Neoliberalism and the Decline of the Developmental State." *Journal of Contemporary Asia*, 29(4), pp.441~461.

King, Jomilah. 2011. "How Big Telecom Used Smartphones to Create a New Digital Divide." Colorlines.com. December 6. http://colorlines.com/archives/2011/12/the_new_digital_divide_two_separate_but_unequal_internets.html. Accessed March 3, 2013.

Kline, Steven, Nick Dyer-Witheford and Greig de Peuter. 2003. *Digital Play: The Interaction of Technology, Culture, and Marketing*. Montreal: McGill-Queen's University Press.

Klemens, Guy. 2010. *The Cellphone: The History and Technology of the Gadget That Changed the World*. London: McFarland.

Kohiyama, Kenji. 2005. "A Decade in the Development of Mobile Communications in

Japan(1993-2002)." In Ito Mizuko, Daisuke Okabe and Misa Matsuda Personal(ed.)., *Portable, Pedestrian: Mobile Phones in Japanese Life*, pp.61~74. Cambridge, MA: MIT Press.

Korea Communications Commission(KCC). 2010. *Project for the Development of Wireless Internet.* http://www.kcc.go.kr/tsi/etc/search/ASC_integrationsearch.jsp?page=P100 10000. Accessed June 27, 2013.

_____. 2013. *Market Share of Mobile Telecommunications in January 2013.* Seoul: KCC.

Korea Herald. 2012. "Mobile Game Spices Up Working Women's Lives." November 20. http://www.koreaherald.com/view.php?ud=20121205000752. Accessed June 7, 2013.

Korea Internet and Security Agency(Han'guk Int'ŏet Chinhŭgwŏ). 2013. *2013-nyŏ sŭat'ŭ'on iyong silt'ae chosa*(*Smartphone Use Report of 2013*). Seoul: Han'guk Int'ŏet Chinhŭgwŏ.

_____. 2014. *2014-nyŏ sŭat'ŭ'on iyong silt'ae chosa*(*Annual Survey on the Internet Usage of 2014*). Seoul: Han'guk Int'ŏet Chinhŭgwŏ.

Korea Mobile Internet Business Association(Han'guk Musŏ Int'ŏet Sanŏ Yŏhaphoe). 2014. *2013-nyŏ Taehan Min'guk musŏ intŏet sanŏ hyŏhwang*(*Korea Mobile Internet Industry Report 2013*). Seoul: Han'guk Musŏ Int'ŏet Sanŏ Yŏhaphoe.

Korea Press Foundation(Han'guk Ŏlon Chinhŭg Chaedan). 2014. *2013 Sinmunsa Chaemu Punsŏ*(*2013 Newspaper Financial Report*). Seoul: Han'guk Ŏlon Chinhŭg Chaedan.

Korea Telecom. 2010. *Market Prospects for the iPhone and Its Economic Implications.* June. http://www.digieco.co.kr/KTFront/report/report_strategy_view.action?board_se q=3846&board_seq=3846&board_id=strategy

Korea Times. 1999. "The Number of Mobile Phone Subscribers Hit 20 Million." August 30.

_____. 2015. "Middle-Aged Actors Rule Mobile Ads." October 5. http://www.koreatimes. co.kr/www/news/nation/2015/10/116_187997.html. Accessed November 28, 2015.

Korea Trade Investment Promotion Agency. N.d. *Analysis of Korea's Mobile Communication Industry.* Seoul: KOTRA.

Larson, James. 1995. *The Telecommunications Revolution in Korea.* New York: Oxford University Press.

Larson, James and Jaemin Park. 2014. "From Developmental to Network State: Government Restructuring and ICT-Led Innovation Korea." *Telecommunications Policy*, 38, pp.344~359.

Lechner, Frank. 2009. *Globalization: The Making of World Society.* Malden, MA: Wiley-Blackwell.

Lee, Dong-Hoo. 2012. "In Bed with the iPhone: The iPhone and Hypersociality in Korea." In Larissa Hjorth, Jean Burgess and Ingrid Richardson(ed.). *Studying Mobile Media: Cultural Technologies, Mobile Communication, and the iPhone*, pp.63~81. London: Routledge.

_____. 2013. "Smartphones, Mobile Social Space, and New Sociality in Korea." *Mobile Media and Communication*, 1(3), pp.269~284.

Lee, Heejin, Robert M. O'Keefe and Kyounglim Yun. 2003. "The Growth of Broadband and Electronic Commerce in South Korea: Contributing Factors." *Information Society*, 19(1), pp.81~93.

Lee, Heejin, Robert M. O'Keefe, Kyounglim Yun and Sangjo Oh. 2008. "The Political Economy of Standards Setting by Newcomers: China's WAPI and South Korea's WIPI." *Telecommunications Policy*, 32(9-0), pp.662~671.

Lee, Hyungoh and Sang-young Han. 2002. "The Evolution of the National Innovation System in the Korean Mobile Telecommunication Industry." *Communications and Strategies*, 48, pp.161~186.

Lee, HyunJoo, Namsu Park and Yongsuk Hwang. 2015. "A New Dimension of the Digital Divide: Exploring the Relationship between Broadband Connection, Smartphone Use and Communication Competence." *Telematics and Informatics*, 32(1), pp.45~56.

Lee, H. G. 2011. "Social and Cultural Meanings of Mobile Phone Adoption in Korea." In Digital Media and Culture in Korea(ed.). *The Korean Society for Communication Studies*, pp.215~248. Seoul: Communication Books.

Lee, Jong Hyul and Junghyun Kim. 2014. "Socio-demographic Gaps in Mobile Use, Causes, and Consequences: A Multi-group Analysis of the Mobile Divide Model." *Information, Communication and Society*, 17(8), pp.917~936.

Lee, Jung-ah. 2009. "LG Telecom Merger Wins Antitrust Approval." *Wall Street Journal*, December 3. http://online.wsj.com/news/articles/SB100014240527487041071045745 73350250429942. Accessed October 5, 2013.

Lee, Jungah and Jason Folkmanis. 2013. "Samsung Shifts Plants from China to Protect Margins." *Bloomberg News*, December 11. http://www.bloomberg.com/news/2013-12-11/samsung-shifts-plants-from-china-to-protect-margins.html. Accessed February 2, 2014.

Lee, Kwang Suk. 2008. "Globalization, Electronic Empire and the Virtual Geography of Korea's Information and Telecommunications Infrastructure." International Communication Gazette, 70(1), pp.3~20.

_____. 2011. *IT Development in Korea: A Broadband Nirvana?* London: Routledge.

Lee, Min-jeong and Jonathan Cheng. 2014. "In Samsung Country, iPhone 6 Fans Will Have to Wait." September 11. http://blogs.wsj.com/digits/2014/09/11/in-samsungcountry-iphone-6-fans-will-have-to-wait/. Accessed December 5, 2014.

Lee, Youkyung. 2010. "Mobile Big Bang Strikes S. Korea's Smartphone Market." *Yonhap News*, December 20.

Lemos, Andre. 2011. "Pervasive Computer Games and Processes of Spatialization: Informational Territories and Mobile Technologies." *Canadian Journal of Communication*, 36, pp.277~294.

Levie, Aaron. 2013. "The Enterprise App Economy." June 8. http://techcrunch.com/2013/06/08/the-enterprise-app-economy/. Accessed November 5, 2014.

Lev-Ram, M. 2013. "Samsung's Road to Global Domination." Fortune. January 22. http://

fortune.com/2013/01/22/samsungs-road-to-global-domination/

Lewis, Peter. 1993. "The Executive Computer; Bulky and Costly, but a Portable Succeeds." *New York Times*, October 17. http://www.nytimes.com/1993/10/17/business/the-executive-computer-bulky-and-costly-but-a-portable-succeeds.html.

Lim, Sun Sun and Gerald Goggin. 2014. "Mobile Communication in Asia: Issues and Imperatives." *Journal of Computer-Mediated Communication*, 19, pp.663~666.

Ling, Richard. 2008. *New Tech, New Ties: How Mobile Communication Is Reshaping Social Cohesion*. Cambridge, MA: MIT Press.

_____. 2012. *Taken for Greatness*. Cambridge, MA: MIT Press.

Ling, Richard and Dag Svanes. 2011. "Browsers vs. Apps: The Role of Apps in the Mobile Internet." Paper presented to the conference "Internet and Society: Challenges, Transformation and Development," December.

Ling, Richard and B. Yttri. 2002. "Hyper-coordination via Mobile Phones in Norway." In J. E. Katz and M. Aakhus(ed.). *Perpetual Contact: Mobile Communication, Private Talk, Public Performance*, pp.139~169. Cambridge, MA: Cambridge University Press.

Linke, Christine. 2013. "Mobile Media and Communication in Everyday Life: Milestones and Challenges." *Mobile Media and Communication*, 1(1), pp.32~37.

Livingstone, Sonia and E. Helsper. 2007. "Gradations in Digital Inclusion: Children, Young People and the Digital Divide." *New Media and Society*, 9(4), pp.671~696.

Mac, Ryan. 2014. "Mobile Master: KakaoTalk Creator Becomes One of South Korea's Richest Billionaires." *Forbes*, September 24. http://www.forbes.com/sites/ryanmac/2014/09/24/mobile-master-kakaotalk-creator-becomes-one-of-south-koreasrichest-billionaires/.

_____. 2015. "How Kakao Talk's Billionaire Creator Ignited a Global Messaging War." *Forbes*, March 2. http://www.forbes.com/sites/ryanmac/2015/03/02/kakaotalk-billionaire-brian-kim-mobile-messaging-global-competition/

Mackenzie, Donald and Judy Wajcman. 1999. *The Social Shaping of Technology: How the Refrigerator Got Its Hum*. Philadelphia: Open University Press.

MacMillan, Douglas and Peter Burrows. 2009. "Inside the App Economy." Business Week. October 22. http:// www.businessweek.com/magazine/content/09_44/b4153044881892.htm. Accessed March 1, 2013.

Mahlich, Jorg and Werner Pascha(eds.). 2012. *Korean Science and Technology in an International Perspective*. Physica.

Mancinelli, Elisa. 2007. E-Inclusion in the Information Society. www.ittk.hu/netis/doc/ISCB_eng/10_Mancinelli_final.pdf. Accessed May 6, 2014.

Mandel, Michael. 2012. "Where the Jobs Are: The App Economy." *Technet*. http://www.technet.org/wp-content/uploads/2012/02/TechNet-App-Economy-Jobs-Study.pdf. Accessed December 1, 2015.

Maney, Kevin. 1993. "Simon Says: Super-phone Is Giant Step." *USA Today*, November 3, 2B.

Manovich, Lev. 2013. *Software Takes Command*. London: Bloomsbury.

Mansell, Robin. 2002. "From Digital Divides to Digital Entitlements in Knowledge Socie-ties." *Current Sociology*, 50(3), pp.407~426.

Marketing. 2013. "The Last-Mover Advantage." January 23.

Marketwire. 2012. "App Economy under Attack." August 20. http://www.marketwire.com/printer_friendly?id=1692285

Marvin, Bob. 2015. "How the Mobile App Economy Will Be Won." *PC Magazine*, October 2. http://www.pcmag.com/article2/0,2817,2492454,00.asp. Accessed December 1, 2015.

Marx, Leo and Merritt Roe Smith. 1994. *Does Technology Drive History? The Dilemma of Technological Determinism*. Cambridge, MA: MIT Press.

Mascheroni, Giovanna and Kjartan Olafsson. 2015. "The Mobile Internet: Access, Use, Opportunities and Divides among European Children." New Media and Society(online first), pp.1~23.

McCarty, Brad. 2011. "The History of the Smartphone." *TNW Blog*, December 6. http://thenextweb.com/mobile/2011/12/06/the-history-of-the-smartphone/#!xW2Cu. Accessed November 4, 2013.

McChesney, Robert. 2008. *The Political Economy of Media: Enduring Issues, Emerging Dilemmas*. New York: Monthly Review Press.

_____. 2013. *Digital Disconnect: How Capitalism Is Turning the Internet against Democracy*. New York: New Press.

McChesney, Robert and Dan Schiller. 2003. "The Political Economy of International Communications: Foundations for the Emerging Global Debate over Media Ownership and Regulation." UNRISD Project on Information Technologies and Social Develop-ment, December 1, pp.1~33.

McKelvie, Alexander and Richard Picard. 2008. "The Growth and Development of New and Young Media Firms." *Journal of Media Business Studies*, 5(1), pp.1~8.

McLelland, Mark. 2007. "Socio-cultural Aspects of Mobile Communication Technologies in Asia and the Pacific: A Discussion of the Recent Literature." *Continuum*, 21(2), pp.267~277.

McLuhan, Marshall. 1994. *Understanding Media: The Extensions of Man*. Cambridge, MA: MIT Press.

McVeigh, Brian. 2003. "Individualization, Individuality, Interiority, and the Internet: Japanese University Students and E-mail." In Nanette Gottlieb and Mark McLelland (ed.). *Japanese Cybercultures*, pp.19~33. London: Routledge.

Melody, William. 2009. "Markets and Policies in New Knowledge Economies." In Robin Mansell, C. Avgerou, D. Quah and R. Silverstone(ed.). *The Oxford Handbook of Information and Communication Technologies*, pp.55~74. New York: Oxford University Press.

Mervyn, Kleran, Anoush Simon and David Allen. 2014. "Digital Inclusion and Social Inclusion: A Tale of Two Cities." *Information, Communication and Society*, 17(9), pp.1086~1104.

Miller, Toby. 2006. "Gaming for Beginners." *Games and Culture*, 1(1), pp.5~12.

Miller, Toby and M. Leger. 2001. "Runaway Production, Runaway Consumption, Runaway Citizenship: The New International Division of Cultural Labor." *Emergence*, 11(1), pp.89~105.

Millward, Steven. 2013. "In a Major Milestone, Korean-Made Kakao Talk Reaches 100 Million Users." *TechinAsia*, July 2. http://www.techinasia.com/kakaotalk-reaches-100-million-users/. Accessed June 3, 2016.

Mims, Christopher. 2016. "Why Microsoft Bought LinkedIn." *Wall Street Journal*, June 14. http://www.wsj.com/articles/microsoft-gains-link-to-a-network-1465922927. Accessed June 17, 2016.

Ministry of Culture and Tourism(Munhwa Kwan'gwang Bu). 2007. *2007 Taehan Min'guk keim paeksŏ(2007 White Paper on Korean Games)*. Seoul: Munhwa Kwan'gwang Bu.

Ministry of Culture, Sports and Tourism(Munhwa Ch'eyuk Kwan'gwang Bu). 2012. *2011 k'ont'ench'ŭsanŏ paeksŏ(2011 Contents Industry Whitepaper)*. Seoul: Munhwa Ch'eyuk Kwan'gwang Bu.

_____. 2013. *2013 Taehan Min'guk keim paeksŏ(2013 White Paper on Korean Games)*. Seoul: Munhwa Ch'eyuk Kwan'gwang Bu.

_____. 2014. *2014 Taehan Min'guk keim paeksŏ(2014 White Paper on Korean Games)*. Seoul: Munhwa Ch'eyuk Kwan'gwang Bu.

_____. 2015. *2015 Taehan Min'guk keim paeksŏ(2015 White Paper on Korean Games)*. Seoul: Munhwa Ch'eyuk Kwan'gwang Bu.

Ministry of Finance and Economy of Korea(Chaejŏg Kyŏngje Pu). 2003. "Woegugin chikchŏ t'uja e taehan chose chiwŏ chedo ŭ sŏggwa mit hyanghu unyong pangan(ch'oejong pogosŏ"(Liberalization of FDI in Principle). http://mofe.go.kr/mofe/kor/fdi/html/e-2-1.htm. Accessed February 1, 2013.

Ministry of Gender, Equality and Family(Yŏŏg Kajok Pu). 2013. *2013 ch'ŏgsonyŏ maech'e iyong silt'ae chosa(2013 Youth Media Use Report)*. Seoul: Yŏŏg Kajok Pu.

Ministry of Information and Communication(Chŏgbo T'ongsinbu). 2004. *The Road to 20,000 GDP/Capita*. Seoul: MIC.

_____. 2008. *SK t'ellek'om ŭ hanaro t'ellek'om chusik ch'uidŭ inga simsa kyŏgwa(The Result of Investigation for Approval of SKT's Acquisition of Hanaro Telecom)*. February.

Ministry of Knowledge Economy. 2013. *IT Export Achieved Net Gains in 2012*. Seoul: MKE.

Ministry of Science, ICT and Future Planning(Mirae Ch'angjo Kwahak Pu). 2013. *Kukka chŏgbohwa e kwanhan yŏch'a bogosŏ(2013 Annual Report of the Nation Information Status)*. Seoul: Mirae Ch'angjo Kwahak Pu.

_____. 2014a. *Yusuhan t'onggye(2013)(Status of Wireless and Wire Telephone Lines of 2013)*. Seoul: Mirae Ch'angjo Kwahak Pu.

_____. 2014b. *Future Mobile Telecommunications Industry Development Plan for the*

Creative Economy. Press release. Seoul: Mirae Ch'angjo Kwahak Pu.

_____. 2015a. *15-nyŏ 9-wŏ musŏ t'ongsin sŏisŭt'onggye hyŏhwang(Status of Wireless Telephone Lines of September of 2015).* Seoul: Mirae Ch'angjo Kwahakpu.

_____. 2015b. "2014 ICT Exports Surpassed $1738 million." Press release. January 9.

_____. 2016. *16-nyŏ 3-wŏ musŏ t'ongsin sŏisŭ t'onggye hyŏhwang(Status of Wireless Telephone Lines of March of 2016).* Seoul: Mirae Ch'angjo Kwahakpu.

Molnar, Szilard. 2003. "The Explanation Frame of the Digital Divide." Proceedings of the IFIP summer school "Risks and Challenges of the Networked Society," 4-8. Karlstad University, August.

Moon, Ihlwan. 2008. "Why Korea Won't Bite Apple." *Businessweek*, June 13. http://www.businessweek.com/stories/2008-06-13/why-korea-wont-bite-the-applebusinessweekbusiness-news-stock-market-and-financial-advice. Accessed December 4, 2013.

Mosco, Vincent. 2014. *To the Cloud: Big Data in a Turbulent World.* Boulder, CO: Paradigm.

Munhwa Ilbo. 1999. "Hyudae chŏhwa kaipcha ol ane 2200-man nŏŭ tŭ"(Mobile Phone Subscribers Reached over 22 Million). September 1, 14.

Murphy, Dean. 2000. "Two Continents, Disconnected: Europeans Are Finding New York to Be a Backwoods for Cell Phones." *New York Times*, December 14, B1.

Nam Hye-hyŏ. 2014. "Kugŭ, Aep'ŭ, 3-cho wŏ tae kungnae aep sijang ssakssŭi"(Google and Apple Sweep $3 Billion Worth Domestic App Market). ZDNet Korea, ZDNet.co. kr, May 11. http://www.zdnet.co.kr/news/news_view.asp?artice_id=20140529133511. Accessed November 9, 2014.

Narayanaswamy, Shankar, Jianying Hu and Ramanujan Kashi. 1998. "Using Data on Digital Cellular and PCS Voice Networks." *Bell Labs Technical Journal*, April-June, pp.58~75.

NAS Media. 2015. *Netizen Profile Report.* Seoul: NAS Media.

Nath, Asoke and Sneha Mukherjee. 2015. "Impact of Mobile Phone/Smartphone: A Pilot Study on Positive and Negative Effects." *International Journal of Advance Research in Computer Science and Management Studies*, 3(5), pp.294~302.

Natanson, Elad. 2015. "The State of Mobile and the App Economy in 2015." *Forbes*, May 26. http://www.forbes.com/sites/eladnatanson/2015/05/26/the-state-of-mobile-and-theapp-economy-in-2015/

National Computerization Agency. 1998. *National Information Whitepaper 1998.* Seoul: NCA

Nielsen. 2012a. "America's New Mobile Majority: A Look at Smartphone Owners in the U.S." May 7. Available at http://blog.nielsen.com/nielsenwire/online_mobile/whoowns-smartphones-in-the-us/

_____. 2012b. "Mobile App vs. Mobile Web." http://mobizen.pe.kr/1154

_____. 2013. *The Mobile Consumer: The Global Snapshot.* New York: Nielsen.

_____. 2014. "An Era of Growth: The Cross-Platform Report Q4 2013." March 5. http://www.nielsen.com/us/en/insights/reports/2014/an-era-of-growth-the-cross-platformreport.html. Accessed December 6, 2015.

Nielsen Asia. 2012. "Smartphone Ownership on the Rise in Asia Pacific, Whilst Advertisers Struggle to Engage with Consumers via Mobile Ads." June 20. http://jp.en.nielsen. com/site/documents/SPImr-jun12_FINAL.pdf. Press release.

Norris, Pippa. 2001. *Digital Divide: Civic Engagement, Information Poverty, and the Internet Worldwide.* New York: Cambridge University Press.

O'Malley, C. 1994. "Simonizing the PDA." *Byte*, December 20.

Oh, Myung and James Larson. 2011. *Digital Development in Korea: Building an Information Society.* London: Routledge.

Ohmae, Konichi. 1995. "The End of the Nation State: The Rise of Regional Economy." *Foreign Affairs*, July-August.

Ok, Hye Ryoung. 2011. "New Media Practices in Korea." *International Journal of Communication*, 5, pp.320~348.

Oliver, Christian and Jung-a Song. 2009. "S. Korean Regulators Relent on iPhone Sales." *Financial Times*, September 23.

Organization for Economic Cooperation and Development(OECD). 2013a. *The App Economy*, December 17. Paris: OECD.

_____. 2013b. *Communications Outlook 2013.* Paris: OECD.

_____. 2014. *OECD Economic Surveys Korea.* Paris: OECD.

Orlando Sentinel. 2013. "IBM's Simon Personal Communicator Was Years Ahead of Its Time." March 25. http://articles.orlandosentinel.com/2013-03-25/business/os-cfbtalkin g-with-rich-guidotti-20130325_1_wireless-carriers-wireless-technologybusiness-person. Accessed November 26, 2013.

Pacey, Arnold. 1993. *The Culture of Technology.* Cambridge, MA: MIT Press.

Pak Tong-gyu and Kim Sŏg-gwan. 2014. "Sil teit'ŏsujip ŭ t'onghan sŭat'ŭ'on iyongja ŭ aep'ŭ lik'eisyŏ sayong sigan kwa iyong p'aet'ŏ punsŏ"(An Analysis of Smartphone Use Pattern through a Real Time Access). *Chugan kisul tonghyang 1649-ho(Weekly IT Trend 1649)*, June 11, pp.1~19. Seoul: Chŏngbu t'ongsin sanŏ chinhŭgwŏ(National IT Industry Promotion Agency).

Pak Yŏg-ju. 2014. "K'ak'aot'ok sijang chŏyuyul 92%" (Kakao Talk's Market Share 92%). *Nyusisŭ(Newsis)*. September 23. http://www.newsis.com/ar_detail/view.html?ar_id= NISX20140923_0013187317&cID=10402&pID=10400. Accessed November 6, 2014.

Park, C. K. 2009. "iPhone's Debut in S. Korea Means Paradigm Shift: Experts." AFP, November 28.

Park, Eun-a. 2014. "Exploring the Multidimensionality of the Smartphone Divide: A New Aspect of the Digital Divide." Paper presented at the 36th Annual Pacific Telecommunications Conference. Honolulu, HI, January 19~22.

Park, Jong H. 2002. "The East Asian Model of Economic Development and Developing Countries." *Journal of Developing Societies*, 18(4), pp.330~353.

Park, Young Jin. 2015. "My Whole World's in My Palm! The Second-Level Divide of

Teenagers' Mobile Use and Skill." *New Media and Society*, 17(6), pp.977~995.

Perez, Sarah. 2014. "Mobile App Usage Increases in 2014, as Mobile Web Surfing Declines." April 1. http://techcrunch.com/2014/04/01/mobile-app-usage-increases-in-2014-as-mobile-web-surfing-declines/. Accessed February 27, 2015.

Pieterse, Jan Nederveen. 2006. "Neoliberal Globalization and the Washington Consensus." In Ahmed S. Huque and Habib M. Zafarullah(ed.) *International Development Governance*, pp.91~104. London: Routledge.

Pinch, Trevor and Wiebe Bijker. 1984. "The Social Construction of Facts and Artefacts: Or How the Sociology of Science and the Sociology of Technology Might Benefit Each Other." *Social Studies of Science*, 14(3), pp.399~441.

Presidential Speeches (Taet'ongnyŏg yŏsŏ). 2012. "Yi Myŏg-bak Taet'ongryŏg che 67-hoe kwangbukchŏ kyŏgch'uksa"(Address by President Lee Myung-bak on the 67th Anniversary of Liberation). Press release. September 16.

"Product of the Month." 1994. "BellSouth Cellular/IBM Release Simon PDA." *Telecommunications*, 28(1), pp.116.

Puspitasari, Liar and Kenichi Ishii. 2015. "Digital Divides and Mobile Internet in Indonesia: Impact of Smartphones." *Telematics and Informatics*(online first), pp.1~12.

Qiu, Jack. 2009. *Working-Class Network Society: Communication Technology and the Information Have-Less in Urban China*. Cambridge, MA: MIT Press.

Qiu, Jack and Yeran Kim. 2010. "Global Financial Crisis Recession and Progression? Notes on Media, Labor, and Youth from East Asia." *International Journal of Communication*, 4, pp.630~648.

Quan-Haase, Anabel. 2013. *Technology and Society: Social Networks, Power, and Inequality*. New York: Oxford University Press.

Rabouin, Dion. 2015. "Huawei $46 Billion in Sales Revenue Highlights Growing Boom of Chinese Companies in Smartphone Wars." *International Business Times*, January 3. http://www.ibtimes.com/huawei-46-billion-sales-revenue-highlights-growingboom-chinese-companies-smartphone-1772682. Accessed February 27, 2015.

Rainie, Lee and Berry Wellman. 2012. *Networked: The New Social Operating System*. Cambridge, MA: MIT Press.

Ramstad, Evan. 2009. "iPhone Tries to Crack Korea: Samsung Slashes Price of Its High-End Device Ahead of Apple's Debut." *Wall Street Journal*, November 27. http://online.wsj.com/news/articles/SB10001424052748703499404574559734131133944. Accessed January 30, 2014.

Rheingold, Howard. 2002. *Smart Mobs: The Next Social Revolution*. New York: Basic Books.

Richardson, Ingrid. 2011. "The Hybrid Ontology of Mobile Gaming." *Convergence*, 17(4), pp.419~430.

_____. 2012. "Touching the Screen: A Phenomenology of Mobile Gaming and the iPhone." In Larissa Hjorth, Jean Burgess, and Ingrid Richardson(ed.). *Studying Mobile Media:*

Cultural Technologies, Mobile Communication, and the iPhone, pp.133~153. London: Routledge.

Ritzer, George. 2011. *Globalization: The Essentials*. Malden, MA: Wiley-Blackwell.

Robertson, J. 1994. "Mitsubishi Puts Picture in the Hand." *Electronic Buyer's News*, December 12.

Rogers, Everett. 1983. *Diffusion of Innovation*, 3rd ed. New York: Free Press.

_____. 2003. *Diffusion of Innovation*(5th ed.). New York: Free Press.

Rose, Frank. 2001. "Pocket Monster: How DoCoMo's Wireless Internet Service Went from Fad to Phenom — and Turned Japan into the First Post-PC Nation." *Wired*, September 9. http://www.wired.com/2001/09/docomo/. Accessed December 2, 2013.

Rusli, Evelyn. 2013. "The Messaging Apps Taking on Facebook, Phone Giants." *Wall Street Journal*, March 27.

Russell, Jon. 2013. "Korean Messaging App KaKao Talk's Games Platform Grossed $311 Million in HI 2013." *TNW*, July 16. http://thenextweb.com/asia/2013/07/16/korean messaging-app-kakao-talks-games-platform-grossed-311-million-in-h1-2013/. Accessed February 2, 2014.

Sager, Ira. 2012. "Before iPhone and Android Came Simon, the First Smartphone." *Bloomberg Businessweek*, June 29.

Sahin, Ismail. 2006. "Detailed Review of Rogers's Diffusion of Innovations Theory and Educations Technology-Related Studies Based on Rogers' Theory." *Turkish Online Journal of Educational Technology*, 5(3), pp.14~23.

Sarwar, Muhammad and Tariq R. Soomro. 2013. "Impact of Smartphone's on Society." *European Journal of Scientific Research*, 98(2), pp.216~226.

Schifferes, Steve. 2007. "Globalization Shakes the World." BBC News. January 21. http://news.bbc.co.uk/2/hi/business/6279679.stm. Accessed May 18 2013.

Schiller, Dan. 1982. "Business Users and the Telecommunications Network." *Journal of Communications*, 32(4), pp.84~96.

_____. 1999. *Digital Capitalism*. Cambridge, MA: MIT Press.

_____. 2007. *How to Think about Information*. Urbana: University of Illinois Press.

_____. 2012. *Digital Depression*. Urbana: University of Illinois Press.

_____. 2014. *Digital Depression: Information Technology and Economic Crisis*. Urbana: University of Illinois Press.

Schiller, Herbert. 1976. *Communication and Cultural Dominance*. New York: International Arts and Sciences Press.

Schrage, M. 1983. "MCI Weighs Sale of Smart Phones." *Washington Post*, August 5, E9.

Selwyn, Neil. 2004. "Reconsidering Political and Popular Understandings of the Digital Divide." *New Media and Society*, 6(4), pp.341~364.

Seoul Metro. 2014. "Daily Subway Riders." http://115.84.165.91/jsp/WWS00/outer_Seoul. jsp?stc_cd=69

Shade, Leslie Regan. 2007. "Feminizing the Mobile: Gender Scripting of Mobiles in North

America." *Continuum*, 21(2), pp.179~189.

Shi, Yu. 2011. "iPhones in China: The Contradictory Stories of Media-ICT Globalization in the Era of Media Convergence and Corporate Synergy." *Journal of Communication Inquiry*, 35(2), pp.134~156.

Shin, Ji-hye. 2014. "Foreign Companies Eye Local Mobile Game Market." *Korea Herald*, July 20.

Siegal, Jacob. 2014. "Samsung Wants to Help You Manage All Your Devices with Just One App." *BGR*, January 6. http://bgr.com/2014/01/06/samsung-smart-home-connectivity-service/. Accessed May 9, 2014.

Silva, Adriana and Larissa Hjorth. 2009. "Playful Urban Spaces: A Historical Approach to Mobile Games." *Simulation and Gaming*, 40(5), pp.602~625.

Silverstone, Roger and Eric Hirsch(eds.). 1992. *Consuming Technologies: Media and Communication in Domestic Spaces*. London: Routledge.

Sinckars, Pelle and Patrick Vonderau(eds.). 2012. *Moving Data: The iPhone and the Future of Media*. New York: Columbia University Press.

Sinclair, M. and M. Brown. 1983. "Phones on Threshold of Brave New World." *Washington Post*, January 2, A1.

Song, Jung-a. 2014. "S Korea's Kakao to Merge with Daum." *Financial Times*, May 28. http://www.ft.com/intl/cms/s/0/c97f2d1e-e483-11e3-a73a-00144feabdc0. html#axzz3E gzmxyWj

Sony. 2012. "Sony Completes Full Acquisition of Sony Ericsson." Press release. February 16.

Sŏl Kyŏgje(Seoul Economic Daily). 2012. "iOS kungnae chŏyuyul 9.3% yŏtae ch'oejŏ" (iOS's Market Share Dropped to 9.3%). October 23.

Sparks, Colin. 2013. "What Is the Digital Divide and Why Is It Important." *Javnost: The Public*, 20(2), pp.27~46.

Statista. 2014. "Worldwide Market Share of Leading Search Engines from January 2010 to July 2014." http://www.statista.com/statistics/216573/worldwide-market-shareof-searc h-engines/

Stewart, Angus. 2000. "Social Inclusion: An Introduction." In Peter Askonas and Aagus Stewart(ed.) *Social Inclusion: Possibilities and Tensions*, pp.1~16. New York: Palgrave.

Stiglitz, Joseph. 2003. *Globalization and Its Discontents*. New York: Norton.

Stockholm Smartphone. 2014. "Stockholm Smartphone." http://www.stockholmsmartphon e.org/. Accessed September 6, 2014.

Straubaar, Joseph. 1991. "Beyond Media Imperialism: AsymmetricalInterdependence and Cultural Proximity." *Critical Studies in Mass Communication*, 8, pp.39~59.

Strover, Sharon. 2014. "The US Digital Divide: A Call for a New Philosophy." *Critical Studies in Media Communication*, 31(22), pp.114~122.

Summerfield, Jason. 2014. "Mobile Website vs. Mobile App (Application): Which Is Best for Your Organization?" Human Service Solutions. http://hswsolutions.com/services/mobi

le-web-development/mobile-website-vs-apps/. Accessed September 6, 2014.

Sung, Tae Kyung. 2009. "Technology Transfer in the IT industry: A Korean Perspective." *Technological Forecasting and Social Change*, 76, pp.700~708.

Tai, Zixue and Haifang Zeng. 2011. "Mobile Games in China: Formation, Ferment, and Future." In Dal Yong Jin(ed.) *Global Media Convergence and Cultural Transformation: Emerging Social Patterns and Characteristics*, pp.270~295. New York: Information Science Reference.

Tapscott, Don. 1998. *Growing Up Digital: The Rise of the Net Generation*. New York: Mc-Graw Hill.

Thussu, Daya. 2006. *International Communication: Continuity and Change*. London: Arnold.

_____. 2007. "Mapping Global Media Flow and Contra-Flow." In Daya Thussu(ed.) *Media on the Move*, pp.11~32. London: Routledge.

Tomlinson, John. 2000. *Globalization and Culture*. Cambridge: Polity Press.

TrendForce. 2015. "Top 10 Smartphone Makers." Press release. January 20.

Tsatsou, Panayiota. 2011. "Digital Divides Revisited: What Is New about Divides and Their Research?" *Media, Culture and Society*, 33(2), pp.317~331.

U.S. Census Bureau. 2012. Statistical Abstract of the U.S. Washington, DC: U.S. Department of Commerce. http://www.census.gov/compendia/statab/cats/information_communications.html. Accessed May 6, 2014.

U.S. Department of Commerce. 1975. *Historical Statistics of the United States: Colonial Times to 1970*. Washington, DC: U.S. Department of Commerce.

_____. 1999. *National Trade Data Bank*. September 3.

User's Manual. 1994. *Simon: Mobile Communications MadeSimple*. IBM.

Usher, Willman. 2014. "61% of American Mobile Gamers Are Female." *Cinemablend*, http://www.cinemablend.com/games/61-American-Mobile-Gamers-Female-64391.html.

Vanderhoef, John. 2013. "Casual Threats: The Feminization of Casual Video Games." *Journal of Gender, New Media and Technology*, 2. http://adanewmedia.org/2013/06/issue2-vanderhoef/. Accessed December 5, 2013.

van Dijk, Jan A. G. M. 2005. *The Deepening Digital Divide: Inequality in the Information Society*. London: Sage.

_____. 2006. "Digital Divide Research, Achievements and Shortcomings." *Poetics*, 34, pp.221~235.

_____. 2012a. The Network Society. London: Sage.

_____. 2012b. "The Evolution of the Digital Divide: The Digital Divide Turns to Inequality of Skills and Usage." *Digital Enlightenment Yearbook 2012*, pp.57~75.

_____. 2012c. "Facebook as a Tool for Producing Sociality and Connectivity." *Television and New Media*, 13(2), pp.160~176.

Verdegem, Pieter. 2011. "Social Media for Digital and Social Inclusion: Challenges for Information Society 2.0 Research & Policies." *Triple-C*, 9(1), pp.28~38.

Verkasalo, Hannu, Carolina Lopez-Nicolas, Francisco Molina-Castillo and Harry Bouwman.

2010. "Analysis of Users and Non-users of Smartphone Applications." *Telematics and Informatics*, 27, pp.242~255.

Volti, Rudi. 2008. *Society and Technological Change*, 6th ed. New York: Worth Publishers.

Voskoglou, Christina. 2013. "Seizing the App Economy." DevelopersEconomics.com. http://www.developereconomics.com/report/sizing-the-app-economy/. Accessed June 7, 2016.

Wade, Robert. 2004. *Governing the Market: Economic Theory and the Role of Government in East Asian Industrialization*, 2nd ed. Princeton: Princeton University Press.

Waisbord, Silvio. 2004. "McTV: Understanding the Global Popularity of Television Formats." *Television and New Media*, 5(4), pp.359~383.

Waisbord, Silvio and Claudia Mellado. 2014. "De-westernizing Communication Studies: A Reassessment." *Communication Theory*, 24(4), pp.361~372.

Ward, Andrew. 2004. "Where High-Speed Access Is Going Mainstream. The Korean Experience: Government Policy, High Levels of Urbanization." *Financial Times*, June, 4.

Warman, Peter. 2012. "Mid-core Gaming: Defining, Sizing and Seizing the Opportunity." *Newzoo*, April 18. http://www.newzoo.com/press-releases/mid-core-gaming-defining-sizing-and-seizing-the-opportunity/#hDFxr7Gs2HrPglKC.99. Accessed May 4, 2013.

Warmerdam, Marcel. 2014. "The App Economy: A Zero Sum Game." *Metis Files*, February 20. http://www.themetisfiles.com/2014/02/the-app-economy-a-zero-sumgame/. Accessed June 3, 2014.

Warschauer, Mark. 2002. "Reconceptualizing the Digital Divide." *First Monday*, 7. http://firstmonday.org/article/view/967/888. Accessed May 3, 2013.

_____. 2003. "Dissecting the Digital Divide: A Case Study in Egypt." *Information Society*, 19(4), pp.297~304.

_____. 2004. *Technology and Social Inclusion: Rethinking the Digital Divide*. Cambridge, MA: MIT Press.

Watkins, Jerry, Larissa Hjorth and Ilpo Koskinen. 2012. "Wising Up: Revising Mobile Media in an Age of Smartphones." *Continuum*, 26(5), pp.665~668.

WeMade. 2012. "K'aendip'ang sogae"(Introduce Candipang). http://social.wemade.com/game/game_info.asp?GmCode=7. Accessed May 3, 2013.

West, Joel and Michael Mace. 2010. "Browsing as the Killer App: Explaining the Rapid Success of Apple's iPhone." *Telecommunications Policy*, 34(5-6), pp.270~286.

White, Andrew. 2014. *Digital Media and Society: Transforming Economics, Politics and Social Practices*. New York: Palgrave.

Williams, Raymond. 2003. *Television: Technology and Cultural Form*. 3rd ed. London: Routledge.

Wilson, Jason, Chris Chester, Larissa Hjorth and Ingrid Richardson. 2011. "Distractedly Engaged: Mobile Gaming and Convergent Mobile Media." *Convergence*, 17(4), pp.351~355.

Wingfield, Nick. 2012. "Apple's Job Creation Data Spurs an Economic Debate." *New York Times*, March 4. http://www.nytimes.com/2012/03/05/technology/apple-study-onjobcreation-spurs-an-economic-debate.html?_r=0. Accessed May 6, 2013.

Winner, Langdon. 1993. "Upon Opening the Black Box and Finding It Empty: Social Constructivism and the Philosophy of Technology." *Science, Technology and Human Values*, 18, pp.362~378.

Winseck, Dwayne. 2011. "The Political Economies of Media and the Transformation of the Global Media Industries." In Dwayne Winseck and Dal Yong Jin(ed.). *The Political Economies of Media*, pp.3~48. London: Bloomsbury Academic.

Winston, Brian. 1998. *Media Technology and Society: A history. From the telegraph to the Internet.* London: Routledge.

Wireless. 2015. "SK Telecom Commercialises World's First Tri-Band LTE-A Service." January 5. http://www.wireless-mag.com/News/31845/sk-telecom-commercialiseswordld%E2%80%99s-first-tri-band-lte-a-service.aspx. Accessed June 7, 2016.

Wolf, Mark(ed.). 2002. *The Medium of the Video Game.* Austin: University of Texas Press.

Yang, Sang Jin. 2002. "Mobile Phone Users Number 30 million, but Carriers Are Mired in Mudslinging." *Korea Herald*, April 5.

_____. 2003. "Convergence Key to Future Mobile Services." *Korea Herald*, September 25.

Yi Ch'ang-ho, Sŏg Yun-suk, Chŏg Nag-wŏ. 2012. *Ch'ŏgsonyŏ ŭ sosyŏ midiŏiyong silt'ae yŏ gu(A Study on the SNS Use of Young People).* Seoul: Han'guk ChŏgsonyŏChŏgch'aek Yŏguwŏ(National Youth Policy Institute).

Yi Chin-myŏg. 2014. "Samsŏg Chŏja naenyŏ IoT ro sŭgbu gŏda"(Samsung Electronics Selects IoT as the Next Driving Engine). *Maeil Kyŏgjae*, December 8. http://news.mk.co.kr/newsRead.php?year=2014&no=1506235. Accessed January 23, 2015.

Yi Hyŏg-gyŏg. 2014. "Han'guk int'ŏet t'aedong kwa sŏgjang ŭ yŏsa"(The Birth and Growth of Korea's Internet). *Saiŏsŭtaimjŭ(Science Times)*, December 1. http://www.science times.co.kr/?news. Accessed January 26, 2015.

Yi Hyŏ-mi and Yi Chae-dong. 2012. "Sŭat'ŭ'on kaein chŏgbo poho pisang"(Urgency in Protecting Personal Information on Smartphones). *Munhwa Ilbo*, October 8, 10.

Yi Tae-ho. 2015. "Net mabŭ, kaebalbi 100-ŏ wŏ tuip han taejak 'Idea' ch'ŏ konggae" (Netmarble Opens Its Mobile Game IDEA). *Tijit'ŏ teilli*, May 20. http://www.ddaily. co.kr/news/article.html?no=130564

Yonhap News. 2010. "Mobile Big Bang Hits Korean Market." December 20.

Yonhap News(Yŏhap Nyusŭ). 2012. "'K'at'ok ŏsŭ motsara' ⋯ haru p'yŏggyun 43-pun sayong"(No Life without Kakao Talk ⋯ the Average Daily Use of 43 Minutes). December 23. http://www.yonhapnews.co.kr/economy/2012/12/22/0303000000AKR 20121222039800017.HTML. Accessed March 1, 2013.

_____. 2013. "Samsung Tops China's Smartphone Market in 2012." March 10. http:// english.yonhapnews.co.kr/techscience/2013/03/10/34/0601000000AEN2013031000180 0320F.HTML. Accessed August 5, 2014.

_____. 2014a. "Mobile Carriers Release iPhone 6 in S. Korea." October 31. http://english. yonhapnews.co.kr/full/2014/10/31/33/1200000000AEN20141031004100320F.html.

Accessed December 2, 2014.

_____. 2014b. "Android Rules S. Korean Market in 2013: Data." January 21. http://english.
yonhapnews.co.kr/business/2014/01/21/30/0501000000AEN201401210010

_____(*Yŏhap Nyusŭ*). 2014c. "Tosi kagu pindu kyŏch'a kalsurok simhae chinda" (Income
Inequality of Urban Households Is Widening). June 10. http://www.yonhapnews.co.
kr/economy/2014/06/09/0301000000AKR20140609163900008.HTML. Accessed January
5, 2015.

Yoon, Chang Ho. 1999. "Liberalization Policy, Industry Structure and Productivity Changes
in Korea's Telecommunication Industry." *Telecommunications Policy*, 23, pp.289~
306.

Yoon, Kyong. 2003. "Retraditionalizing the Mobile: Young People's Sociality and Mobile
Phone in Seoul, South Korea." *European Journal of Cultural Studies*, 6(3), pp.327~
343.

_____. 2006. "The Making of Neo-Confucian Cyberkids: Representations of Young Mobile
Phone Users in South Korea." *New Media and Society*, 8(5), pp.753~771.

Yoon, Sung-won. 2014a. "Blade Becomes First Mobile Title to Win Korea's Top Game
Award." *Korea Times*, November 21. http://www.koreatimes.co.kr/www/news/tech/
2014/11/134_168529.html.

_____. 2014b. "LG UPlus Criticizes SKT, Samsung for Unfairness." *Korea Times*, June 23.
http://www.koreatimes.co.kr/www/news/nation/2014/06/129_159665.html.

_____. 2015a. "NCSOFT, Netmarble Tie Up against Nexon." *Korea Times*, February 17.
http://www.koreatimes.co.kr/www/news/tech/2015/02/133_173838.html. Accessed May
2, 2015.

_____. 2015b. "Software Projects to Receive 100 Tril. in Loans." *Korea Times*, January 15.
http://koreatimes.co.kr/www/news/tech/2015/01/129_171771.html.

You, Soh Jung. 2003. "Lineage Creates Second Cyberworld Living Space." *Korea Herald*,
October 8, 40.

Young, W. R. 1979. "Advanced Mobile Phone Service: Introduction, Background and
Objective." Bell System Technical Journal, 58(1), pp.1~14.

Yu, K. H. 1998. "MIC Unveils Measures to Attract Foreign Direct Investment in Domestic IT
Industry." *Korea Herald*, February 10, 26.

Yuan, Elaine J. 2012. "From 'Perpetual Contact' to Contextualized Mobility: Mobile Phones
for Social Relations in Chinese Society." *Journal of International and Intercultural
Communication*, 5(3), pp.208~25.

Zheng, Pei and Lionel Ni. 2006. *Smart Phone and Next Generation Mobile Computing*.
Amsterdam: Elsevier.

Zittrain, Jonathan. 2009. "Law and Technology: The End of the Generative Internet."
Communications of the ACM, 54(1), pp.18~20.

옮긴이의 글

  코로나바이러스 감염증-19(코로나-19)의 창궐로 사회적 거리두기가 시민적 덕목이 된 현재, 쉽고 빠르게 사람과 사람 사이를 연결하는 스마트폰은 그 진가를 발휘하고 있다. 이번 설 명절에도 만날 수 없었던 가족들은 화상 전화로 서로의 안부를 물었고, 자녀들은 스마트폰 화면 너머에 계신 부모님께 온라인 세배를 올렸다. 업무에 필요한 각종 회의나 학교 수업은 온라인을 통해 비대면으로 진행되고 있으며, 사람들은 자신의 스마트폰을 통해 장소에 구애받지 않고, 심지어는 이동 중에도 실시간으로 회의나 수업에 참여한다. 이 모든 현상이 카메라가 달린 휴대전화와 영상통화 서비스를 무료로 제공하는 앱, 그리고 세계 최고를 자랑하는 인터넷 인프라 덕분에 가능한 일이었다.

  전 세계인의 이목을 집중시킨 'K방역' 뒤에도 95%라는 세계 최대의 스마트폰 보급률이 자리한다. 작년 3월 정부가 개발한 코로나-19 역학조사 지원 시스템은 통신사로부터 위치정보를 직접 제공 받아 확진자의 동선 및 시간대를 분석한다. 사람들의 출입기록은 QR코드를 통해 정확하게 기록되기 때문에 데이터가 손상될 위험도 낮다. 축적된 데이터를 기반으로 역학조사 지원 시스템이 확진자의 동선을 파악하고 분석하는 데에는 고작 10분이 채 걸리지 않는다. 한국인의 필수품이 된 스마트폰을 통해 정확하고 신속한, 그야말로 스마트한 방역이 가능하게 된 것이다.

그러나 눈부신 K방역의 성공에는 광범위한 개인정보 수집 및 공개 그리고 그로 인한 인권 침해의 문제가 뒤따른다. 해외에서도 감염병 대응을 위해 어느 정도의 개인정보 수집이나 감시 기술이 사용되고 있지만, 한국만큼 광범위한 활용이 이루어지는 경우는 찾아보기 힘들다. 실제로 정부가 코로나-19 역학조사 지원 시스템을 도입하며 온라인 설명회를 가졌을 때도 인권 침해에 대한 우려가 쏟아졌다. 그만큼 스마트폰을 매개로 한 국가의 감시로부터 개인이 자유롭기 힘들다는 사실은 점점 더 일상의 공포로 다가오고 있다.

이 책의 미덕은 무엇보다 스마트폰이 바꿔놓은 우리의 일상을 다양한 관점에서 고찰하게 만든다는 것이다. 이제는 스마트폰이 없던 시절을 상상하기 힘들 정도로 생활필수품이 된 이 조그마한 통신 기기가 어디서부터 시작되었는지, 한국 사회에 스마트폰이 도입된 배경은 무엇인지, 그리고 그 결과로 생겨난 경제적·문화적 변화는 무엇인지에 대해 저자는 각종 데이터와 인터뷰를 바탕으로 설명한다. 그러면서 저자는 ICT 강국으로 성장한 한국을 철저히 관찰자의 입장에서 바라보며 한국만의 독특한 스마트 미디어 지형을 그려나간다. 앞서 살펴본 스마트폰을 활용한 K방역의 명암을 다각도로 이해하는 데 이 책이 좋은 길잡이가 될 수 있는 이유다.

또한 이 책은 한국의 스마트폰 산업 및 문화에 집중하지만, 거시적인 관점에서 세계화라는 맥락도 놓치지 않는다. 글로벌 시장에서 한국 스마트폰이 갖는 영향력이나 초국적 기업들의 역할 및 권력 불균형 문제에 천착하며, 저자는 ICT 강국으로 알려진 한국의 현주소를 직시하게 만든다. 결국 스마트랜드가 꿈과 희망으로만 가득 찬 땅이 아니라는 사실은 이 책을 읽으면서 독자가 얻을 수 있는 깨달음 중 하나가 될 것이다. 한편 미시적인 관점에서 저자는 스마트폰 이용으로 인해 재구성된 청년문화와 모바일 게임 산업을 분석한다. 스마트폰 문화의 주된 생산자인 청년들의 목소리를 통해 한국의 스마트 미디어 지형을 더욱더 세밀하게 조형하는 작업은 이 책이 갖는 또 하나의 미덕이라하겠다.

이 책을 옮긴이로서 독자들이 기술의 발전과 그것이 만들어낸 문화가 결코 자연스러운 현상이 아니라, 국가와 기업 그리고 소비자들이 복합적으로 얽어 낸 결과물임을 인지한다면 더없이 기쁠 것 같다.

번역하는 동안 항상 곁을 지켜준 남편에게 고마움을 전한다.

2021년 3월

유지윤

지은이

진달용

캐나다 사이먼 프레이저 대학교(School of Communication at Simon Fraser University) 특훈교수(Distinguished SFU Professor)이다. ≪문화일보≫에서 사회부, 경제부 기자 생활을 했으며, 일리노이 주립대학교(University of Illinois, Urbana-Champaign: UIUC)에서 커뮤니케이션 박사학위를 받았다. 일리노이 주립대학교 시카고 캠퍼스에서 방문 조교수, KAIST에서 부교수로 재직했다. 2014~2015년에는 연세대학교 방문 교수로 근무한 바 있다.

주요 연구 분야는 디지털 플랫폼과 게임연구, 글로벌라이제이션, 비판 문화연구, 그리고 과학 저널리즘 등이다. 주요 저서로는 *Globalization and Media in the Digital Platform Age* (2019), *Smartland Korea: mobile communication, culture, and society* (2017), *Mobile Gaming in Asia: Politics, Culture and Emerging Technologies* (2017), *New Korean Wave: transnational cultural power in the age of social media* (2016), *Digital Platforms, Imperialism and Political Culture (2015)*, 그리고 *Korea's Online Gaming Empire* (2010) 등이 있다.

옮긴이

유지윤

미국 콜로라도 대학교(University of Colorado Boulder)에서 미디어 연구로 박사학위(Ph.D)를 받았다. 현재 연세대학교 커뮤니케이션연구소에 소속되어 있으며, 전북대학교에서 학생들을 가르치고 있다. 주요 관심 분야는 미디어 고백과 여성 그리고 대중문화이며, 최근에는 종교커뮤니케이션으로 연구 분야를 넓히고 있다.

한울아카데미 2304

스마트랜드 코리아

이동통신, 문화 그리고 사회

지 은 이 ǀ 진달용
옮 긴 이 ǀ 유지윤
펴 낸 이 ǀ 김종수
펴 낸 곳 ǀ 한울엠플러스(주)
편집책임 ǀ 조인순

초판 1쇄 인쇄 ǀ 2021년 6월 10일
초판 1쇄 발행 ǀ 2021년 6월 15일

주소 ǀ 10881 경기도 파주시 광인사길 153 한울시소빌딩 3층
전화 ǀ 031-955-0655
팩스 ǀ 031-955-0656
홈페이지 ǀ www.hanulmplus.kr
등록번호 ǀ 제406-2015-000143호

Printed in Korea.
ISBN 978-89-460-7304-3 93300

※ 책값은 겉표지에 표시되어 있습니다.